明清閩南宗族意識
的建構與強化

陳啟鐘〇著

昌明文化

地域文化研究叢書　A0200003

明清閩南宗族意識的建構與強化

作　　者	陳啟鐘
版權策劃	李　鋒

發 行 人	陳滿銘
總 經 理	梁錦興
總 編 輯	陳滿銘
副總編輯	張晏瑞
編 輯 所	萬卷樓圖書股份有限公司
排　　版	雙子設計公司
印　　刷	百通科技股份有限公司
封面設計	雙子設計公司

出　　版　昌明文化有限公司

桃園市龜山區中原街 32 號

電話 (02)23216565

發　　行　萬卷樓圖書股份有限公司

臺北市羅斯福路二段 41 號 6 樓之 3

電話 (02)23216565 傳真 (02)23218698

電郵 SERVICE@WANJUAN.COM.TW

大陸經銷

廈門外圖臺灣書店有限公司

　電郵 JKB188@188.COM

ISBN 978-986-94616-5-8

2019 年 2 月初版三刷

2017 年 8 月初版二刷

2017 年 4 月初版

定價：新臺幣 420 元

如何購買本書：

1. 劃撥購書，請透過以下郵政劃撥帳號：

　帳號：15624015

　戶名：萬卷樓圖書股份有限公司

2. 轉帳購書，請透過以下帳戶

　合作金庫銀行 古亭分行

　戶名：萬卷樓圖書股份有限公司

　帳號：0877717092596

3. 網路購書，請透過萬卷樓網站

　網址 WWW.WANJUAN.COM.TW

大量購書，請直接聯繫我們，將有專人為您

服務。客服：(02)23216565 分機 610

如有缺頁、破損或裝訂錯誤，請寄回更換

國家圖書館出版品預行編目資料

明清閩南宗族意識的建構與強化 / 陳啟鐘
著. -- 初版. -- 桃園市：昌明文化出版；
臺北市：萬卷樓發行, 2017.04
　面；　公分
ISBN 978-986-94616-5-8(平裝)
1.宗族 2.明代 3.清代
544.292　　　　　　　　　　　106004334

本著作物經廈門墨客知識產權代理有限公司代理，由廈門大學出版社有限責任公司授
權萬卷樓圖書股份有限公司出版、發行中文繁體字版版權。

目 次

第一章　緒　論

第一節　研究動機

群體認同的範圍，小至一個家庭，大至自然區域、行政區域，甚至是整個國家。研究中國社會結構的人類學家，曾經探討過根據不同特質所劃分的人群組成方式，其中最常見的為地緣群體及地域化的宗族組織。這兩種社會結構法則，獨立於土地所有權分配的經濟形態之外，把鄉民和士紳這種階層性的社會構造，從不同的地域化群體，變成彼此共生、互相認同的社會團體。在這個範圍內，學者主要是由宗族組織、祭祀圈、市場結構、鄉貫四方面來討論群體的認同感與一體性。基本上，依此四者所產生的認同（甚至是其他性質的群體認同），並不會產生矛盾。漢人社會的結構法則，並非一成不變的，反而具有相當多的可能性，市場結構、鄉貫地緣、宗教信仰、不同層次的宗族關係等，均可作為群體意識的標準，並依不同的情況調整與融合。

然而，如果僅憑個人之力，就想釐清這些群體意識及其間的相互關係，難免有點自不量力。即使勉強著手進行研究，恐怕會導致過於空泛、表面及粗陋的情形。因此，筆者將焦點集中在有關明清閩南宗族意識的建構和強化的探討上。

就一般情形而言，宗族組織不但基於血緣，更加上其功利性，而

1

成為最具認同感的對象。如王銘銘所考察的安溪縣美法村：「對當地人來說，姓氏是最主要的自我識別方法。而姓氏是家族認同的表現，家族認同又表現為一定的居住型態。」即使「到民國年間，政府施行保甲制度，將教場美與鄰村姓李的法石村合併成為美法村保……在社會生活方面，陳、李二家族基本上仍然依照過去的傳統各自分立，它們各有自己的聚落、親族、祠堂、村廟、儀式，兩者幾乎互不相干[1]」。由此可見，其對宗族組織的認同程度。

在數千年的歷史變遷中，宗族以血緣關係為紐帶，並通過與地緣關係、利益關係的結合，演化出種種再生形態，形成一個從家庭到宗族不斷分化整合的系統，滲透到民間基層社會的政治、經濟、文化生活中，對傳統中國的社會變遷、經濟變遷、文化變遷有深刻的影響。因此，有關宗族意識的建構和強化的研究，或許可以作為探討其他群體意識的參考。

再者，本書著重在明清的考慮是，一方面近世宗族組織的型態，雖然早在宋代即已開始宣導，然而，要到明中葉以後，宗族組織才真正強盛起來（特別是在華南），而且庶民化。近現代的宗族組織，基本定型於明清時期，並沒有性質上的改變。由此可知，探討明清的宗族組織，無疑是了解近世宗族組織的關鍵。當然，任何事物的發展都有其延續性，因此，在本書的討論中，也涉及宗族組織在明中葉以前的情形（特別是宋朝學者對宗族理論的提倡與奠定）。

就區域的選定而言，福建的宗族組織，是東晉以降，陸續南遷的中原漢族移民帶來的，由於長期處於邊區，保留較多中古中原宗族的遺俗遺制，同時，又適應山、海的新環境獨立發展，形成區域性的特色。明清時期，福建的宗族組織，比其他地區相對發達，並通過移民，紮根於臺灣社會和東南亞華人社會中，可以說是窺探明清宗族史

---

1 王銘銘：《村落視野中的文化與權力——閩臺三村五論》，北京：三聯書店，1997年，第14頁。

演變過程的一個比較理想的視窗。而福建的宗族組織勢力和程度，及其所引發的社會問題和官府的重視程度，又以閩南（漳泉）最甚，這可從清代的官方文書和私人筆記中看出，加上臺灣移民者的原鄉地，又多屬漳泉兩地。因此，將研究焦點集中在閩南，對在臺灣的研究者來說，會更有意義。

第二節　學術史回顧與問題的提出

有別於西方社會，在中國傳統社會裡（特別是華南），宗族組織與地方人民的關係非常密切，佔有極為重要的地位，以至於在中國史學界，被視為四大權力體系（神權、政權、父權、族權）之一[1]。不管其論述的動機為何，如果忽略地方宗族組織不談，就無法反映出中國傳統社會的真實情況。

有關中國宗族史研究的歷史，前人已著墨甚多，本處僅就1980年代中國改革開放後的相關研究作一回顧[2]。如此選擇的原因，在於自從中國改革開放後，學術上的禁錮不似之前強烈，雖然仍有注重宗族組織的政治屬性，強調階級分析觀點的傾向，但是，已將觸角延伸到宗族的社會、經濟、文化等其他面向的探討，且注意到宗族在各地方的差異性，進而關心區域性研究，這無疑使宗族組織的論述更加多元和全面。這一階段的研究有兩大突出特點：

1　傅衣凌：〈論鄉族勢力對於中國封建經濟的干涉〉，《明清社會經濟史論文集》，北京：人民出版社，1982年，第79頁。
2　有關20世紀80年代以前的宗族史研究，可參考馮爾康等編著：《中國社會史研究概述》，臺北：穀風出版社，1988年；馮爾康等著：《中國宗族社會》，杭州：浙江人民出版社，1994年。日本學者研究可參考鄭振滿：《明清福建家族組織與社會變遷》，長沙：湖南教育出版社，1992年。

1. 區域性、個案性研究成績突出

由於各地宗族發展的不平衡性，學術界以區域社會論為指導，對不同地區，特別是江南和嶺南地區的宗族，進行了不同程度的分析論證。而以某一宗族為物件的個案研究，也正方興未艾。這種具體化的研究方法，對於深層次探討宗族的結構和功能，無疑是大有裨益的。

2. 研究領域不斷拓展

對清代宗族制度、宗族內部結構，以及與政權的關係等課題，出現了不少突破舊說、推陳出新之作。而在宗族與商品經濟的關係、宗族的社會功能、宗族文化等方面的研究，更有開拓性。人們不再局限於政治、經濟領域，而是開始從社會學、人類學、文化學等角度，多層面研究宗族，促進了這一研究的不斷深化[1]。

另外，筆者關心的重點，著重在華南閩粵的原因，一方面是出於本書旨在探討閩南地區的宗族認同；另一方面，雖說宗族組織普遍存在於中國傳統社會裡，但並非每個地方的宗族組織都有強大的勢力，及在地方民眾中佔有同樣重要的地位。於此，閩粵比其他地區表現更為明顯。在清朝皇帝的詔諭和地方治理者的奏摺和論述中，時常將閩粵情形連稱，由此可知，閩粵兩地的宗族情形，頗有共通性。基於此，在探討閩南的宗族研究時，也應該同時注意廣東的情形，希冀能使通論與區域性兼併。

大致說來，在20世紀80年代中國史學界的視野裡，宗族組織是一種政治性的社會組織。自唐宋以降，由於階級矛盾的激化，推動了宗族組織的形成與發展，並演變為基層政權組織。作為政權的有機組成部分，宗族組織緩和了階級鬥爭和階級分化，延續了中國社會的解體過程。由於這個時期的中國史學界過分強調宗族組織的政治性質，因

---

1 劉蘭肖：〈清代宗族研究概述〉，《歷史教學》1998年第9期，第51頁。

而，無法分辨（甚至刻意忽略）地方宗族組織出於自身目的所形成的實際機制與國家宗族制度間的差異性和矛盾性。其中， 以徐揚傑的〈宋明以來的封建家族制度述論〉（《中國社會科學》1980年第4期）尤為代表之作。他運用階級鬥爭的觀點，來解釋宗族組織的內部關係，並認為地主階級利用宗族組織降低農民的對抗意識，以維護和鞏固統治。之後，對此一問題加以擴大論述，出版了《宋明家族制度史論》（北京：中華書局，1995年）一書。

這種從階級鬥爭的角度來論述宗族組織是宗族內部上層階級用來剝削下層農民工具的觀點，也存在於柯昌基、王思治等人的文章中[1]。他們的目的，都是為了強調中國傳統的社會和馬克思、恩格斯等人所論述的古代日爾曼人、斯拉夫人的農村公社沒有什麼不同。

除此之外，李文治雖然從土地關係的變化來討論宗族制度的演變，與前面幾位學者稍有不同，但依然無法擺脫宗族組織是地主階級用來控制農民階級的觀點。甚至更認為，隨著時代的推進，其政治性質更為加強，也由原本的敬宗收族，向控制和制裁族眾靠攏[2]。馮爾康在閱讀過李文後所撰寫的〈清代宗族制的特點〉（《社會科學戰線》1990年第3期）一文，也同意了這種推論。

到了90年代以後，對於之前學者研究宗族的強烈政治傾向已有所修正。雖然仍認為宗族是以血緣倫理控制族眾的組織工具，並且和政權結合起來，成為維護統治的基層社會組織，但卻不再強調地主與農民間的階級對抗，而是著重宗族由血緣群體向社會組織轉變的過程[3]。

---

1 柯昌基：〈論中國封建社會的一種家族組織形式〉，《社會科學研究》1980年第6期；〈宋代的家族公社〉，《南充師院學報》1982年第3期；〈宗法公社管探〉，《中國社會經濟史研究》1985年第2期；王思治：〈宗族制度淺論〉，《清史論叢》1982年第4輯。
2 李文治：〈明代宗族制的體現形式及其基層政權作用——論封建所有制是宗法宗族制發展變化的最終根源〉，《中國經濟史研究》1988年第1期，第54頁。
3 林濟：〈論近世宗族組織形成的歷史條件與總體歷程〉，《華南師範大學學報》1996年第3期，第62頁；許華安：〈清代宗族勢力的膨脹及其原因探析〉，《清史研究》1992年第4期，第22~25頁。

王銘銘更透過對安溪縣美法村的調查，證明該地土地所有制，並不是以地主與農民的階級分化為標準，不存在地主對大片土地的壟斷和對耕作者的土地剝削[1]。

有關宋以來宗族組織的形成和興盛，日本學者井上徹的論點是別有新意的，不同於中國學者將宗族組織視為階級矛盾的產物，他認為，宋代宗族的登場，是適應科舉官僚制度的結果，即在科舉資格和官僚身分不能世襲的制度規定和家產均分的社會環境中，知識份子難以避免家族身分與地位沒落的宿命。因此，提倡宗法制度，以防止家族的沒落，同時，在科舉制度下，實現事實上世世代代官僚輩出的世臣理想[2]。而這種論點，也表現在其對明清時代珠江三角洲宗族形成的研究上[3]。從范氏義田、義莊的設立來看，井上氏的觀點或許可以成立，不過，如果從宋代官僚士大夫所強調推行宗族的用意來看，他似乎忽略了理學家的政治目的。

在宗族的組織與結構方面，學者的見解沒有多大差異，一般均認為聚族而居的宗族組織，就是已經分成個體小家庭的同一祖先的子孫，用祠堂、家譜與族田這三種東西聯繫起來，世代相處在一起，聚族而居。而家族內部則有嚴密的組織，其中，族長是一族的最高首領。有的大家族還仿照古代的宗法制度，設宗子一人，專主祭祀祖先，是全族名義上的領袖，但是沒有實權，實權乃握在族長手中[4]。陳支平則進一步將宗族的領導階層分為兩個系統：一是精神方面的系

---

1 王銘銘：《村落視野中的文化與權力——閩臺三村五論》，第33頁。

2 井上徹：《中國の宗族と國家の禮制——宗法主義の視點からの分析》第一章，東京：研文出版，2000年。

3 井上徹：〈宗族の形成とその構造——明清時代の珠江デルタを對象として〉，《史林》第72卷第5號（1989年）。

4 徐揚傑：〈宋明以來的封建家族制度述論〉；麻國慶：《家與中國社會結構》，北京：文物出版社，1999年；史鳳儀：《中國古代的家族與身分》，北京：社會科學文獻出版社，1999年；孔永松、李小平：《客家宗族社會》，福州：福建教育出版社，1997年；森田明：〈明末清初における福建晉江の施氏〉，《社會經濟史學》第52卷第3號（1986年），第99頁。

統，二是功利方面的系統。前者是宗族進行祖先祭祀活動時的領導系統，後者則是負責實質性問題[1]。

80年代以來，宗族史研究的另一個面向，即是對宗族發展的區域性特點更為重視。早在1983年葉顯恩的《明清徽州農村社會與佃僕制》[2]一書，就為區域性的宗族史研究提供了範例。之後，有不少學者也針對明清徽州、江南、福建及珠江三角洲等地區進行研究。而在福建、廣東方面，基本上依循著兩種不同的研究途徑：在福建宗族的研究上，較重視其經濟因素，而廣東方面，則著重於宗族與國家的關係及結合程度。前者如陳支平、陳小沖都認為，明清時期福建、閩南，由於商品經濟的發達及社會的動盪不安，促進了宗族組織的鞏固和發達[3]；後者如鄭德華指出，清代廣東平民宗族是一種以血緣為主體，夾雜有地緣因素的社會基層結構。其所以能高度發展，在於它的組織結構、社會功能以及思想支柱，均能與清朝統治配合[4]。科大衛則通過考察北宋到清中葉珠江三角洲地區禮儀的演變，來討論地方社會與國家整合的過程[5]。之後，他與劉志偉共同發表了〈宗族與地方社會的國家認同──明清華南地區宗族發展的意識形態基礎〉一文，概括討論了宗族意識形態通過何種管道，向地方社會擴張和滲透，以及宗族禮儀如何在地方社會推廣，把地方認同與國家象徵結合起來的過程[6]。日本學者片山剛也探討了清代珠江三角洲的地緣社會、血緣社會和圖甲制三者間

1　陳支平：《近500年來福建的家族社會與文化》，上海：三聯書店，1991年，第75~78頁。
2　葉顯恩：《明清徽州農村社會與佃僕制》，合肥：安徽人民出版社，1983年。
3　陳支平：《近500年來福建的家族社會與文化》，第16~31頁；陳小沖：〈宗族勢力與明清閩南農村社會〉，收入《臺灣與福建社會文化研究論文集（三）》，臺北：中央研究院民族學研究所，1996年，第27~33頁。
4　鄭德華：〈清代廣東宗族問題研究〉，《中國社會經濟史研究》1991年第4期，第82頁。
5　科大衛：〈國家與禮儀：宋至清中葉珠江三角洲地方社會的國家認同〉，《中山大學學報》1999年第5期。
6　科大衛、劉志偉：〈宗族與地方社會的國家認同──明清華南地區宗族發展的意識形態基礎〉，《歷史研究》2000年第3期。

的相關性，並認為其間存在某種程度的結合，亦即各房基本上會定住在同一地方，且在相同的戶籍之下。而地緣社會的結合紐帶，主要是靠共同的地方神信仰。此外，為了應付政府新設或補充既存的里長戶，各族間也會結合起來，設立同一戶籍，共同承擔里長戶所需負責的徭役[1]。

不過，不管是經濟因素還是國家整合，都是從宗族組織與外部的關係來論述宗族的興盛。相對而言，鄭振滿則更注意宗族組織的內部結構變化。他認為，傳統家庭結構的週期性裂變，破壞了家庭成員之間固有的分工協作關係，促使人們尋找更為持久和穩定的協作方式，這就勢必導致宗族組織的普遍發展[2]。從其注意家庭結構和宗族組織的分類來看，應該是受到人類學家很大的影響。

那麼，人類學者又如何研究中國的宗族組織？一般說來，他們注重宗族組織的群體利益，強調功能分析的觀點。在他們看來，宗族組織作為一個親屬團體，有助於緩和階級對立和社會矛盾，並加強族人間的互助合作關係，以提高人們適應生存環境的能力。因此，宗族組織的形成和發展，反映了中國傳統社會的理性化進程，它通過不同形式，提供了一個中國社會所有階層的連貫力量。

在某種意義上，宗族的發展，其實就是中國社會的發展。它不僅是一種經濟發展，而且也是一種文化的發展[3]。如吳燕和即認為，中國的家族組織具有普遍的適應性和頑強的生命力，這跟文化價值的傳承及社會上許多人的社會化有密切關係[4]。王崧興則認為，中國的家族制度

---

1 片山剛：〈華南地方社會と宗族──清代珠江デルタの地緣社會、血緣社會、図甲制〉，收入森正夫等編《明清時代史の基本問題》，東京：汲古書院，1997年。另亦可參考片山剛：〈珠江デルタの集落と「村」〉，《待兼山論・史學》第28號（1992年）。
2 鄭振滿：《明清福建家族組織與社會變遷》，第272頁。
3 鄭振滿：《明清福建家族組織與社會變遷》，第17頁。
4 吳燕和：〈中國宗族之發展與其儀式興衰的條件〉，《中央研究院民族學研究所集刊》第59期（1985年），第140頁。

是建立在兩個互為矛盾的基礎上，一方面有著分裂的趨勢，表現在分家的過程。但另一方面，分裂股之間則因有強而有力的父系觀念，而有結合的傾向，表現在「家戶群家族」、「祭祀家族」或「慣習家族」的擴展[1]。

　　在家族內部的進一步細分上，陳其南從分析「房」的觀念得到了一個結論，即中國社會的確存在一個獨立自主的親屬體系，這個體系所建構的原則，以不同的形式，展現於實際的功能性社會生活形態中，而成為漢人親屬團體的基本構成因素。由這些功能性所組成的團體，基本上，仍然是建立在系譜的「房」和「家族」等概念及原則上，使得漢人的親屬團體結構，有別於其他社會的親屬團體[2]。李亦園則指出，中國的親屬關係至為複雜，其構成成分或原則也甚為豐富。而這些豐富的內在成分，是一切外顯行為的理念基礎，在各種不同的環境之下，可以運用或強調不同的成分，以作為外在情境的適應，但其可行的範圍，總未超出基本的原則之外[3]。可以看出，人類學家在研究中國宗族時，將注意力集中於討論宗族的內部結構和分類上。

　　然而，這種功能論的觀點，到了90年代以後，引起了若干的反思，如錢杭即從漢人對自己之所以是漢人的種種「歸屬性」和「歷史性」需要的本體論出發，認為宗族的出現與持續存在，從根本上來說，是漢人為滿足對自身歷史感、歸屬感需求的體現[4]。朱家嶠則試圖對漢人宗族的內隱形態（宗族意識）和外顯形態（宗族表現）之間的關係作分析，並認為其中聯結彼此，使兩者產生聯繫的

1　王崧興：〈論漢人社會的家戶與家族〉，《中央研究院民族學研究所集刊》第59期（1985年），第123~124頁。
2　陳其南：〈「房」與傳統中國家族制度：兼論西方人類學的中國家族研究〉，《漢學研究》第3卷第1期（1985年）。另亦收入陳其南《家族與社會——臺灣與中國社會研究的基礎理念》第四章，臺北：聯經，1995年。
3　李亦園：〈中國家族與其儀式：若干觀念的檢討〉，《中央研究院民族學研究所集刊》第59期（1985年），第56~57頁。
4　錢杭：《中國宗族制度新探》，香港：中華書局，1994年，第7~11頁。

關鍵就是「文治教化」，透過文治教化而使得宗族意識長存人心，並在適切的時、地展露成宗族表現[1]。不過，如果進一步來看，其所謂的文治教化，實質上還是屬於外顯層面，是由外部灌輸到族人心中，並不像錢杭所說，宗族的出現和存在，根本上是漢人在本體上的情感歸屬。如何兼顧功能論與本體論，也許是往後研究中國宗族時必須思考的問題。

宗族組織的興盛與維持，有賴於族人的向心力和凝聚感，而這種宗族意識的建構，可以藉由宗祠的興建和族譜的編纂來達成。在宗祠的象徵意義及功能上，陳支平認為，祠堂是一個家族組織的中心，它既是供設祖先的神主牌位，舉行祭祖活動的場所，又是家族宣傳、執行族規家法、議事宴飲的地點。因此，祠堂設施的完善，實際上，成為宋明以來家族制度發展的主要標誌[2]。馮爾康則說道，祠祭起著凝聚宗族的作用，並體現了近古的宗法思想和等級制[3]。有別於此，錢杭則從宗族的本體性來探討祠堂的象徵意義[4]。

從上可以發現，祠堂最基本目的，就是提供族人一個祭祀祖先的場所，來舉行祭祀活動。民間家族的祭祀活動，確實對強化家族內部的凝集力起了重要的作用，特別是這些祭祖活動，往往與家族的群宴團樂結合在一起，更使得族人藉此在血緣關係的精神紐帶聯結下，和氣一團，情義歡洽[5]。因此，鄭振滿在考察了宋以後福建的祭祖習俗之後，認為祭祖活動是聯結族人的重要紐帶，是宋以後宗族組織發展進程中，普遍存在而又始終起作用的因素，而學術界通行觀點所說的祠堂、族譜、族田「三大要素」，並不是聯結宗族組織的必要條件[6]。不

1　朱家嶠：《漢人宗族意識與宗族表現》，臺北：臺灣大學人類學研究所碩士論文，1999年，第6頁。
2　陳支平：《近500年來福建的家族社會與文化》，第35頁。
3　馮爾康：《中國古代宗族與祠堂》，臺北：商務印書館，1998年，第88~91頁。
4　錢杭：《中國宗族制度新探》，第194~196頁。
5　陳支平：《近500年來福建的家族社會與文化》，第181頁。
6　鄭振滿：〈宋以後福建的祭祖習俗與宗族組織〉，《廈門大學學報》1987年增刊，第97頁。

過，儘管如此，祠堂對於宗族意識的加強，畢竟有極大的重要性，否則，宗族組織就無需汲汲於興建祠堂，而那些沒有建立祠堂的宗族組織，究竟是不能還是不為，恐怕有待進一步探討。

民間宗族意識建構的另一項重要措施，即族譜、家乘的編纂。有關編纂族譜的目的，陳支平認為有二：其一是為了防止血緣關係發生混亂，導致家族的瓦解，以維護家族內部血緣關係的純潔性；另一方面，宗族也通過血緣關係世系源流的考訂排列，強調本家族血緣關係的高貴傳統，從而達到提高家族和族人的自尊心與榮譽感的目的，加強族人的認同感。為了達到這一目的，各個不同家族在修纂族譜時的共同做法，是盡可能地把自己的祖先與中國先朝的某些名人、望族聯繫在一起，且大多只是攀緣附會[1]。這兩種族譜編纂的取向，基本上是學者的共識。如日人瀨川昌久亦指出，希望闡明自己的祖先和本家族的歷史這一動機，雖然導致出現這樣一種對整個家族、宗族成員的事蹟，以及他們之間的系譜關係，進行精確描述的歷史記錄；但另一方面，正是這一動機，才使得一種有意無意的選擇行為，介入了何種內容應該寫入族譜，何種內容不該寫入族譜這一判斷過程之中。其結果，就有可能在相當大的程度上，賦予族譜中所記錄的內容以某種虛擬的性質[2]。井上徹也認為，宋以後的科舉官僚制度，使得政治上的流動更為頻繁，這就有賴於以血緣關係網絡作為媒介，來實現在政治、經濟上的成功。因此，為了達到收族的目的，也只好默許這種偽造祖先的行為了[3]。劉志偉更透過對珠江三角洲沙灣何氏宗族的考察，來進一步分析祖先譜系的重構及意義。其被利用作為獲得與證明一系列政治和社會權利，保障沙田控制權的穩定化，形成地域社會的

1　陳支平：《近500年來福建的家族社會與文化》，第43~44頁。
2　瀨川昌久著，錢杭譯：《族譜：華南漢族的宗族、風水、移居》，上海：上海書店，1999年，第3頁。
3　井上徹：〈中國の近世譜〉，《歷史學研究》第743號（2000年），第33頁。

政治關係的文化手段[1]。

　　大抵上來說，學者們都較強調族譜促進宗族生存的功能，這難免會令人懷疑族譜編纂的原始意義，對此，錢杭為族譜的本體意義提出辯護。他指出，宗譜具有深刻的象徵意義和指導意義，使族人懂得怎樣才能深刻地表現自身的歷史感和歸屬感，並且這些本體性感受，又是如何與社會的總體要求自覺地相適應，而對「編造」歷史的努力，是為了宗族本身對歷史性和歸屬性的需求，不應簡單地歸結為一種功能與功利的衝動[2]。不過，即使如此，這種為了需求而編造歷史的行為，依然含有功利的傾向。

　　當個人或宗族全體受到外部勢力的侵掠和威脅時，從其所尋求的援助力量為何，就可以看出其所認同的物件為何。換句話說，當地方民眾發生族與族間的械鬥及爭奪資源時，甚至與國家的衝突中，在宗族勢力興盛的地區，這種對宗族的認同感表現得極為明顯。有關宗族械鬥方面，徐揚傑參考30年代郎擎霄的研究成果，進而從階級鬥爭的角度，來闡述明清以來中國南方的家族械鬥及其根源。徐氏認為，明清以來，中國南方不論什麼類型的家族械鬥，都是家族勢力挑動起來的，是由家族的地主分子組織和指揮的家族間的戰爭，目的都是為了保護或擴大本族地主階級的利益[3]。這種以階級鬥爭角度來論述宗族械鬥的做法，普遍存在於80年代的中國史學界中[4]。

　　90年代以後的著作，雖然仍提到階級陣線的劃分，但已非重點所在，而是更注意到宗族械鬥的實際面。如陳支平即指出，福建家族

1　劉志偉：〈祖先譜系的重構及其意義──珠江三角洲一個宗族的個案分析〉，《中國社會經濟研究史》1992年第4期；Zhiwei Liu, 「Lineage on the Sands: the case of Shawan,」 in David Faure and Helen F. Siu ed., *Down to Earth: the Territorial Bond in South China*. Stanford, Calif.: Stanford University Press, 1995.

2　錢杭：《中國宗族制度新探》，第144~145頁。

3　徐揚傑：《宋明家族制度史論》，第286頁。

4　如徐曉望：〈試論清代閩粵鄉族械鬥〉，《學術研究》1989年第5期；譚棣華：〈略論清代廣東械鬥〉，《清史研究通訊》1985年第3期。

的外部關係，是以家族的聲譽和利益作為最高準則。家族與外部的抗爭、械鬥，不論是出自意氣面子，或是出自經濟利益，都使族人感到家族勢力對自身安全和權益的庇護，及其存在對自身存在的必要性。一旦族人與外族發生衝突，整個家族齊心協力，一致對外[1]。總觀學者對於閩粵宗族械鬥社會根源的探討，大略可以歸為幾項：其一，閩粵的好武鬥勇之風；其二，宗族勢力的強大；其三，地方官的貪污腐敗[2]。比較特別的是，韓國學者元廷植除了談及上述三種原因外，還論述了清初遷界令對宗族暴力的影響，並認為清初的寇患、遷界令的強行，引起了閩南社會的變化[3]。

宗族意識的顯現，也表現在同他姓爭奪資源上。鄭振滿表示，在正常情況下，宗族總是要求族人克己奉公、和睦鄉鄰。不過，一旦發生族際矛盾時，則要求族人齊心協力，一致對外。這種共禦外侮的行為，既是為了強化族人的內聚力，也是為了維護對地方社會的控制權[4]。周翔鶴則對南靖縣和溪、奎洋等地單姓區域的形成作個案研究，分析了和溪林姓、樂土黃姓與奎洋莊姓勢力盛衰與資源控制間的關係[5]。

宗族對於資源的爭奪，還表現在無形的風水上[6]。雖然有關風水的論著極多，不過，大部分的書籍或文章，都把焦點著重在風水原理

1　陳支平：《近500年來福建的家族社會與文化》，第127頁。
2　除了上引論文、著作之外，尚可參考李玉昆：〈試論泉州歷史上的械鬥〉，《泉州文史》第10期（1989年）；鄭振滿：〈清代閩南鄉族械鬥的演變〉，《中國社會經濟史研究》1998年第1期；羅慶泗：〈明清福建沿海的宗族械鬥〉，《福建師範大學學報》2000年第1期；馮爾康等著：《中國宗族社會》等。
3　元廷植：《清代福建社會研究——清前、中期閩南社會的變化和宗族活動》，漢城：漢城大學東洋史學科博士論文，1996年，第241頁。
4　鄭振滿：《明清福建家族組織與社會變遷》，第98~99頁。
5　周翔鶴：〈南靖縣和溪奎洋等地單姓區域形成的探討〉，收入《臺灣與福建社會文化研究論文集》，臺北：中央研究院民族學研究所，1994年，第92~95頁。
6　所謂的資源，具有兩個特性：有限性和排他性。風水雖然是無形的概念，但由於具備這兩個特性，因此，筆者將其視為一種無形的資源。

和方位的討論與描述，特別是風水在陽宅與建築、景觀方面的運用[1]。極少把風水當作一種資源，來討論風水（尤其是在喪葬方面）對民間社會的意義、運用與影響。當然，也有部分學者從社會、文化等方面，來分析風水習俗與傳統社會的實質互動關係，但相對而言，仍屬少數。就此來說，日本學者瀨川昌久將廣東新界地區的宗族族譜，實際利用於對這些宗族參與墓地風水活動的具體方法，並進行詳細驗證的研究，可以說是一種極富意義的做法[2]。何淑宜雖然也曾討論到明代擇葬與風水的情形，但因著重在明代士紳對喪俗風氣的批評，以致較少談及民間對風水之葬的看法及使用的動機[3]。而這種情形也存在於張壽安對17世紀中國儒學思想與大眾文化間的衝突所作的探討中[4]。廈門大學陳進國的博士論文《事生事死：風水與福建社會文化變遷》則採用區域研究的取向，從文化史和社會史的視角，來探討風水習俗與福建傳統地方社會的互動關係[5]。他的文章雖然觸及風水在家族行為中的重要性，卻沒有提到在不同的宗族間，圍繞風水問題所產生的爭奪與糾紛。

宗族以血緣關係為聯結紐帶，具有較強的凝聚力。任何事物在具有內聚性的同時，必然具有排外性，這二者在程度上成正比例發展。隨著宗族自身力量的增長，其內聚力與排外力同步提高。而宗族的排

---

1 如漢寶德：〈風水──中國人的環境觀念架構〉，《臺灣大學建築與城鄉研究學報》第2卷第1期（1983年），第123~150頁；亢亮、亢羽編著：《風水與城市》，天津：百花文藝出版社，1999；亢亮、亢羽編著：《風水與建築》，天津：百花文藝出版社，1999；何曉昕、羅雋：《風水史》，上海：上海文藝出版社，1995年。

2 瀨川昌久著、錢杭譯：《族譜：華南漢族的宗族、風水、移居》，第四、五章。

3 何淑宜：《明代士紳與通俗文化──以喪葬禮俗為例的考察》，臺北：臺灣師範大學歷史研究所，2000年，第111~130頁。

4 張壽安：〈十七世紀中國儒學思想與大眾文化間的衝突──以喪葬禮俗為例的探討〉，《漢學研究》第11卷第2期（1993年），第69~80頁。

5 陳進國：《事生事死：風水與福建社會文化變遷》，廈門：廈門大學歷史系博士論文，2002年。其後，在此基礎上加以改寫，而出版了《信仰、儀式與鄉土社會：風水的歷史人類學探索》（北京：中國社會科學出版社，2005年）一書。

外性不僅表現在對外姓宗族、外部其他共同體的排斥，在某些方面，也表現為對國家政權、對整個社會的排斥。雖然80年代的學者多強調宗族的政治功能，進而忽略兩者的對立面，不過早在80年代中期，徐曉望就已經指出，官府與宗族的關係是對立統一的關係，既有相輔相成的一面，也有相互對立的一面[1]。陳支平在研究福建的家族和官府的統治關係中，認為家族制度的主要目的，在於提高家族內部合作與團結、樹立家族對外威信，因而導致家規重於國規的情形，家族各自為政、自行其是，削弱了官府的直接控制力，其表現在「合法」隱產逃稅和適當抗糧上。而家族與地方官員的關係，既是互相牽制的妥協關係，也在一定界限內相互對立[2]。葉娟麗則比較了宗族組織和國家組織的某些面向，並認為宗族組織呈現出明顯的政權化傾向[3]。

相對而言，國家也隨著民間宗族組織的發展，而制定了某些政策和措施。朱勇在討論清代宗族法時指出，清代國家統治者對宗族法的態度有幾個轉捩點：從清初30年的打擊到清前期（康熙、雍正）的支持。到了乾隆朝，則轉為支持與抑制並行。嘉慶朝以後，由於國家對社會統治力的衰落，最後也只能放任宗族自行發展[4]。清朝對宗族所施行的政策即所謂的「族正制」，而有關族正制度的研究除了朱勇之外，以常建華最具代表性，他一連發表了〈清代族正制度考論〉（《社會科學輯刊》1989年第5期）、〈清代族正問題的若干辨析〉（《清史研究通訊》1990年第1期）、〈試論乾隆朝治理宗族的政策與實踐〉（《學術界》1990年第2期）三篇文章，在族正設置的背景、族正和族長的同異、族正的職能和許可權、賞罰、族正制的意義等方面，都取得了不小的成果。韓國學者元廷植則在前人研究的成果上，將焦點集中在清

1　徐曉望：〈試論明清時期官府和宗族的相互關係〉，《廈門大學學報》1985年第3期，第117頁。
2　陳支平：《近500年來福建的家族社會與文化》。
3　葉娟麗：〈我國歷史上宗族組織的政權化傾向〉，《學術論壇》2000年第2期。
4　朱勇：《清代宗族法研究》，長沙：湖南教育出版社，1987年，第151~177頁。

中期族正制在福建的狀況，通過對成為族正者的具體分析，及分別族正與族長的差別，以釐清清朝政策的實效性和現實意義，以及宗族與國家權力之間的關係[1]。

綜上所述，可以發現幾個特點：

（1）認為宗族組織是地主階級用來控制族眾的工具，而隨著時間的推進，宗族組織從敬宗收族逐漸與政權結合，成為政權用來控制社會秩序的手段之一。

（2）在宗族的組織與結構方面，均認為聚族而居的宗族組織，就是已經分成個體小家庭的同一祖先的子孫，用祠堂、家譜與族田這三種東西聯繫起來，世代相處在一起，聚族而居。家族內部，則有嚴密的組織，其中，族長是一族的最高首領。有的大家族還仿照古代的宗法制度，設宗子一人，專主祭祀祖先，是全族名義上的領袖，但沒有實權，實權握在族長手中。

（3）在人類學的研究上，多將注意力集中於宗族的內部結構和分類探討上，並從功能論的角度出發。

（4）有關族譜的編纂目的，較著重於外部的利益功能。

（5）在國家與宗族的關係上，承認兩者間既相輔相成，也相互對立。

然而，對於當敬宗原則無法完全達到收族的目的，甚至相違背時，宗族如何因應及其意義何在？這種理想與現實的差距，也發生在理學思想或國家目的與宗族利益不相符合時。在這種情形下，宗族本身如何取捨與對應？國家對宗族基於本身利益所採取的行為，又是如何反應？這也牽涉到在國家與宗族的關係中究竟是互動還是主、被動，而主動權又在何者手上的問題。以往學者雖然有提及政權與族權間的緊張關係和政府的宗族政策，但多側重在單一面向，而將兩者結

1　元廷植：〈清中期福建的族正制〉，《清史論叢》2000年號。

合加以探討，則略顯不足。最後，對於風水之葬在民間的意義及其影響，所投注的關懷也不夠。而士紳理想和民間現實間的差距及其原因，與風水在一般人民心中的意義、運用與影響，以及宗族間對於風水資源的爭奪等問題的探討，實有其必要性。這些問題，也是筆者所欲探究的焦點。

第三節　研究取徑與篇章結構

基於研究動機的敘述、宗族相關研究的檢討，及明清閩南在這一論題的重要性，筆者擬以宗族勢力極為強盛的閩南地區為物件，利用族譜、地方志、文集、碑刻、政書典籍等資料，來討論當敬宗無法達到收族的效果時，宗族的因應和取捨，以及明清時期在國家政策和宗族發展的關係上，宗族發展反而左右了國家政策的觀點。

基於以上的研究方向，在篇章架構上，全書共分八章。除緒論與結論外，包括上、下兩篇六章：

上篇理想與現實——宗族內部認同意識的建構

第二章探討閩南宗族組織形成的社會背景。

第三章、第四章則討論宗族組織透過什麼方法，來建構族眾的宗族意識，以避免其潰散。主要是集中在宗祠的象徵意義和編纂族譜的功能，並將注意力置於當敬宗（血緣）與收族（宗族繁盛）不相符時宗族所採取的措施。

下篇「非我族類，其心必異」。[1]——外部威脅下宗族意識的強化

第五章的重點為討論明清閩南宗族械鬥形成的社會背景。

第六章著重探討資源對民間宗族組織的意義，而從有形和無形資

1　筆者所使用的「非我族類，其心必異」一詞，指的是宗族，而非一般所認知的種族。

源的爭奪，來分析宗族間的衝突，及這些衝突促使族眾宗族意識更加強化的原因。

　　第七章討論傳統政治思想裡的國家與宗族的關係，並藉由明清時期國家對宗族組織的態度及兩者的衝突，以表明國家政策隨宗族發展情形而改變的論點。

上篇
理想與現實：
宗族內部認同意識的建構

　　認同（identity），是一種個人情感的歸屬，一般而言，認同與否的指標有兩項：一是出於本體內心情感的傾向，例如尋求個人的定位，以及解決諸如我是誰、我從哪裡來等疑問；另一則是基於功利的考慮，亦即當認同的物件對個人有利時，就會引起個人的認同感[1]。這兩種指標雖然可以並存，但是，當兩者發生衝突時，基於功利的考慮，後者通常會勝過前者。這是因為，雖然對「根」的尋求，關係著個人的存在感，但卻與當前的切身問題沒有多大的關係，導致人們在選擇認同的物件時，以是否有利於己為優先考慮。也唯有在認同對象對自己沒有損害時，才會進一步以本體性作為認同的指標，這表現於各個團體的一致對外和內部傾軋。而自發性的宗族組織在很大程度

1　有關族群認同（ethnic identity）的理論，可參見葛永光：《文化多元主義與國家整合——兼論中國認同的形成與挑戰》，臺北：正中書局，1991年。基本上，研究族群問題的學者分成兩派：一派是「原生論」（primordialism），認為族群認同含有人類間最原始、最初生的感情在內，是既定的，永遠跟隨著一個人而不會改變；另一派則是「工具論」（instrumentalism）或「功能論」者，認為族群認同只不過是被用來作為促進族群利益的工具，它的功能是爭取利益。因此，是可隨環境而改變的。葛永光則認為，族群認同包含「原生感情」和「利益」兩個層面。族裔認同的主要基礎是原生感情，這是與生俱存的。但是，族群認同不是不可改變的，它可以隨著環境的改變，為了追求族群的利益，而發生變遷。葛永光的看法也適用於本書的討論。

上，不僅是基於血緣上的情感歸屬，更與個人的切身利益，有著極大的關係。也由於能符合兩項認同指標，宗族成為閩南人民的認同對象。

為了整個宗族的永續發展，共同抵抗外界的侵犯，以及爭奪資源，必須凝聚共識，團結一致，這有賴於宗族成員對彼此血緣關係的集體記憶，所凝聚的親屬聚合。而親屬聚合的範圍，以及成員間社會距離遠近，主要是由社會文化所詮釋的「血緣」來決定，並以共同活動來創造及強化相關的集體記憶[1]。所謂集體記憶，是一種集體社會行為，人們從社會中得到記憶，也在社會中拾回、重組這些記憶，而每一種社會群體皆有其對應的集體記憶，藉此，該群體得以凝聚及延續。對於過去發生的事來說，記憶常常是選擇性的、扭曲的或是錯誤的，因為每個社會群體都有一些特別的心理傾向，或是心靈的社會歷史結構。回憶是基於此心理傾向，使當前的經驗印象合理化的一種對過去的建構。集體記憶仰賴某種媒介，如實質文物及圖像、文獻，或各種集體活動來保存、強化或重溫[2]。在集體記憶、宗族意識的建構上所依賴的媒介，主要是族譜、宗祠、祖墳、祭祀儀式等。因此，本篇的目的，即在探討閩南宗族組織興起的社會背景，以及宗族組織如何運用宗祠祭祀、編纂族譜來建構彼此間的宗族意識，並闡述其意義。而當敬宗原則無法達到收族的目的時，宗族組織在宗祠祭祀和族譜編纂上，又如何因應與取捨。

1　王明珂：《華夏邊緣》，臺北：允晨文化，1997年，第53~54頁。
2　王明珂：《華夏邊緣》，第50頁。

第二章 閩南宗族組織興起的社會背景

第一節　宋以來士人對宗族組織的提倡

唐代以後，門閥宗族制的衰落，使得倫理道德和親屬關係弱化。面對這種情況，宋代統治階級深恐由於世道衰、人倫壞而導致的不安社會秩序會帶給統治者潛在的威脅，因此，為了穩定統治，除了實施鄉里行政組織外，必須重整倫理道德，提倡善良風俗，以使社會秩序能夠穩固，這就有賴基於血緣所建立而具有強烈凝聚力的宗法制度。宋王朝建立之始，即強調以孝治天下，認為：「冠冕百行莫大於孝，範防百為莫大於義。先王興孝以教民厚，民用不薄；興義以教民睦，民用不爭。率天下而由孝義，非履信思順之世乎？」[1]利用孝義的提倡，來達到民厚、民睦、民用不薄，以及民用不爭的順世。同時，旌表、提倡累世義居的家族，將父母在而別籍異居者，明白地用法律來加以禁止和制裁，以強化人們對於父系家族的依賴感，進而使依父系親屬關係所構成的群體，在社會寇患初平復的情境下，作為穩定社會秩序的機制之一[2]。

與此同時，官僚士大夫們基於同樣的目的，也極力宣導宗法制

1　〔元〕脫脫等撰：《宋史》卷456〈列傳・孝義〉，臺北：鼎文書局，1978年，據北京中華書局點校本影印，第13386頁。
2　朱家嶠：〈漢人宗族意識與宗族表現〉，第52頁。

度的恢復，並加以改進，希冀能符合當時的社會情況和政治秩序[1]。加上北宋中期以後，理學所實行的理想與精神，和宗族意識頗有共通之處，因此，理學的興盛也強化了原先的宗族意識，這可從當時理學家對宗族宗法制的提倡和對宗族意識的推廣上看出。蘇軾（1037-1101）曾言：

　　一國之俗，而家各有法；一家之法，而人各有心。紛紛乎散亂而各不相屬，是以禮讓之風息，而爭鬥之獄系。天下無事，則務為欺詐相傾以自成；天下有變，則流徙渙散相棄以自存。嗟夫！秦漢以下，其多故而難治也。此無他，民不愛其身，故輕犯法，輕犯法，則王政不行。欲民之愛其身，則莫若使其父子親、兄弟和，而妻子相好。夫民仰以事父母，旁以睦兄弟，而俯以血妻子，則其所賴於生者重，而不忍以質身輕犯法，三代之政，莫尚於此矣。今欲教民和親，則其道必始宗族。臣欲復古之小宗，以收天下之不相親屬之心。……今天下所以不重族者，有族而無宗也。有族而無宗，則族不可合。族不可合，則雖欲親之而無由也。……今夫良民之家、士大夫之族，亦未必無孝悌相親之心，而族無宗子，莫為之糾率，其勢不得相親。是以世之人有親未盡，而不相往來，冠婚不相告，死不相赴，無知之民，遂至於父子易而兄弟相訟。然則王道何從而興乎？嗚乎！世人之患，在於不務遠，見古之聖人合族之法近於迂闊，而行之期月，則望其有益。故夫小宗之法，非行之難，而在乎久而不怠也。天下之民，欲其忠厚和柔而易治，其必自小宗始矣。[1]

　　禮讓之風的渙散以及鬥訟盈庭，都是出自天下人心的散亂而不相親屬。由於人民不愛護自己的身家性命，輕易犯法，使王政的推行受

1　〔宋〕蘇軾：《蘇東坡全集》卷36〈策別・勸親睦〉，臺北：新興書局，1955年，第151~152頁。

到阻礙。因此，為了恢復古代淳厚的風俗和美政，就必須實施宗族制度，因為宗族制度能使人民親屬和睦，並為了顧及全家族的生存與發展，而不敢輕易犯法。宗族制度的施行，必須存在一個能夠統合全族的領導人物。蘇軾認為，古代的小宗制度，由血緣關係上的嫡長子，來扮演整個宗族統率族人的角色，可以達到相互親愛和睦、互濟互助的目的。不過，理學家之所以宣導宗法宗族制的建立，主要還是出於國家長治久安的政治意圖。張載（1020-1077）說得很明白：

　　管攝天下人心，收宗族，厚風俗，使人不忘本，須是明譜系、世族，與立宗子法。宗法不立，則人不知統系來處，古人亦鮮有不知來處者。宗子法廢，後世尚譜諜，猶有遺風。譜牒又廢，人家不知來處，無百年之家，骨肉無統，雖至親恩亦薄。宗子之法不立，則朝廷無世臣。且如公卿，一日崛起於貧賤之中以至公相，宗法不立，既死，遂族散，其家不傳。宗法若立，則人人各知來處，朝廷大有所益。或問朝廷何所益，曰：「公卿各保其家，忠義豈有不立？忠義既立，朝廷之本，豈有不固？今驟得富貴者，止能為三四十年之計，造宅一區。及其所有，即死，則眾子分裂，未幾蕩盡，則家遂不存。如此則家且不能保，又安能保國家？」[1]

　　他認為，如果能建立以宗子之法作為基礎且世系分明的世族制度，就可以達到團聚同宗之族，使人不忘其本源，進而教化天下人心、淳厚風俗的效果。也唯有齊家，才能治國，否則，家尚且不齊，何以國治？宗族制度的建立，可以使其保有所累積起來的資源，維持整個家族的生命，如此一來，以穩固的家族做後盾，那些從政之士才

1　〔宋〕張載：〈經學理窟〉，收入《古今圖書集成》家範典宗族部卷102，臺北：鼎文書局，1976年，第39572頁。

能安心為國效命，而忠義之理也可以透過家族制度的強調，深植人心，並進一步將這種對家族的忠義之心，擴大成以國家為效忠的對象。程頤（1033-1107）亦言：

> 今無宗子，故朝廷無世臣。若立宗子法，則人知尊祖重本，人既重本，則朝廷之勢自尊。古者，子弟從父兄，今父兄從子弟，由不知本也。……只有一個尊卑上下之分，然後順從而不亂也。若無法以聯屬之安，可立宗子法，亦是天理。譬如木必有從根直上，一幹亦必有旁枝。又如水雖遠，必有正源，亦必有分派處，自然之勢也。[1]

其想法是，將宗子制度上的尊卑關係投射到政治倫理上，結合三綱思想，國家最高統治者就如同宗族裡的祖先一樣，是人民的根本，所以必須受到尊重。一旦尊祖重本的觀念得以建立，那麼，朝廷的威勢也自然能維持下去。這種尊卑上下之分的等級觀念，使在下位者必須遵從和敬重在上位者，而在上位之頂者，莫過於國家的最高統治者──皇帝。因此，依據宗法制度所建立起來的等級關係，可以讓人民順從於國家領導者的意志，而不至於發生反抗和寇患。程頤為了強調這種等級制度的合法性，將其比喻為水源木本，是跟天理一樣的自然之勢。換句話說，順從統治者的意志，就如同自然之理一樣，是不用懷疑的。

宋代理學家對宗族意識的提倡，到了朱熹（1130-1200）更是集其大成。他對漢人宗族意識的影響，大致包括兩項：宗族意識理論的建構和確定建祠堂及祭祖等相關儀式。為了使宗族意識普遍化，朱熹不但大量寫作，試圖導正社會觀念，並不斷上書給皇帝，希望皇帝能詔告天下，說明宗族的重要性。同時，還希望皇帝能刊印可

1　〔宋〕朱熹：《近思錄集注》卷9〈制度〉，臺北：中華書局，1977年，第6~7頁。

以端正民風的書籍，如《政和五禮》。最後皇帝採納不少朱熹的建言來作為政治制度的思想依據。由於這種強烈的使命感，朱熹先整合了北宋二程的理學思想，而奠定了一套社會道德與宗族意識的思考哲學。他認為宇宙的本體就是「理」，可以看作一種超乎自然的絕對精神，或者可以說是「先驗的」。理是先於萬物萬事而存在，並且萬物萬事都是由「理」所產生。跟著討論到鬼神與祭祀時，即用這種思考方式，配合闡述宗法思想與道德倫理來說明。在建立起這樣的思考基礎後，朱熹跟著強調宗族內部道德倫理的重要性，並提出利用家禮來潛移默化人心的方法，自己更編寫了《古今家祭禮》與《家禮》二書，確確實實地設計了父子、兄弟、夫婦，以及推而遠之至宗族親人之間的行為準則[1]。

然而，朱熹並不認為宗族制度的推行必須完全依照古禮，而是要有所損益，依時代的特性，來選擇符合社會狀況的規範。這從《朱子家禮》的序言中，可以明白看出：

三代之際，禮經備矣。然其存於今者，宮廬器服之制，出入起居之節，皆已不宜於世。世之君子，雖或酌以古今之變，更為一時之法，然亦或詳或略，無所折衷。至或遺其本而務其末，緩於實而急於文。自有志好禮之士，猶或不能舉其要，而困於貧窶者，尤患其終不能有以及於禮也。熹之愚蓋兩病焉，是以嘗獨究觀古今之籍，因其大體之不可變者，而少加損益於其間，以為一家之書。……庶幾古人所以修身齊家之道，謹終追遠之心，猶可復見。而於國家，所以崇化導民之意，亦或有小補云。[2]

1　朱家嶠：〈漢人宗族意識與宗族表現〉，第60~61頁。
2　〔宋〕朱熹：《朱文公家禮》，〈家禮序〉，漢城：出版者不詳，1970年，第1頁。

第二章 閩南宗族組織興起的社會背景

雖然中國的禮儀制度在上古時代即已完備，然而，其中有些並不符合當時的情況，所以應該區別古今的不同，做出某種程度的修改，以適合時代的需求。如此，才可以達到修身齊家、慎終追遠的效果，而有助於國家教化人民的意圖。

朱熹使宗族意識普遍化的另一項設計，即是祠堂。在北宋以前，平民並沒有設置祠堂祭祖的資格，唯有士大夫以上才有建置宗廟的權力。但是，自從理學興盛以後，基於合宗、收族的需要，朱熹將祭祖場所定名為「祠堂」，且將相關儀節制度化。「報本反始之心，尊祖敬宗之意，實有家名分之守，所以開業傳世之本也[1]」。因此，朱熹設計了祠堂的規制，作為這種報本反始、尊祖敬宗意識表現的象徵。也因為「古之廟制不見於經，且今士庶人之賤，亦有所不得為者[2]」。宋代理學家修改了森嚴的宗法制度，提倡庶民化的宗法制度，使原來適用於王道、貴族之道的敬宗收族意識形態，成為適用於社會各階層的行為規範。所以，為了區別於以往的宗廟制度，朱熹特別將這種平民祭祖的場所稱為「祠堂」。其所制定的禮儀，也多為當時一般人民所使用的俗禮。朱熹認為，祖先既然是一族之本，在營建宮室之時，必須先建立祭祀祖先的祠堂，以作為宗族意識的象徵。而祠堂內所供奉的祖先，僅限於高、曾、祖、禰四輩與當今在世時血緣較為接近的祖先神位，且唯有嫡長子才有祭祀的權利。此外，為了保障祭祀資金的不虞匱乏，必須設置祭田，其來源是取每個死亡人士現有田的二十分之一，作為祭祀的資金，並由宗子來掌理，不得隨意典賣[3]。

在這樣的社會氛圍和環境下，為了達到穩定社會秩序的目的和維持家族本身的生命力，以官僚士大夫為核心的宋代地主階級，紛紛編修譜牒，興置族產，制定宗族法規，創辦族塾義學，完善宗族祭祀，

---

1 〔宋〕朱熹：《朱文公家禮》卷1，第1頁。
2 〔宋〕朱熹：《朱文公家禮》卷1，第1頁。
3 〔宋〕朱熹：《朱文公家禮》卷1，第2~4頁。

宣導尊尊、親親、敬宗、收族，形成治家治族的社會風氣。經過地主階級這樣一番努力，以敬宗收族為突出特點的宗族制度，便出現在宋代歷史舞臺上了[1]。

　　雖然明初國家禮制，只允許有品之官才能立廟奉祀高、曾、祖、禰四世的神主，而庶人只能奉其祖父母、父母之祀於寢[2]。並不鼓勵民間宗族組織的發展[2]，而有從傳統國家轉向專制型的絕對主義統治模式，藉以強化政權對地方社會的控制，以穩定秩序的傾向[3]，不過，為了確保生存條件，民間違制的現象日益增多，不僅有庶民建置家廟，更多的是臣民之家追祭始祖。直到嘉靖十五年（1536年），禮部尚書夏言（1482-1548）呈請令臣民得祭始祖後[4]，民間的事實才獲得國家的正式承認，因而鼓勵了民間宗族組織的發展與擴大[5]，加上明代中葉以後社會經濟的發展，也促使明代士紳將關注焦點投注地方社會，而連結同血緣的宗族，是他們建立社會聲望，發揮改造社會理想的重要方式[6]。這時，由於庶民人戶皆有權建置祠廟，在村鎮中，幾乎所有人民都被納入一個族姓的宗祠或家廟，由祠廟所聯繫的族眾人數大為增加。過去由於追祭的物件限於三代至四代之內，一個族姓所能聯繫的家族，只是三代、四代之內的子孫。現在，追祭的祖先牌位不限於高曾祖考，可以上溯到十數代乃至數十代，在一個聚族而居的村鎮乃至一

1　王善軍：《宋代宗族和宗族制度研究》，石家莊：河北教育出版社，2000年，第20~21頁。

2　〔明〕李東陽等敕撰、申時行等奉敕重修：《大明會典》卷95〈禮部五十三‧群祀五‧品官家廟〉，揚州：江蘇廣陵古籍刻印社，1989年，第1頁。

3　有關明清的絕對主義統治，可參考王銘銘：《逝去的繁榮——一座老城的歷史人類學考察》，杭州：浙江人民出版社，1999年，第94~117頁。

4　〔明〕夏言：《桂洲文集》卷11〈請定功臣配享及令臣民得祭祖立家廟疏〉，《四庫全書存目叢書》集部第74冊，臺南縣：莊嚴文化，1997年，第74~75頁。

5　本處主要依據〔明〕王圻：《續文獻通考》卷115〈宗廟考‧大臣家廟〉，臺北：文海，1979年，據萬曆刊本影印，第25頁。雖然在其他官修文書中看不到嘉靖皇帝准奏的詔令，但同樣也看不到嘉靖皇帝對夏言所奏有所反對。事實上，只要皇帝不反對，進而採取抑制的措施，對民間宗族組織來說，即會被視為一種默許，導致民間宗族組織更加發展。

6　何淑宜：《明代士紳與通俗文化——以喪葬禮俗為例的考察》，第179頁。

第二章　閩南宗族組織興起的社會背景

個州縣，所有同一始遷祖的子孫，都可以透過祠廟聯繫在一起了[1]。

因此，宗族村落和聚落群並不完全是官方的政治發明，雖然意識形態的突破以及政權結構的轉型，是民間宗族存在的前提，但並不能完全否認民間社會與文化的力量。誠如王銘銘所指出的，在中國歷史學界，向來存在片面強調宗族對於國家統治者的政權穩固作用，而忽略了這種社會組織一旦被允許存在，便可以轉變為與其原型不同的東西。實際上，宗族在民間的廣泛發展，不僅是由於政府社會控制政策造成的，而且還與長期以來民間對貴族式的宗法制的景慕與模仿、地方權力的網路建構、地方社會的公共領域的發展，有密切的關係。明以前的政府之所以不斷強調只有天子與貴族才可以立廟祭祖，是因為不屬於此類別的社會階層，常常有立廟祭祖的野心。一旦政府開放此禁，民間社會階層便如魚得水，紛紛立廟、聚族而居，以擴大自身勢力，使屬於自己的宗族成為基本上自治化的社區[2]。宗族基於自身利益所形成，雖然也具有維護社會治安、確保國家賦稅的功能，但卻是一種民間的自發性自治組織，擁有較強的向心力，且真正在乎的是宗族本身的興隆，而非鞏固國家政權。此外，國家政權對於宗族的態度，總是寓壓制於鼓勵之中，所以，當國家權力對宗族的壓制力解放時，宗族更能依自身的利益行事，以對抗外界種種的挑戰。如此，更強化了宗族組織的群體意識，宗族組織也因而更加興盛。正因為如此，中國在改革開放後，傳統的宗族制度才會有復興的趨勢，這表現在恢復舊的宗族儀式、祠廟、祠堂等行為。

然而，民間自發性團體，並不只限於宗族組織，為何宗族組織會成為地方社會最首要的認同對象？一般說來，當分支的單位越小，人群的內聚力就越強，對此一人群單位的認同也就越高，所以，以群體

---

1 李文治、江太新：《中國宗法宗族制和族田義莊》，北京：社會科學文獻出版社，2000年，第67~68頁。

2 王銘銘：《社會人類學與中國研究》，北京：三聯書店，1997年，第87~88頁。

認同來說，程度最高者為家庭。然而，因為以家庭為一個單位，無法形成良好的協作效果，且對於社會上的衝突和激烈競爭，亦無法有效應付，以保持自身利益，所以，必須將群體認同，擴大為以血緣關係為主的宗族，並依照不同的情況，產生不同的群體意識，來保障自身的利益或社會地位。

對個人來說，依血緣關係所建立的宗族組織，乃是最親且最易於依賴的，「以宗族聚民者，聚於天也，聚於天者，固無得而散之矣[1]」。宗族聚居是出於人類最原始的親情觀念，因此，也最能產生強烈的凝聚力。在生產力不發達的時代，人們謀生不易，很自然地借助於血緣關係，組織宗族群體，並在一定程度上實行互助和賑恤，幫助族人克服生活上的困難。人們需要得到保護，建立自己的小團體，去對付他人的小組織，以血緣關係組織宗族團體，是最簡單而又較易實現的。這個組織，可以為保護本族人的利益，同異姓宗族、異教、異姓鄰里、異姓鬥爭。在逃難、避荒時，可以舉族行動。族人在社會上，不單純是以個人、家庭成員的面貌出現，而是以宗族成員身分立足於社會。當他同族外人發生糾紛時，宗族要保護他，為他作主。族人對宗族既有義務，又有受保護的權利，因此，才樂於加入。換句話說，宗族有在社會生活中保護族人的作用，它是社會上的互助群體[2]。班固（32-92）在解釋宗族的意義時說：

宗者，何謂也？宗者，尊也。為先祖主者，宗人之所尊也。《禮》曰：「宗人將有事，族人皆侍。」古代所以必有宗，何也？所以長和睦也。大宗能率小宗，小宗能率群弟，通其有無，所以紀理族人者也。

1　〔清〕張海珊：〈聚民論〉卷58〈禮政五〉，收入〔清〕賀長齡、魏源等編《清經世文編》，北京：中華書局，1992年，第3頁。
2　馮爾康等著：《中國宗族社會》，第21~22頁。

第二章　閩南宗族組織興起的社會背景

族者，何也？族者，湊也，聚也，謂恩愛相流湊也。上湊高祖，下湊玄孫，一家有吉，百家聚之，合而為親。生相親愛，死相哀痛，有會聚之道，故謂之族。[1]

利用擁有共同祖先的歷史意識，來達到親愛、和睦以及互濟互助的功能，而基於原始血緣親情關係所產生的恩愛之情，則是最能夠形成聚族的方法。只要代代繼續強調中國文化的慎終追遠、紀念祖先的觀念，在社會過程中，培養以父子為中心的傳宗接代觀念，在人與人的來往上，仍重視籍貫與姓氏的族群同感，則氏族有繼續存在的可能[2]。收宗睦族，不只是精神道德上的共存互助，尚有實際上的功利。其能自行維持治安，抵抗外敵，平解糾紛，進而謀福利，如濟貧寒，救孤寡，設塾教子弟，資助、獎勵科舉。為達此目的，不但要有組織（以宗祠為中心），而且要擁有祠產、義莊或祭田等財產。以組織力量對付外來的競爭或侵略，以共有財產作為組織之後盾與基礎。族人的生命財產，大率由宗族予以保障，族人受他宗凌欺者，大率由宗族出而爭較，或予以救濟[3]。

第二節　閩南宗族組織的發展

宋代以來，敬宗收族式宗族組織的發展，在福建特別興盛，這是由於其獨特的歷史移民背景、自然環境、社會經濟發展等因素，尤其是宋代理學在福建的宣揚與傳播，為宗族組織的興起，提供了理論的基礎。福建理學的發展，受朱熹的影響極深，甚至形成了所謂的「閩

1　〔漢〕班固：《白虎通》卷3下〈宗族〉，臺北：商務印書館，1966年，第217~219頁。
2　吳燕和：〈中國宗族之發展與其儀式興衰的條件〉，第140頁。
3　戴炎輝：《中國法制史》，臺北：三民書局，1966年，第193頁。

學」，而福建也因此被稱為「海濱鄒魯」，這可從其配祀孔廟的儒者人數看出。《閩廣記》言：

　　孔廟從祀先儒，閩人最多。而自宋始，將樂楊時、南劍羅從彥、劍浦李侗、閩縣黃榦、浦城真德秀、崇安胡安國、建陽蔡沈、龍溪陳淳、邵武李綱，皆道學名家也。明則有晉江蔡清、漳浦黃道周。按終清之世，先後列祀兩廡者，一百三十五人，閩得一十有一人，殊不愧為海濱鄒魯焉。[1]

　　從宋到清代，閩籍的道學名家從祀孔廟者，幾乎占所有人數的8%（11/135），從時間和地域的觀點來看，福建的理學可說相當發達。因此，福建宗族發展之強勁，理學之影響應該是一動力。

　　不過，福建民間家族制度的嚴密與牢固，並不僅僅只有理學家的宣導就能形成，還牽涉到福建長久以來因移居其地所造成聚族而居的傳統。根據陳支平的研究，他認為從福建社會文明開發史來考察，漢晉以來，北方士民不斷移居福建並取得生存空間，這在一定程度上必須以家族的實力作為後盾。在渡江南遷的過程中，在兵荒馬亂的惡劣環境和交通困難的條件下，他們每每統率宗族鄉里的子弟們，舉族、舉鄉地移徙，從而加強了相互扶助，鞏固了血緣關係。當他們到達新墾地之後，便自然而然地採取了聚族或聚鄉而居的形式，以應付新的環境，穩固已經佔有的生存空間和拓展本家族、鄉族的社會勢力。

　　與此同時，漢唐五代時期，北方漢民大規模遷居閩中，切斷了閩中越人土著原有文明的發展，而代以中原地區的政治、軍事、經濟和文化制度。這對此後福建地區經濟、文化、社會生活等各方面的開發

---

1 〔清〕鄭麗生：《閩廣記》卷1〈孔廟從祀先儒閩人最多〉，鄭麗生寫本，廈門大學圖書館藏，第3頁。

與發展起了主導的、決定性的作用。雖然北方漢民遷居閩中，有相當一部分是為避亂而來，但他們在當地原有閩越土著文明面前，還是顯示出中原文明的相對先進性，從而也就自然表現出他們本身的自豪感和優越性。尤其是在晉、唐、五代的遷閩高潮中，中原漢民是以統治者的身分進入閩中社會的，這就使得入閩的中原世家，一開始就以門第相高，以世閥自豪。而那些貧窮的入遷漢民以及原有的福建土著，為了適應社會生存和謀求發展的需要，也紛紛附祖塑宗，建祠堂、修族譜、崇祭祀，競相標榜。從某種意義上可以說，血緣家族的觀念與關係，促進了福建文明的開發和進步。

此外，北方漢民入閩之初和福建早期開發，缺乏應有的政府控制力和社會秩序，人們取得生產和生活空間，大多依仗自身的勢力，甚至於依仗鄉族的軍事實力。在這種情況下，就不能不促使人們借助於家族的力量，為自身謀求更多的政治、經濟和社會利益而奮鬥，也就不能不進一步加強血緣家族的觀念和關係。這無疑是宋元以來，福建民間家族制度和家族組織，較中原地區更加嚴密與完善的重要原因[1]。

這種聚族而居的傳統，再加上明代中葉以後社會經濟的變遷，及其在福建所形成的特殊社會環境，使這一時期的宗族制度更加興盛與完善。明朝建立後，為了加強對於民間基層社會的控制，實施了一連串的鄉里制度，意圖造就一個敦本尚樸、自給自足而又安土重遷的小農社會秩序。然而，這種小農社會，實際上並不能與明中葉以後的社會經濟發展相適應，再加上王朝為了政治目的，重農抑商，實行海禁政策，片板不許下海，禁止人民出海與外國貿易，因而也限制了商人的活動。

由於社會的穩定和經濟的復蘇與發展，使平常「宅於山海間，山

1　陳支平：《福建六大民系》，福州：福建人民出版社，2000年，第290~291頁。

而居者，歲食其山之入，猶出其餘以貿易於海。海而居者，亦食其海之入，舉得而有焉。蓋山海之利，居田之半也[1]」的閩南人民，面臨了人口成長壓力所帶來耕地不足的生存危機，「人稠山谷瘠，雖欲就耕無地辟[2]」、「田少海多，民以海為田[3]」。也由於西、北面的山脈，使福建在地理上較他省更為孤立[4]，甚至被視為中國最孤立的省份之一[5]。高低不平的地形，限制了福建與鄰省的旅行和交往，難以向內地發展，因此，為了生存，勢必違禁入海通番，向外發展，以求得解決之道，閩南的海上貿易活動，遂不顧朝廷禁令，逐漸興盛起來[3]。如《海澄縣志》所云：

富家以貲，貧人以傭，輸中華之產，騁彼遠國，易其方物以歸，博利可十倍，故民樂之。雖有司密網，間成竭澤之漁，賊奴煽殃，每奮當車之臂。然鼓枻相續，吃苦仍甘，亦既習慣，謂生涯無踰此耳。[6]

這種趨勢，到了嘉靖以後，不僅是濱海小民，即使豪門貴家參加者也不少。嘉靖以前，冒禁下海者多為海商及迫於生計的濱海小民，豪門貴家參加者既少，亦尚不敢公然出入。嘉靖以後，走私商人分為兩種：一是由閩浙大姓貴家操持主使，私梟舶主與勢要土豪結合的上

1　〔清〕黃任等纂修：乾隆《泉州府志》卷20〈風俗〉，臺南：賴全源影印本，1964年，第2頁。

2　〔清〕黃任等纂修：乾隆《泉州府志》卷20〈風俗〉，第2頁。

3　〔清〕周凱修、凌翰等纂：道光《廈門志》卷15〈風俗〉，臺北：成文出版社，1967年，據清道光十九年刊本影印，第2頁。

4　Evelyn Sakakida Rawski, *Agricultural Change and the Peasant Economy of South China.* Cambridge, Mass.: Harvard University Press, 1972, p.59.

5　Ernest B. Price, Transportation and Public Works, *Fukien, A study of a Province in China.* Shanghai: Presbyterian Mission Press, 1925, p.72.

6　〔明〕梁兆陽修、蔡國禎等纂：崇禎《海澄縣志》卷11〈風土志〉，《稀見中國地方志彙刊》第33冊，江蘇省金壇縣：中國書店，1992年，第2頁。

第二章 閩南宗族組織興起的社會背景

層勢力，挾制官府，包庇窩藏，公然進出海上；一是沿海貧民與桀驁者結舶行販的下層勢力，急迫時，亦往往賄投勢家以為掩護[4]。而那些無法靠自己力量出海通番販易的貧民，除了受雇於富家外，其他則是向山區遷徙，從事山區的開發。特別是沿海等人口稠密的地方，其失地的農民，紛紛向山區移民，即如《虔臺倭纂》所載：「閩中有可耕之人，無可耕之地。……嘗觀漳郡力農者，散處七閩，深山窮鉛，無處無之。」[1] 然而，不管是下海通番，抑或是山區開墾，這些都是在與政權對抗中取得生存和進展的，並且大多屬於違法和犯禁的，統治者也將其視為「俗獷民頑。利在於海，則冒通番之禁，通番不已，而劫洋者眾矣。利在於山，則冒穿礦之禁，穿礦不已，而禦貨者繁矣。番之徒，多起於閩之漳泉，而其禍流於浙於廣；礦之徒，多起於浙之溫處，而其流禍於閩於廣，此實三省之隱憂[2]」。明代中期以後，福建商品經濟的發展缺乏一種應有的政治秩序和社會環境，因此，這種極富挑戰性質的工商業經濟，在某種程度上，加劇了社會的寇患和不安定。如漳州府詔安縣的梅嶺：「此地方之人相尚為賊，或在海，或在山，為漳、潮二府之害已數十年，一向議征，未有決策[3]」、「此村有林、田、傅三大姓共一千餘家，男不耕作而食必粱肉，女不蠶桑而衣皆錦綺，莫非自通番接濟，為盜行刼中得之[4]。」

　　明代閩南沿海和山區的工商業者們，為了維護自身的經濟利益，為衝破傳統社會與政治的束縛而鬥爭，遂走上亦工亦盜，或亦商亦盜的畸形道路，特別是沿海接濟通番和從事海上貿易的商民，

1　〔明〕謝傑：《虔臺倭纂》下卷〈倭議二〉，臺北：正中書局，1985年，據明萬曆乙未刊本影印，第354~355頁。

2　〔明〕崔涯：《筆山文集》卷1〈奏疏・巡按福建謹題為亟陳要務以靖邊患事〉，《四庫全書存目叢書》集部第94冊，第32頁。

3　〔明〕俞大猷：《正氣堂集》卷15〈奏報兵部尚書克齋李公書三首〉，《四庫未收書輯刊》第5輯第20冊，北京：北京出版社，1997年，第29頁。

4　〔明〕俞大猷：《正氣堂集》卷2〈條議汀漳山海事宜〉，第4頁。

這一特點表現得更加突出。胡宗憲在嘉靖禦倭時就曾明言：「寇與商同是人也，市通則寇轉而為商，市禁則商轉而為寇，始之禁禁商，後之禁禁寇。」[1]

明代中葉以後，閩南地區由於社會經濟呈現日趨嚴重的貧富不均，而農業生產又不足自給，小民求生不易，形成閩南沿海人民突破傳統農業經濟的內在動力。另一方面，葡萄牙與西班牙等外國商人的東來，使沿海貿易機會大增，而「貿易取向」極高的閩南社會，對海上利益興趣日濃，在禁愈嚴而利愈厚的趨勢下，走私貿易遂越演越盛[2]。這更增強了整個社會的投機心理，妨礙了社會經濟的正常發展。人們所熱衷的是欺詐取巧、強凌豪奪，而不是用心於切實地發展生產，整個社會風氣，從明代前期的敦厚古樸，向恃強凌弱轉變。這種社會風氣的形成，更增添了商品經濟發展的風險性，給社會帶來了不安定的因素。

這種情形的產生，除了商品經濟發展，因缺乏國家法律制度的保障，導致工商業者必須違禁犯例與政府抗爭外，還與生存上的掙扎有關。閩南山多田少，不斷地人口增長，促使人民所擁有的人平均耕地面積逐漸減少，因而對農業生產感到愈來愈大的壓力，並導致許多人民，因沒有產業而流落他方。然而，並不是每個人都有能力在海上貿易或在山區開發中獲得生存，因此，有許多人生活饑寒交迫，以致轉死溝壑。這些人為了保有他們的生存權利，不得不以搶劫為生，加上在沿海小民走私貿易活動中，地方勢家常坐索重賄於前，要脅詐騙於後，往往侵沒貨值，海商憤其騙勒，乃寇掠其家以報復之[3]。使明代

1　〔明〕胡宗憲：《籌海圖編》卷11《經略一‧敘寇原》，第4頁。
2　林麗月：〈閩南士紳與嘉靖年間的海上走私貿易〉，《臺灣師範大學歷史學報》第8期（1980年），第104頁。
3　陳文石：〈明嘉靖年間浙福沿海寇亂與私販貿易的關係〉，第388頁。對於倭寇的起因，〔清〕里人何求所纂《閩都別記》（福州：福建人民出版社，1997年）第301回也有類似的看法。

中葉以後，閩南的寇患連綿不絕，對社會的安定和經濟的發展產生了不利的影響。

既然政府所實施的鄉里行政組織不能為人民提供生存上的保障，那麼，人們基於生存原則的維持，必須擁有外援，以對抗外來的侵略與威脅，保護既有的資源，再加上福建自然的地理環境和聚族而居的傳統，使人們深深感受到，這種基於血緣，具有強大內聚力的宗族制度之重要性，因此，紛紛組織和利用宗族制度，企圖在不安的社會環境中，求得生存的機會。人們迫切認識到，只有增強家族的團結，發展家族的勢力，才能與弱肉強食的外部世界作有效的抗爭。於是，各地家族紛紛團結起來，組織武裝，修築碉堡城寨，禦敵衛家。明中葉以後，福建家族武裝的興起，無疑大大加強了民間各家族的勢力，推動了家族制度的進一步發展[1]。

這種情形在明中葉以後的閩南社會表現更加明顯，如饒懿倫（Evelyn Sakakida Rawski）在論及建寧和漳州兩府時，即言16世紀後，當建寧府的市場停滯不前時，漳州已經變成了非法貿易的中心，其表現在市場數量、新產品種類、土地價格、農業產量、租金、銀的輸入和進士人數等的大量增加。而內地商業擴張所受到運輸技術的限制，大於海外貿易，使得自宋以來擁有一定發展水準的建寧府，在基本的經濟條件上，沒有多大改變[2]。這種經濟發展上的差距，及因發展和非法貿易所帶來的社會激烈競爭，使閩南地區人民更強烈需要外援，以應付多變的社會環境，因此，在經濟充裕和社會競爭的雙重刺激下，使閩南的宗族組織較閩省其他地方更為強盛。

明中葉後，閩南地區商品經濟的發展，也為宗族組織提供了不可或缺的經濟條件。大抵宗祠、墳墓的建造、族譜的修纂、族田的設

---

1 陳支平：《近500年來福建的家族社會與文化》，第30~33頁。
2 Evelyn Sakakida Rawski, *Agricultural Change and the Peasant Economy of South China*, pp.67~98.

置、宗族的教育和祭祀活動的舉行，都需要一定的費用，而商品經濟的發達，保障和提供了資金的來源，使宗族組織的活動得以持續下去。

表2-1　明代族產建置年代表

	明中葉前	明中葉後	總計
份數	13	56	69
比例	19%	81%	100%

資料來源：附錄一「明清閩南族產建置表」。

　　從附錄一「明清閩南族產建置表」及表2-1可知，明代閩南族產的建置，多集中在明中葉（正德、嘉靖）以後，約占所列出的81%[1]，其中，又以嘉靖、萬曆兩朝最多。明中葉後，閩南山海經濟的發展與興盛，使地方人民有更多的財力為宗族盡一份心力，也使族人面對更為複雜、激烈的社會環境，不得不更加依賴宗族的保護。而此時期倭寇、山賊所引起的地方寇患，雖然對地方宗族組織和經濟有所破壞，但也因此強化了民間對宗族消散的危機，增加其對宗族組織的向心力，於是，紛紛採取更積極的措施，以鞏固宗族組織，並利用團聚的力量以抵禦外侮。而這股風氣，基本上延續到了清朝，並不因朝代的變革有所中斷[2]。

　　這種設置族田的風氣，即使是遠在他鄉的族人，能力所及時，不但在遷徙之地建立祠堂、族田，也往往回鄉捐買祭租、擴充族產。〈嘉義劉氏祭祖業田碑〉載：

1　計算方式是排除表中無明確年代記載者，所得結果：明中葉以前13份，明中葉以後56份。文中所得的數值是明中葉以後的份數占所有有明確記載份數的比例。
2　雖然從附錄一「明清閩南族產建置表」無法判斷清朝建置族產集中的年代，但能顯示出，在清初康雍乾三朝，建置族產的人數頗多。

第二章　閩南宗族組織興起的社會背景

賞思木有本，水有源，而能不忘源本有鮮□。我珊圖住臺之人實繁，有從於嘉義縣翻龍路共建祠宇，名曰「世德堂宗祠」，均保祖分十摧，與唐之高山大宗如一轍焉。嘉慶年間（1796-1820），裔孫盛興、天慶等聞唐大宗祭費未饒，奚將世德堂餘租銀寄回二百圓，充在敘倫堂，置祠田焉。道光癸未（道光三年，1823年），天慶率孫奠邦、侄利貞、深池回視墳祠，增買祭租共銀三百餘。丙申（道光十六年，1836年）春，奠邦、玄乞等復帶銀三百餘再買祠田。二十餘年間，臺之公銀三至共以千，非不忘源本，安能若是哉？[1]

由此可見，宗族意識對閩南民間社會的影響，即使族人身在異地的臺灣嘉義，也念念不忘源本之情。

明中葉後，閩南經濟發達所造成的影響，還表現在建置族產者身分的轉變上，有由貴轉富的傾向。隨著閩南社會經濟，特別是商品經濟的發展，民間宗族組織族產的設置，也越來越普遍。一般的宗族在建祠設祭的同時，也大力籌集資金擴置族田，如乾隆《泉州府志》即記載：「百人之族，一命之官，即謀置祠宇祭田。[2]」

表2-2　明清族產建置者身分表

	明時期	清時期	明清合計
紳士比例	77%(75/98)	53%(54/101)	65%(129/199)
平民比例	23%(23/98)	47%(47/101)	35%(70/199)

資料來源：附錄一「明清閩南族產建置表」。

分析附錄一「明清閩南族產建置表」可知，明代族產的設置

1　轉引支平、崢嶸：〈從契約文書看清代以來福建與臺灣的民間關係〉，《臺灣研究集刊》2000年第1期，第69頁。
2　〔清〕黃任等纂：乾隆《泉州府志》卷20〈風俗・同安縣〉，第12頁。

者，基本上，還是以紳士 [1] 占多數，約占此時期總數的77% [2]。在傳統中國社會裡，功名成了最容易獲得和保持財富的途徑，因此紳士比一般人擁有更多的財力以建立族田。這種情形到了清朝已有所改變，平民所占的比例，從原來的23%上升到將近47% [3]，比原先增加一倍。如果將明清兩朝合併計算，則平民建置族產的件數，約占全體的35%，雖然仍少於紳士，但已顯示平民的實力有所提升，特別是清代，在財富的獲得方面，功名不再獨佔鰲頭，而呈現多元化的現象[5]。

與此同時，閩南的教育文化也隨著經濟的發展有極大的進展，甚至超越福州和興化兩府，成為福建考取進士人數最多的地方。閩南民間宗族組織，為使族員接受宗族倫理道德，認同宗族的一整套禮俗規範，維持宗族的既定秩序，提高宗族在社會上的聲譽和地位，通過祭祖、祀神和婚喪喜慶各種活動，對宗族成員不斷進行族化。這些活動，使宗族組織所形成的一整套倫理道德觀念，得到相當程度的貫徹。然而，適應宗族組織運行所需要的各種觀念，要得以更加有效貫徹，單是依靠上述的那些途徑是不夠的，還必須通過其他一些途徑，以便實現較為系統的宗族教化 [4]。

閩南的宗族組織極為重視族人的教育，如康熙《平和縣志》言：「讀書無論貧富，歲首延師受，雖鄉村數家聚處，亦各有師。」[5] 同治《福建通志》亦記載漳州府長泰縣：「邑重宗祠，比戶皆然。又有書

---

1 此處紳士的定義，是以張仲禮《中國紳士——關於其在19世紀中國社會中作用的研究》（上海：上海社會科學院出版社，1998年）一書為主。基本上，是指秀才以上有功名者，不管是經由正途或異途。

2 紳士件數75份，平民件數23份，以子貴者，則視其之前身分而分別列入。

3 紳士件數54份，平民件數47份。

4 蘇黎明：《泉州家族文化》，北京：中國言實出版社，2000年，第188頁。

5 〔清〕李鋐、王柏等修、昌天錦等纂：康熙《平和縣志》卷10〈風俗〉，臺北：成文出版社，1967年，據康熙五十八年修、光緒十五年重刊本影印，第6~7頁。

田以贍族之士夫，故四民皆知向學。」[1] 這種對教育文化的重視，使閩南地區雖然遠離政治中心，處於國家的邊陲，其人文之風，卻不輸給其他地方。乾隆《泉州府志》提到：

> 溫陵人文之盛，晉江一邑與海內諸名邦相抗衡。蓋地去中原遠，間以峻嶺高灘，非積居時逐之所，民無所征貴賤。惟濱海為島夷之販，安平鎮其最著矣。至於紳士之家，惟書而已。……嘉、隆以來，士人讀書多在開元、承天二寺，尋丈之室，歲僦一金。至於文廟兩廡、尊經閣、先賢祠宇，及附郭山寺，皆老生耆宿受徒之所，極至十室之內，必有書舍。保販隸卒之子，亦習章句。當是時，師嚴而尊，學徒已婚冠為子弟員矣，稍不如矩，跽而受扶。其大鄉巨族，則多為社塾，師徒交勵，與郡城埒。[2]

晉江一縣人文之盛，已到了處處充滿弦誦之聲的地步，甚至是社會上地位較為卑賤的販夫走卒，也極力使子孫吸取知識。而從「十室之內，必有書舍」來看，可知讀書的重要已經深入一般人心中，這種現象不僅存在於城市，即使是鄉間，只要能力夠，通常也會設置私塾，以供子弟就學。有些家譜甚至將對讀書好處的宣導寫成歌謠，使人易於朗朗上口，並收入族譜當中[6]。

就邊陲地區來說，更汲汲於功名的獲取。因為其遠離政治中心，必須仰賴科舉制度，才有機會躋入上層社會的政治圈。而明中葉後，閩南沿海經濟的發展，也使其有足夠的經濟能力提供子弟就學，因此，可以與海內諸名邦相抗衡。這可從明代進士各省的分佈（表2-3、圖2-1，如果以明代各省每百萬人口的進士數來看，明代福建省的排序

---

1 〔清〕陳壽祺等纂：同治《福建通志》卷56〈風俗〉，臺北：華文，1968年，據清同治十年重刊本影印，第26頁。
2 〔清〕黃任等纂：乾隆《泉州府志》卷20〈風俗〉，第5~6頁。

更居首位，見表2-4）和福建各府進士人數的變化得知（表2-5）。其中，閩南又以晉江、南安、同安、惠安、龍溪、漳浦等沿海各縣表現最為突出（表2-6），由此可見海外貿易的影響。

圖2-1　明代的進士出身地

資料來源：木村靖二、上田信編：《人と人の地域史》，第152頁。

表2-3　明代進士各省分佈表

省別	1371–1439	1440–1472	1473–1505	1506–1538	1539–1571	1572–1604	1605–1644	總計
河北	72(7)	251(4)	339(4)	335(5)	348(4)	251(7)	302(7)	1898(5)
山東	53(9)	124(7)	219(6)	270(6)	325(5)	310(4)	422(3)	1723(6)
河南	105(5)	167(6)	201(7)	260(7)	229(7)	295(5)	341(6)	1598(7)
山西	49(10)	88(9)	154(9)	190(8)	208(8)	180(9)	241(9)	1109(8)
陝甘	39(12)	83(11)	153(10)	184(9)	139(11)	146(11)	237(10)	981(10)
江蘇	150(4)	328(3)	442(2)	398(2)	395(2)	389(2)	619(1)	2721(2)
浙江	290(2)	363(1)	448(1)	532(1)	561(1)	471(1)	575(2)	3280(1)
安徽	76(6)	109(8)	157(8)	167(10)	169(9)	170(10)	188(11)	1036(9)
江西	345(1)	361(2)	354(3)	357(3)	367(3)	266(6)	350(5)	2400(3)
福建	237(3)	211(5)	232(5)	354(4)	309(6)	352(3)	421(4)	2116(4)
湖北	40(11)	59(13)	113(12)	154(11)	165(10)	191(8)	246(8)	968(11)
湖南	27(13)	66(12)	89(13)	72(13)	47(13)	57(13)	68(14)	426(13)
四川	57(8)	87(10)	125(11)	137(12)	128(12)	88(12)	169(12)	791(12)
廣西	10(14)	16(14)	30(14)	35(15)	36(15)	19(16)	27(15)	173(15)
雲南	4(15)	13(15)	27(15)	45(14)	35(15)	39(14)	78(13)	241(14)
貴州	0(16)	7(17)	4(17)	10(17)	17(16)	20(15)	27(15)	85(16)
遼寧	0(16)	10(16)	13(16)	13(16)	10(17)	4(17)	7(17)	57(17)

說明：表中（）內的數字為各省的名次。

資料來源：整理自 *Ping-ti Ho, The Ladder of Success in Imperial China：Aspects of Social Mobility, 1368-1911*, New York and London:Columbia University Press, 1962. p.227，Table 27.

表2-4　明代各省每百萬人口的進士數

省別	河北	山東	河南	山西	陝甘	江蘇	浙江	安徽	江西	福建	湖北	湖南	四川	廣東	廣西	雲南	貴州	遼寧
數量	283	205	258	209	144	243	307	111	260	428	164	82	172	144	40	120	42	57
排序	3	8	5	7	11	6	2	14	4	1	10	15	9	11	18	13	17	16

資料來源：Ping-ti Ho, *The Ladder of Success in Imperial China: Aspects of Social Mobility, 1368-1911*, p.229，Table 29.

表2-5　福建各府進士人數表

	福州	興化	泉州	漳州	建寧	延平	福寧州	邵武	汀州	總計
1513-1541	112	111	65	11	8	5	3	2	2	319
1549-1601	103	90	237	137	27	6	5	2	5	612

資料來源：Evelyn Sakakida Rawski, *Agricultural Change and the Peasant Economy of South China*, p.89.

表2-6　閩南各縣進士人數表（1513-1601）

府名	泉州府							漳州府					
縣名	晉江	南安	同安	德化	永春	安溪	惠安	龍溪	漳浦	龍岩	長泰	南靖	漳平
人數	194	29	41	1	4	4	28	31	57	2	10	1	5

資料來源：Evelyn Sakakida Rawski, *Agricultural Change and the Peasant Economy of South China*, p.92 Table 12.

　　總而言之，宋代理學在福建的宣揚與傳播，為宗族組織的興起提供了理論的基礎，加上長久以來，因移居其地所造成聚族而居的傳統，以及明中葉以後商品經濟的發達和社會的動盪不安，強化了福建的宗族組織，並促使其進一步發展。明中葉後（正德、嘉靖）所形成的宗族組織，由於本身的團結力，故能一致對外，以維持自身的利益，而其表現形式，即為運用本族的武裝力量進行械鬥、抗租的活動。因此，在宗族勢力強盛的地方，政府不僅無法忽視其地位，甚且必須使鄉里制度依附於宗族組織的形式下，才有辦法推行。而民間自有組織，以自己特有的運作方式應付官府的各種義務，因而，在某些場合，官府的統治體現為家

族統治的形式[1]。在傳統社會，社區的社會、經濟和教育文化，基本上是以社區的自發性組織為途徑達成的[2]。換句話說，明清時期的官僚政治，實際上，是無所作為的，並不具備有效的社會控制能力。正是在這種歷史條件下，「私」的統治體制不斷得到了強化，鄉族組織與鄉紳集團空前活躍，對基層社會實現了全面的控制。而在「私」的統治體制中，家族組織歷來是最基本和最有效的社會控制工具。因此，基層社會的自治化必然導致家族組織的普遍發展[3]。

在明中葉以後的福建，其里甲戶籍，不外是家族組織的代名詞。由於里甲組織是明清時期的基層政權組織，遂使以里甲戶籍為標誌的家族組織具有基層政權的職能。在某種意義上說，家族組織與基層政權的結合，加強了官僚政府對於基層社會的控制。另一方面，這種控制又是以基層社會的自治化為前提。從明初「十年一造黃冊」的里甲體制，轉變為明中葉以後，以家族為本位的戶籍管理與賦役征派體制，反映了基層社會的自治化和家族組織的政治化進程[4]。如《問俗錄》即言：「官坡廖氏、附城沈氏，及為許、為陳、為林，田不知其幾千畝也，丁不知其幾萬戶也。族傳止一、二總戶名入官，如廖文興、廖日新、許力發、許式甫是也。」[5]這種合流的現象，也發生在葉春及（嘉靖三十一年舉人，1552年）於惠安縣知縣任內（1570-1574）所推行的保甲制度裡。《惠安政書》記載：

又睦鄰者，當先睦族。以甲而聯，鄰居通矣。族安能皆比居也？不有散而當聚之乎！然均一姓也，而族分焉，族姓不別，則宗道亂，

1　王日根：〈明清基層社會管理組織系統論綱〉，《清史研究》1997年第2期，第13頁。
2　王銘銘：《村落視野中的文化與權力──閩臺三村五論》，第39頁。
3　鄭振滿：《明清福建家族組織與社會變遷》，第257頁。
4　鄭振滿：〈明清福建的里甲戶籍與家族組織〉，《中國社會經濟史研究》1989年第2期，第44頁。
5　〔清〕陳盛韶：《問俗錄》卷4〈詔安縣・花戶冊〉，南投：臺灣省文獻委員會，1997年，第41頁。

故於姓一而各為族者別之。姓以族多少為次，族以丁多少為次，蓋便稽閱，此非序門第也。其間各書職員生業，而門第在其中矣。族法，先依昭穆世次，以丁在而世先者，為一世，次而下，至世未繼而止。世長於族，而年尤辰者，固以年長注之。年長於族，而世非長者，亦以年長注之，不拘世次。蓋必在各世之首矣，亦序昭穆中而寓序齒意也。然一族中，以世長者書之，以年長者書之，以為族人宗，為其年其世而已。至各書其職業，則賢者、貴者咸在。又有事於公家，而系於國籍者，其里之長書之，其甲之首書之，餘寄寓孤獨不遺，則燦然而宗道備矣。[1]

由此可知，明中葉後宗族組織的興起，已經到了地方官在施行政策時，不得不注意和利用、妥協的程度。官府利用宗族強大的內聚力，來達到控制鄉里社會和百姓的目的。誠如論者所云：「鄉里組織領袖，有時是由宗族族長等人充任，而鄉里制度的領導權，也被宗族勢力操縱和掌握。……即使鄉里組織領袖不是由族長擔任，往往也受其控制，至少受宗族勢力的影響。」[2]

茲舉一例以說明這種情形：安溪縣美法村，在明清時期，族、房長便是村中的政治首腦，他們對村中的社會生活、權力分配、衝突解決、生產關係起著關鍵性的作用。即使到民國時期，國民政府試圖削弱族權，因而任命非族、房長人員為保甲長。但是，保甲制度後期的實踐結果，是保甲制與族房制相合的產物[3]。這種情形，在閩南地區所反映出的程度尤甚，使閩南的宗族組織和意識，比福建其他地區更為強大。

注釋：

1 〔明〕葉春及：《惠安政書》卷12《保甲篇》，福州：福建人民出版社，1987年，第367~368頁。
2 趙秀玲：〈中國鄉里制度〉，北京：社會科學文獻出版社，1998年，第179頁。
3 王銘銘：《村落視野中的文化與權力──閩臺三村五論》，第14~15頁。

[1]對此，井上徹則認為，宋代宗族的登場是適應科舉官僚制度的結果，即在科舉資格和官僚身分不能世襲的制度規定及家產均分的社會環境中，知識份子難以避免家族身分和地位沒落的宿命。因此，提倡宗法制度以防止家族的沒落，同時在科舉官僚制度下，實現事實上世世代代官僚輩出的世臣的理想。他似乎忽略了官僚士大夫提倡宗族組織的政治目的。參見井上徹：《中國の宗族と國家の禮制——宗法主義の視點からの分析》。

[2]有關洪武時期國家祭祖禮制的建立，常建華似乎過分強調《大明集禮》對朱熹《家禮》的仿照，而忽略了兩者在諸如祠堂建立者的資格、庶民祭祖代數等若干重要原則的實質差異，並不加辨別地認為國家禮制與民間祠堂祭祖擁有一致性，而沒有注意到兩者間的差異性（這可能是因為他認為兩者都是仿效朱熹《家禮》，進而認為兩者是一致的），導致以民間祠堂祭祖的行為模式來論證洪武時期國家禮制內容的錯誤。參見常建華：〈明代宗族祠廟祭祖禮制及其演變〉，《南開學報》2001年第3期，第60~63頁。筆者認為，在明太祖穩定社會秩序的措施中，似乎捨棄了宋以來對民間宗族組織的宣導，這可從教民榜文（有關教民榜文的內容，可參見〔明〕張鹵輯《皇明制書》及〔明〕章潢《圖書編》中的相關論述）和《大明集禮》中看出。不但教民榜文中沒有提到宗族，即使是《大明集禮》內，不但捨棄程頤始祖祭祀的看法，對於朱熹祠堂制度的設計，也僅限於品官廟制內。而庶人不但只能祭祀祖父母以下，同時限於寢。關於明朝對祖先祭祀和家廟的對應，也可參考井上徹：《中國の宗族と國家の禮制——宗法主義の視點からの分析》第三、四章。由此推斷，明太祖似乎有意抑制民間宗族組織的發展，而這種態度反過來更強化了民間宗族組織的自發性。清初順治朝也繼承了這種態度，使得清朝在面對民間宗族組織時，喪失主導地位，只能隨著民間宗族組織所引發的社會問題，採取不同的措施。

[3]吳振強則認為「人口壓力」、「山多田少」、「政治混亂」都只是相對的因素，不足以充分解釋導致明季閩南社會變遷的癥結。閩南地區人口壓力的形成，並不純粹由於戶口絕對數字的增加，因為，只要社會條件惡化的程度不超越一定的極限，則農業生產經常足以維持日益增加的人口。而藉由採取更有效的勞力集約耕作、栽植新品種或新作物、改良農業相關技術等方式，都可使日益膨脹的人口，獲得最低程度的溫飽。因此，他認為，閩南社會變遷的原因，在於當地局部的農業改良，由於農民不堪重稅壓迫、嚴重的土地兼併與貧富不均等現象而無濟於事，導致閩南農民極思打破現狀，另尋謀生之道。加上明中葉以後，外國商人出現沿海帶來的海外貿易氣氛，使許多農民脫離傳統的自足式農業經濟，紛紛出外經商。參見Chin-keong Ng，「A Study on the Peasant Society of South Fukien，1506-1644」，*Nanyang University Journal*，6 (1972)，pp.191~212、Chin-keong Ng，「Gentry-Merchants and Peasant-Peddlers - The Response of the South Fukienese to the Offshore Trading Opportunities，1522-1566」，*Nanyang University Journal*，7 (1973)，pp.162~164，及林麗月：〈評介吳振強有關明代閩南社會之研究〉，《史學評論》，1982年第4期，第187~191頁。然而，即使人口壓力、山多田少等不必然會導致社會變遷，但在某一程度上卻增加了社會的緊張性。其重點並不在於自然資源的多寡，而在於當資源大部分為少數人把持時所帶給多數人的壓迫感，導致社會氛圍更加不安。而這種壓迫感，也會進一步使人想辦法改變現狀，或脫離當地社會。

[4]陳文石：〈明嘉靖年間浙福沿海寇亂與私販貿易的關係〉，《中央研究院歷史語言研究所集刊》，第36本上冊（1965年），第383~384頁。胡宗憲（嘉靖十七年進士，1538年）對福建此一情形，曾有詳細的描述：「漳泉多倚著姓宦族主之。方其番船之泊近郊也，張掛旗號，人亦不可誰何其異貨之行於他境也。甚至有藉其關文明貼封

條，役官夫以送出境至京者。及海船回番，而劫掠於遠近地方，則又佯為之辭曰：『此非此夥也，乃彼一□也。』訛言以惑人聽。比及上司比責水寨巡司人等，間有一二官軍捕獲寇盜人船，解送到官。彼為巨盜大駔，屯住外洋者，反役智用倖，致使著姓宦族之人，又出官明認之曰：『是某月日某使家人某姓某處糶稻也，或買杉也，或治裝買疋帛也。』家人有銀若干在身，捕者利之。今雖送官報贓，尚有不盡法合追給，或者有司懼禍而誤行追懲，但據贓證與所言之相對，不料所言與原情實不同，其官軍之斃於獄而破其家者，不知其幾也。彼巧於讒而計行，此屈於威而難辨，奈之何哉？以致出海官軍不敢捕獲，不若得貨縱賊，無後患也。」參見〔明〕胡宗憲：《籌海圖編》卷4《福建事宜》，《景印文淵閣四庫全書》第584冊，臺北：商務印書館，1983-1986年，據臺北故宮博物院藏本影印，第31~32頁。

[5]在此表中，無法分析商人在族產設置中的地位。這是由於在地方志所載人物中，雖然有些人亦有從商的經歷，但並沒有被載入，因此無法統計。如雷翠庭在《聞見偶錄》中記載：蔡廷魁，「字經五，泉州南安人。少貧落魄，遊粵東……資日起，亟迎其父母以養。厥後，營室廬奉父母歸，構土堡以居旅人，立大小宗祠，置祀產，俾族人沾先澤。有服之屬無令有鰥居失業者，設書塾捐修脯以課子姓，計所費較遺子者過半焉」。轉引陳支平：《近500年來福建的家族社會與文化》，第33~34頁。

[6]如南靖湧口吳氏的范家六訓中，就有一首勸族人讀書的歌：「我教子孫書。書是起家基，開卷極有益。讀之萬倍利，達則登科第，窮亦識禮義。書多能庇人，猶樹根蔭枝，洞徹今與古，勘透盈共虛，勤儉和忍嚴，修齊皆合宜。有書不能讀，眼睜腹中虛，理欲莫以辨，倫法不自持。沐猿戴衣冠，牛馬佩襟裾，都由書不教，以致愚又愚。聖誨豈異聞，獨立過庭趨，與言並與立，學禮且學詩。書中字字錦，一句一珠璣。汝不見世上萬般皆下品，算來無如讀詩書。兒孫吃

緊讀書者，顯祖榮宗幸幸之。」參見林嘉書整理：《漳州吳氏族譜三種（一）・湧口吳氏族譜》，《聳登范家六訓》，《臺灣文獻彙刊》第3輯第5冊，廈門：廈門大學出版社；北京：九州出版社，2004年，第437~438頁。

第三章　宗祠祭祀的意義及演變

第一節　宗祠祭祀的理想功能

祠堂是一個家族組織的中心，它既是供設祖先的神主牌位、舉行祭祖活動的場所，又是家族宣傳、執行族規、家法、議事宴飲的地點。因此，祠堂設施的完善，實際上成為宋明以來家族制度發展的主要標誌[1]，而祖祠和家族慶典，也被認為是家族共利和團結的必需品[2]。晉江《陳埭丁氏回族宗譜》曾言：

> 夫蓄源深者，疏為眾派。枝葉茂者，庇及本根。以吾祖之祠於茲土也，自承德公而下營之，凡三世，乃今赫赫奕奕，逾用改觀，惟宗祈寊嘉賴之。吾儕朝夕於斯，異日者永永俎豆於斯，其又敢忘大德！……且令丁之子姓駿奔對越者，仰思祖德，俯篤本支，是報本之孝，睦族之仁，一舉兩得也，於以風世厚矣。[3]

1　陳支平：《近500年來福建的家族社會與文化》，第35頁。
2　王銘銘：《村落視野中的文化與權力——閩臺三村五論》，第80頁。
3　莊景輝編校：晉江〈陳埭丁氏回族宗譜〉，《重建陳江丁氏宗祠碑記》，香港：綠葉教育，1996年，第311頁。

第三章　宗祠祭祀的意義及演變

建置宗祠，能使「祖宗之神依於主，主則依於祠堂[1]」，以作為祖先靈魂依附、安慰死者的場所。由於「祖宗之安否，一族之隆替系焉[2]」，祠堂的建置，關係著整個宗族的興盛衰落。同時，還可讓後世子孫仰思祖德，進一步利用對祖先的崇拜，以形成水源木本的集體歷史記憶，並使因分支而逐漸疏離的族人，得以藉此產生一體感，達到「報本之孝，睦族之仁」的效果。

然而，由於「今天下宗子之制不可復，大率有族而無宗。宗廢故宜重族，族亂故宜重祠。有祠而子姓以為歸，一家以為根本，仁孝之道，由於而生[3]」。古代那種嚴格的貴族宗法制度，隨著封建體制的崩潰而瓦解，宗子不再居於重要地位。加上隨著世代的增加，使同宗之族的成員間，彼此的血緣關係逐漸淡化和疏遠。因此，為了達到收族的目的，使族人的心理擁有向心力，就必須重建一個象徵物，以作為象徵祖先靈魂的存在、精神的延續，並由此形成歸屬感，而宗祠的意義即在於此。宗祠乃是「尊祖敬宗」的一個象徵，藉由尊祖敬宗之心，來強調等級、尊卑之明的禮法，使父子兄弟能因此而慈愛、孝敬。晉江《龍嶼張氏族譜》載：

古之聖帝明王，皆以尊祖敬宗為首務，況在下者，可不體此意，而存於宗廟之間哉？蓋宗廟者，禮法之所在也，禮法行於上，而尊卑明於下。尊卑既明，則為人父兄者，必施其慈愛之良，為人子弟者，必彰其孝敬之心。惟其然也，乃尊祖敬宗之所由致，是以至於此之盡善又盡美也。[4]

---

1 〔清〕張永銓：〈先祠記〉，收入〔清〕賀長齡、魏源等編《清經世文編》卷66，第30頁。
2 乾隆《晉江燕支吳氏家譜》卷6〈家規〉，廈門大學鄭振滿教授提供，第29頁。
3 〔清〕屈大均：《廣東新語》卷17〈祖祠〉，北京：中華書局，1985年，第464頁。
4 柯禮崇總纂：晉江《龍嶼張氏族譜》，〈龍嶼張氏舊家世族譜序〉，臺北：龍文出版社，1993年，據鹿港成龍堂藏民國18年重修稿本影印，第7頁。

誠如明萬曆時人李光縉所言，祠堂的象徵意義，並非外在的有
形物體，而是藉由這些有形物體所引發的基於祖孫一氣而起的孝敬之
心[1]。因此，設立祠堂的目的，是為了滿足宗族成員的報本反始之心
和尊祖敬宗之意。換言之，祠堂所象徵的，就是這一個「心」和這一
個「意」，兩者實際上是相通的。通過對祖先世系的追溯，來探求自
身肉體、精神和文化的根，這就是「報本反始」；不僅在肅穆的儀式
中祭神如神在，而且在日常的生活中，將祖先的遺訓和祖先的恩德，
當作無聲的至高命令，時刻感覺到祖先神靈的呼喚，誠心誠意尊崇著
祖先的化身，這就是「尊祖敬宗」。前者體現的是宗族的歷史感和歸
屬感，後者體現的是宗族的道德感和責任感。這四種心理感受，構成
了宗族整個意識形態的支柱。祠堂的建成，之所以能夠成為宗族實現
整合的標誌，就是因為它以濃縮的、象徵的形式，把原先不無虛幻的
心理感受顯現了出來，使之成為一種現實的力量。對於我們來說，宗
族的祠堂已不再是一個物質性的空殼，也不是僅僅表現具體功能的場
所。透過宗族祠堂的外牆，我們感受到了這一事象所蘊含的文化資
訊：它培養了宗族成員的榮譽感和認同感，顯示了宗族的價值源泉，
增強了宗族群體的凝聚力[1]。也正因為如此，當一個宗族由於戰亂等因
素，而導致祠堂毀壞、族人流離失散時，為了重新凝聚族人的力量和
穩固彼此間的關係，首要之務，往往是再建象徵宗族組織的祠堂。如
晉江潯海施氏就曾在遷界和三藩之亂期間，被迫遷移到青陽。為了安
定族人的生活，以免播遷之苦，並聯絡族眾，施琅除了安置田宅，給
以牛種外，最先想到的就是祖祠的重建[2]。其後，雖然因為三藩之亂和
青陽當地勢家大族反抗施氏[3]的關係，而使宗祠遭受破壞，但基於上述
的心態，施氏祖祠也就屢次被重建[4]。

　　這種同為一體的凝聚，也可藉由對祖墳的祭祀來達到目的。晉江

1　錢杭：《中國宗族制度新探》，第195~196頁。

53

《陳埭丁氏回族宗譜》中，就曾記載了族人紛爭因修理祖墳之後而和樂融融的事件：

乾隆二十五年（1760年）庚辰冬，族人以大沙公海糾眾紛爭，儀（丁淑儀）僭出字，責諸族長。賴天祖之靈，有子姓嘉、瑞鳳、湘江、克研、神寶、繩武等同衷，於臘月三日到祠，會請通族，得議定阪征銀，委儀總數，義不容辭，遂擇日到海定阪。越二十六年（1761年）辛巳正月，與成功、耀宗等，清出海銀二百有餘金，贖回鳥邊港，祀海以報祖宗之萬一。但祭有半資，而族爭未平，私心自撲，墳廟破損，爰建愚意，贖港修理，舉宗不以為愚，咸曰報祖庇第一舉。因勸族人，請成功、元邃等董事，擇吉於八月二十一日修理鹿園祖墳。……酬土之日，子姓到墳盈千，演戲致祭，和氣異常，觀者無不稱揚讚歎。[1]

丁氏族人此次的紛爭，起於對公共財產的搶奪，也因此引起族內士紳階層的不滿，指責族長的失職。並藉這個機會，糾合族人，定阪征銀，將歷久失修、延宕多時的祖墳重新修葺。雖然期間經歷不少困難，但終告完成。在完成之後，酬土、演戲致祭之日所呈現出來的氣氛，不再是之前糾眾紛爭的畫面，卻變成了「和氣異常，觀者無不稱揚讚歎」的景象。

宗族群體的凝聚力以及尊卑等級的表現，除了祠堂建築的象徵性外，尚需要一套具體的祭祀禮儀來加強。有關祭儀的意義，雲霄《和地何氏族譜》載：

家廟祭祀之時，俱當儼恪整肅。祖宗往矣，微丹寸誠，藉此稍

1　莊景輝編校：晉江《陳埭丁氏回族宗譜》，〈重修東塘三世合葬祖墳紀略〉，第139頁。

伸，而慢誕跛踦，報本之謂何？茲於祭儀，經酌定外，尤願我眾孫心神中，著實見得祖宗在上。細思當年如何創始、如何承家、如何積德累仁，我子孫始克繁衍此土，則居處笑語，飲食嗜好，無不畢彰。《記》云：「入廟思敬。敬心生，則禮儀不期肅而自肅矣，且於祖宗所傳，不期愛而自愛矣。」[1]

由此可知，藉由嚴肅的祭祀禮儀，來表現後世子孫對祖先的崇敬之心，並從中重新喚起共同的歷史記憶，而這種共同歷史記憶的功能，在於使族人因時間距離所產生的疏離感，可以因為擁有共同血緣意識所喚回的親愛之情，有所抑制。誠如方孝孺（1357-1402）所言：

人之親疏有恆理，而無恆情。自同祖推而至於無服，又至於同姓。愛敬之道，厚薄之施，固出於天，而不可易。然有親而若疏者，有疏而若親者，常情變於所習也。閱歲時而不相見，則同姓如路人。比廬舍，同勞逸，酒食之會不絕，則交遊之會不絕，則交遊之人若昆弟。使同姓如路人，他人如昆弟，斯豈人之至情哉？物有以移之，君子未必然，而常情所不能免也。聖人之治人，以常人之情為中制，俾厚者加厚，而薄者不至於離。恐其以不接而疏，疏而不相恤也。故為之祭醵之法，合之以燕樂飲食，以洽其歡忻慈愛之情。恐其徇於利，而不知道也。肅之以鄉射、讀法，使之祗敬戒慎，而不至於怠肆。祭而醵所以為樂也，讀法所以為禮也。約民於禮樂，而親者愈親，疏者相睦，此先王之所以為盛也哉！[2]

1　林嘉書整理：雲霄《和地何氏族譜（一）》，〈家訓〉，《臺灣文獻彙刊》第3輯第18冊，第176頁。
2　〔明〕方孝孺：《遜志齋集》卷1〈宗儀九首·廣睦〉，寧波：寧波出版社，2000年，第41~42頁。

第三章 宗祠祭祀的意義及演變

雖然人與人的親疏關係，可以依血緣而定，不過，這種血緣關係並不能長久保持下去，會因為平常接觸的頻繁與否而改變，即使是有血緣關係的人，也會因為不常接觸而情感淡化，反不如那些雖然沒有血緣關係，卻有來往互動的人。為了防止因為接觸稀少而產生的疏離感，及其所導致不能互相幫助、賑濟的情形，必須設計一套方法，使「厚者加厚，而薄者不至於離」，這就有賴於在特定的時間裡，實施一種可以促進族人間感情的禮儀，這就是祭酺之法的功用。借著舉行儀式的過程，讓族人可以重新意識到彼此間的關係，進而遵守依血緣關係所產生的道德、倫理意涵，不至於做出有違親屬關係的行為。

這種儀式不僅是形而上意識的重新確認，而且透過具體的利益分配——燕樂飲食，來提高族人的參與感，以維繫族人間的情感。家族的祭祖活動，確實對強化家族內部的凝集力起了重要的作用，特別是這些祭祖活動，往往與家族的群宴團樂結合在一起，更使得族人們在血緣關係的精神紐帶聯結下，和氣一團，情義歡洽[1]。茲引《晉江燕支吳氏家譜》內所記載的祭禮內容和程序，來做更進一步的探討和說明：

宗族歲為燕樂之會四：其時，則二月也、五月也、八月也、十有一月也；其物，則時祀之餘也；其品，則豕與羊各一、酒醴饈果，惟所有而不侈也。酒以七行、九行為節，位以尊卑長幼為序也。苟尊矣，雖稚子猶位乎上也。苟長矣，雖貧且賤以齒也；其言，惟孝悌忠信，而勿褻也、勿嘩也、勿慢也，飲雖醉而勿違禮也。立子弟二為執禮，以佐酒。酒者（《遜志齋集》無此字，以下括弧內皆為此書原文）至，揖請飲。既飲，揖且（請）酬。既酬，揖請殽饈。二人歌詩，其

1　陳支平：《近500年來福建的家族社會與文化》，第181頁。

詩則蓼莪、棠棣、葛藟、東門、唐之杕（林）杜、谷風、雅之黃鳥之類，貴其能感人而敦倫理也。其數則如酒也。立二人講說嘉言，古之人及乎教者，皆在所取也。將歌也、將說也，執禮揖曰：「請肅以聽。」皆拱而坐。坐則肱相比，行則武相衛（衛），舉爵飲酬食饌，皆後長者。畢則旅揖，辭而退，少者送長者於家，然後返。歲為禮儀之會三：冬至也、歲之初吉也、夏至也。冬至，陽之始生也，君子之道，自此始亨矣，宜有慶也。是日昧爽，舉族自勝冠以上，咸盛服造祠下趨相揖（下相揖趨）。及門祝啟門，以次入，序立。以時饌獻奠酒，皆再拜，班趨出。族之長坐別堂，次長者，率群昆弟子姓，捧觴稱壽畢，皆拜。遂以次飲酒，相拜如禮。典禮以譜至，北向坐讀之，長者命眾坐聽。善惡之在書者，咸讀無隱。設席於南楹之東，北向，署其上曰：「旌善之位。」善之多者，長者之命酒，俾少者咸拜之，典禮翼以就位。署南楹之西曰：「書（思）過之所。」惡之累書而不改者，俾立其下。於是，長者以譜所列傳緒盛衰絕續之故，明言〔之〕，而告以常訓。曰：「為善如嗜飲食，去惡如去毒螫，慎思哉！初（勿）墜爾先祖之祀。」眾拱而聽，皆俯〔首〕就班，再拜出。少者授長者杖。以序行，乃還於家；夏至，陰之始生也，君子所宜慎也。是日，素服謁祠，如冬至禮，不飲酒，不相拜，讀譜之儀亦如之；歲之初吉，慶拜如冬至禮，不讀譜。[1]

　　可以看出，在儀式中，一直重復強調尊卑長幼次序的重要性，並利用古代有關倫理的作品和言教來加深族人的意識及其合理性，且透過大眾聚集的機會，將族人平常的善惡之行，公告給眾人知曉，以使平常為善之人，能因為公開接受表揚而產生榮譽感，不僅有鼓勵當事

人的意味，也可以激起其他人的效法之心。相對而言，那些平常為惡之人，也會因為大眾譴責的眼光和言論而產生羞恥之心，以避免其胡亂作為，有損祖先的顏面。因此，祭儀的舉行，不僅「上可以申追遠之念，且下亦不失故家之風 [1]」。換言之，即在於維持整個宗族的聲譽，保障宗族組織的生存。基於此，宗族對於族人的言行舉止，都有詳細的規定。《晉江燕支吳氏家譜》曾收錄方孝孺的文章：

立祠祀始遷祖，月吉必謁拜，歲以立春祀。族人各以祖祔食，而各以物來祭，祭畢相率以齒，會拜而宴。齒之最尊者、有德者向南坐，而訓族人曰：「凡為吾祖之孫者，敬父兄，慈子弟，和鄰里，時祭祀，力樹藝。無胥欺也，無爭訟也，無犯國法也，無虐細民也，無博奕，無狠鬥也，無學歌舞以蕩俗也，無相攘竊奸侵以賊身也，無鬻子也，無細故而出妻也，無為人奴隸以辱先也。有一於此者，生不齒於族，死不入於祠。」皆應曰：「諾。」然後族人之文者以譜至，登一歲之生卒，而書舉族人之臧否。其有婚姻相贶，患難相恤，善則勸，惡則戒。臨財能讓，養親事長能孝而悌，親姻鄉里能睦而順，此其行之足書舉書之。累有足書者，死則為傳於譜。其有犯於前所訓者，亦書之。能改則削之，久而愈甚，則不削而書其名。族人見必揖，雖貴賤貧富不敵，皆以其屬稱。喜必慶，戚必弔，死以其屬服，無服者，為之三日不肉，而群哭之，群祭之，群葬之。[2]

確定年長者的地位，並以之作為祖先的代表，訓誡族人必須對內尊敬長者、友愛幼者，對外則與鄉里和睦相處，並按時舉行祭祀之禮，努力於自己的生業。此外，還規定其他禁止的行為，如此一來，

1　莊景輝編校：晉江《陳埭丁氏回族宗譜》，〈祭約引〉，第193頁。
2　乾隆《晉江燕支吳氏家譜》卷6〈尊祖〉，第16頁。

不會因為觸犯國法，而引起政權對宗族組織的干涉與壓制，也不會因為不當的行為而使宗族蒙羞。如果有犯禁違法之人，宗族也會做出若干的處罰，例如在生時受到其他族人不屑的眼神與態度，使之無法立足當地，承擔精神和實質上的懲罰。而這種懲罰，尚包括死後不准入祠，剝奪其宗族成員的資格，這具有非常強烈的威懾作用。誠如錢杭所言，它不像一般的體罰，只觸及皮肉，也不像一般的罰款，只涉及身外之物。「不許入祠」這一震撼人心的「符號」的特殊功能，是觸動了族人最敏感的神經，並且將宗族價值規範的源泉和基礎，提到了生死攸關的高度：如果不能進入祠堂，就將斷絕與宗族祖先的聯繫紐帶，也就會失去族人之所以為族人的全部理由。其後果的嚴重性，甚至還會導致那些失去入祠資格的族人，死後成為無所依歸的「孤魂野鬼」。對漢人來說，這無疑是不堪設想的悲慘結局[1]。

第二節　宗祠祭祀的現實取捨

雖然宗祠祭祀的理想功能，在於敬宗收族，然而，依據血緣關係所設立的敬宗原則，並不一定能夠達到收族的目的。為了使宗族組織能夠長久繁衍與興盛，宗祠祭祀的內容和實施情形，產生了若干的發展，或是在強調血緣的原則下，採取補救措施，或是直接拋棄血緣原則，轉而傾向強調賢貴。

宋代以來，祠堂祭祀活動的內容，實際上，經過了一系列的發展與演變。就祠堂祭祀祖先的代數來說，早在北宋時期，學者們已有所討論。程頤言：

祭先之禮，不可得而推者，無可奈何。其可知者，無遠近多少，猶當盡祭之。祖又豈可不報，又豈可厭多。蓋根本在彼，雖遠豈得無報。[1]

他認為，既然同為一族的祖先，不可以因為血緣較遠的關係，就捨棄不予祭祀，這是出於水源木本的觀念。即使血緣較為疏遠，仍然是宗族的本源。因此，祖先無論遠近多少，都應該加以祭祀。基於這種觀念，他同時設計了祭祀始祖和先祖（指始祖而下，高祖而上）的時間與禮儀[2]。不過，他並不因此而忽略了對高祖以下的祭祀。事實上，他的重點仍然擺在五服之內自高祖以下的祖先祭祀。程頤說道：

自天子至於庶人，五服未嘗有異，皆至高祖，服既如是，祭祀亦須如是。其疏數之節未有可考，但其理必如此。七廟、五廟或祭寢廟，則雖異，亦不害祭及高祖。若止祭禰，只為知母而不知父，禽獸道也。祭禰而不及祖，非人道也。[3]

他批評自古以來，庶人寢祭只及於禰的思想，認為在五服的親屬關係上，庶人與天子並無不同。因此，基於親情和服制的理論，庶人的祭祀，也應該及於高祖。若只能祭祀先父，而不能及於高祖，是反人道的。雖然，在祭祀的規模上，仍然存在著等級的差別，不過，程頤所提倡的君王與庶人祭祀均及於高祖的觀念，進一步拉近了上層統治階級與平民間的距離，這也標示著祭禮的平民化。有關祭祀祖先的時間，他認為：

---

1 〔宋〕朱熹編：《二程遺書》卷17，《景印文淵閣四庫全書》第698冊，第11頁。
2 〔宋〕程頤撰：《二程文集》卷9，《百部叢書集成》第26冊，臺北：藝文印書館，1968年，第8頁。
3 〔宋〕朱熹編：《二程遺書》卷15，第40頁。

每月朔必薦新，四時祭用仲月。時祭之外，更有三祭：冬至祭始祖，立春祭先祖，季秋祭禰，他則不祭……常祭止於高祖而下。[1]

從祭祀的頻率來看，他的重點仍然是高祖以下之祭。由此可知，程頤雖然認為後代子孫基於報本的觀念，也應該祭祀始祖和先祖，但他並不認為必須一視同仁，而是依據服制的有無做一區別，與己身血緣較近的先祖祭祀，受重視的程度，當更甚於五服之外的祖先。這種觀念，對宋代以後的學者來說，並無異議，他們的爭論，在於是否應該祭祀五服之外的祖先。朱熹就曾對始基之祖的祭祀，持不同的意見：

如今祭四代已為僭古者，官師亦只祭得二代。若是始基之祖，莫亦只存得墓祭。[2]

他認為，若以古代的禮法來看，即使庶人祭祀四代祖先，亦是僭越禮法的行為。不過，如果依照五服的血緣親屬觀念來說，本屬無可厚非之事。然而，他堅持「其第二世以下祖親盡，及小宗之家高祖親盡，則遷其主而埋之[3]」。因此，對於超過高祖以上的祖先，只能行使墓祭，以報追遠之情，必須嚴格遵守喪服等級中，五世則遷的親盡原則，亦即班固所認為的：「族者湊也，聚也，謂恩愛相流湊也。上湊高祖，下湊玄孫。」不過，就宋以後宗族組織的祭祀物件而言，朱子的觀念並沒有被認同和採用，絕大多數的宗族組織所採用的仍然是程頤的做法及其變體。這是因為，朱子所主張的祭祀止於高祖的收族範圍，較始祖、先祖之祭遠為狹小，並不符合收族的期望與現實的情

1　〔宋〕朱熹編：《二程遺書》卷18，第97~98頁。
2　〔宋〕朱熹：《朱文公家禮》卷1〈通禮‧祠堂〉，第9頁。
3　〔宋〕朱熹：《朱文公家禮》卷1〈通禮‧祠堂〉，第9頁。

況。對於一個宗族的繁衍延續性而言，其周遭所共同生活接觸的人，勢必遠超過五服的範圍，甚至袒免之親的數量更可能大於服制內的人數。因此，收族的範圍不可能只限於五服之內的族人。由於牽涉到宗族本身在社會上的勢力和地位，程頤的主張自然比朱熹的想法更能獲得宗族成員的贊同，也更能符合其切身利益和宗族的生存。而民間宗族組織祭祀始祖或始遷祖現象的普遍，也使得在明嘉靖年間，當禮部尚書夏言上疏請求准許臣民祭祀始祖時，便為朝廷承認（至少是默認）。夏言在奏文裡建議：

> 乞詔天下臣民，冬至日得祭始祖。臣按宋儒程頤嘗修六禮，大略：「家必有廟，庶人立影堂。廟必有主，月朔必薦新。時祭用仲月，冬至祭始祖，立春祭先祖。」至朱熹纂集家禮，則以為始祖之祭近於僭上，乃刪去之。自是士庶家無復有祭始祖者。……夫自三代以下，禮教凋衰，風俗蠹弊，士大夫之家，衣冠之族，尚忘祖遺親，忽於報本，況匹庶乎？程頤為是，緣情而為制，權宜以設教，此所謂事逆而意順者也。故曰：「人家能存得此等事數件，雖幼者，可使漸知禮義。」此其設禮之本意也。朱熹顧以為僭而去之，亦不及察之過也。……此所謂冬至祭始祖云者，乃一年一行，酌不過三，物不過魚黍羊豕，隨力所及，特時享常禮焉爾。其禮初不與禘同，以為僭而廢之，亦過矣。夫萬物本乎天，人本乎祖，豺獺莫不知報本，人惟萬物之靈也，顧不知所自出，此有意於人紀者，不得不原情而權制也。邇者，平臺召見，面奏前事，伏蒙聖諭：「人皆有所本之祖，情無不同，此禮當通於上下，惟禮樂名物不可僭擬，是為有嫌，奈何不令人各得報本追遠耶？」大哉！皇言至哉！皇心非以父母天下為王道者，不及此也。臣因是重有感焉，水木本原之意，惻然而不能自已。伏望皇上擴推因心之孝，詔令天下臣民，許如程子所議，冬至祭始祖，立春祭始祖以下、高祖以上之先祖，皆設兩位於其席，但不許立廟以踰

分。庶皇上廣錫類之孝，臣下無禘祫之嫌，愚夫愚婦得盡追遠報本之誠矣。[1]

夏言基於人們追遠報本之心，認為程頤所主張祭始祖的看法，更能拯救時弊，使人得以不忘祖遺親，忽於報本，而漸知禮義。這雖然有僭越之嫌，但卻更能符合民情，收到改善風俗之效。而禮法的制定，也應該緣情制禮，依照時代的真實情況和需要，來設計出更有用的禮法。因此，他批評朱熹因懼於始祖之祭近於逼上而刪去之的做法是不正確的，並不符合人們報本追遠的情感歸屬。這種看法基本上得到皇帝的認可，從此以後，民間祭祀始祖的行為為官方所認可，這對宗族組織的發展和興盛無疑有促進的作用。

在祠堂祭祀的主持人和宗族組織的領導人方面，也產生了若干變化。依照朱熹的設計，所謂的宗子即是嫡長子，也唯有世嫡宗子才有祭祀祖先的權力[2]。而，這種對古代封建宗法制度的複製，並未獲得民間宗族組織的遵行。民間的宗族組織並不局限於血緣上的嫡長子繼承制，而是更加強調宗子在宗族實際功能的發揮上，因此，有從原先的親親原則轉變為貴貴的傾向。這種情形的產生，是由於宋以後的宗族組織，性質上與古代的貴族宗族有很大的不同，宗子無法因為身分的世襲而擁有穩定的財源，這導致宗子地位的下降。晉江《晉邑青陽莊氏族譜》說明了這種情形：

古者立宗子，行宗法，家之勸懲皆奉命唯謹。宗法廢而宗子輕，非人輕宗子也，宗子自不得重也。夫能操宗子之重者，必其德足型，而權足倡者也。在昔，受族命氏，皆得以祿世其家。承祧襲爵，非宗子

1　〔明〕夏言：《桂洲文集》卷11〈請定功臣配享及令臣民得祭祖立家廟疏〉，第74~75頁。
2　〔宋〕朱熹：《朱文公家禮》卷1。

第三章　宗祠祭祀的意義及演變

不嗣；命令賞罰，非宗子不行，夫然故重也。今雖巨族右室，非侯伯之家，不能使宗子仍一命之榮，甚且奔走於衣食。即身有處士之行，猶慮或輕，況行誼未必有聞，而能挾空空名號，以取重於眾乎？然而，灌獻主祭，則不得不統之於宗子，使支庶不淆，示有長也。夫至宗子輕，而宗法益不得重，有能操其所可重，以主持一宗之勸懲，是亦與於宗子之理也。[1]

古代宗子之所以能擁有崇高的地位，不僅是因為血緣上的傳承，還包括對整個宗族在財源上權力的直接繼承。因此，不只擁有德（血緣道德），也掌握足以控制族人的經濟大權。然而，封建宗法制度崩潰以後，一般非貴族的平民之家，嫡長子未必都是賢能和富有之人，自然也就沒有足夠的聲譽和地位，為族人所敬重。因此，有人主張賢貴之人，即使不是嫡長子，也可以成為宗族的領導人。《晉江燕支吳氏家譜》記載：

黃璞園先生有曰：「論宗子於今世，惟其□祖宗之世嫡，而科甲仕宦相繼無間，又其才其德足以副之，此之宗子，斯可以見重於宗族，而無忝於宗子之實。不爾，則徒抱虛名，其何能篤親親以收族合族也耶？余謂宗子而賢而貴，則翕然俯首而尊之、奉之，曰宗子可也。倘宗子弗克自振，而支庶子孫，有能邁跡自身，而賢而貴，上以顯祖，下以光宗，則宗子之說，不必泥可也。信斯言也，庶禮達，而分定矣哉！」[2]

由此可知，成為宗子與否的條件，主要在於賢貴，而非血緣的關

---

1 〔明〕莊用賓修、莊際昌等續修，〔清〕莊世卿續修：晉江《晉邑青陽莊氏族譜》，〈續宗子傳序〉，廈門大學鄭振滿教授提供，第50頁。
2 乾隆《晉江燕支吳氏家譜》卷6〈宗子說〉，第24頁。

係，即使是嫡長子，也必須有功名，才能名實相符，為族人所重。否則，只是虛有其名，並不能為宗族作出任何的貢獻，且既然不能受到族人的尊重，那麼，勢必無法獲得族人的認同，這使得族人間的凝聚力無法形成，更遑論達到收族的目的。相對而言，如果支庶子孫擁有崇高的社會地位和聲譽，足以光宗耀祖的話，那麼，宗族就不必太拘泥於古代的宗法制度，而得以支庶子為宗族的領導人。可以看出，宗族組織對於是否能立足、顯耀於當地社會的重視，已經超越了血緣的重要性。這種以賢貴之人為宗子、族長的傾向，除了能增加宗族的社會地位外，尚有其他實際上的功能和需要。《晉江燕支吳氏家譜》記載：

　　諸侯大夫，世有爵位，以嫡長相承，故宗廟之中，主鬯必推宗子。今宗子之法久不行，諸世族舊家執爵之人，不一其倫，或以昭穆之尊者主之，此即族長也。夫族長既必公舉賢者、能者而後為之，則是昭穆尊者未必賢也，未必能也，若以執爵，神其歆之乎？抑吐之乎？或以直祀之人，尤為非宜。蓋能保其蹐蹐蹌蹌於裸獻之時，禮儀卒度而祀事孔明乎？不然，衣裳顛倒，跛倚以臨，欲其既齊而既稷，既匡而既勅也，能乎？又奚以卜百福而錫爾極耶？今後廟中祭饗執爵，必推有爵而最尊者。爵同，則論昭穆。昭穆同，則論齒。或曰：「有祖父伯叔在，則如之何？」曰：「獻時出而執爵，獻畢仍序昭穆，依次拜跪，庶尊祖勸賢，而敬祖尊親亦在其中矣。」……凡祭祀，推衣冠一人主之，觀瞻既雅，禮節亦諧。夫必嫻禮節，肅觀瞻，莫如爵之尊者，可知矣。[1]

　　從祭儀的主持來說，如果僅以嫡長子作為宗子的首要條件，就

1　乾隆《晉江燕支吳氏家譜》卷6〈執爵說〉，第25~26頁。

第三章　宗祠祭祀的意義及演變

會產生若干問題。因為嫡長子未必都是賢能者，有可能本身的知識粗俗鄙陋，如此一來，勢必對於祭儀的內容和進行過程，以及該注意的禮節有所忽視，進而導致對祖宗的不敬。因此，其規定執爵之人的選擇順序，應該按爵位→昭穆→年齡依次而定。由此可知，身分的標誌已經凌駕在輩份之上。晉江潯海施氏甚至更明白規定：「祭大宗祠，執罍須宗子之有前程者，如未有前程，則族中位尊者代之。有新發科者，則一時群推執罍，以示顯榮。」[1] 這種對執罍條件的選擇，是由於宋以後的宗族組織，無法像古代一樣，嫡長子是血緣與物質基礎的合一，進而產生「不富則不能備物，不貴則不能備禮[2]」的情況。因此，基於現實的考慮，常常不是依照原有的宗法制度運行，而是依當時社會情況作某些調整。

不過，就官方的立場來說，仍然希望以宗法制度作為選擇宗子的依據。葉春及在惠安縣知縣任內即規定：

> 凡祭，主於宗子，其餘庶子雖貴且富，皆不敢祭，惟以上牲祭於宗子之家。宗子死，族中雖無服者，亦齊衰三月。祭畢而合族以食，期而齊衰者，一年四會，大功以下，世降一等。異居者必同財，有餘，則歸之宗；不足，則資之宗。族大事繁，則立司貨、司書各一人。宗子愚幼，則立家相以攝之。[3]

葉春及依照朱子家禮中的古法，規定宗子的條件只能限於嫡長子，其他庶子雖然擁有富貴的地位也不能僭禮，取而代之。即使宗子愚幼，也只能另外設立一個職位，來作為輔助的功能。這樣規定的原因，乃是基於政權的立場，試圖利用宗族組織血緣等級制度上的嚴格

---

1 〔清〕施琅、施世綸等修：晉江《潯海施氏族譜（一）》，〈族譜凡例十二條〉，第119頁。
2 〔清〕李光地：《榕村續語錄》，〈治道〉，北京：中華書局，1995年，第836頁。
3 〔明〕葉春及：《惠安政書》卷9〈鄉約篇·明倫五條〉，第335~336頁。

限定，來達到穩定社會秩序的目的。在統治者的眼裡，社會秩序的穩定遠勝於宗族本身的利益。從這個角度出發，相對於以富貴為宗子的做法，古代的宗法等級制度更為有用。然而，對宗族本身而言，其行事的考慮，則是以宗族的實際需要和利益為重，只要是制度不利於宗族的生存和發展，必定會遭到揚棄或改變的命運。就當時的社會狀況來看，對於賢能、富貴的重視，比宗法制度更能符合宗族的需要和利益。這種趨勢到了清代，甚至有學者直接認為，若在當時實行宗法制度，根本是錯誤的。李紱（1673-1750）就曾明白表示：

後世乃欲自始祖而下，並以長子之子孫為宗子，毋乃誤甚。長子之子孫，其世世之長子，不惟不能皆貴，亦不能皆賢。於是，有降在隸庶者，甚或辱身賤行，寒餓不得自存者，安得奉為宗子，以主祭而統族人？……況主祭者祭之主，即禮文所謂主人也。主人行禮，必視其爵，士祭以三鼎，大夫祭以五鼎，庶人無田不祭。故朱子釋《中庸》，謂祭用生者之祿。宗子而庶人，則薦而不得祭矣，何主祭之有？幸而支子之子孫，有大夫焉，則可祭以五鼎。不然，而僅有士，亦可祭以三鼎。因其名分以行祭獻，則禮法俱合，足為宗祀之光。而崇崇尊賢，亦足以鼓舞其族人。乃欲以私立之宗子，易朝廷之爵命，田夫野服，僭行灌獻，不亦踰禮而悖法乎！……程子謂：「管攝天下人心，收宗族，厚風俗，使人不忘本，必須明譜系，收宗族，立宗子法。」竊意後世士大夫尊祖敬宗收族之法，惟立宗祠、明譜系二者可行，若立宗子，則不知如何而立，能保其宗子之必賢必貴否？如不賢不貴，吾未見隸庶之愚賤，可以主先祀而統族屬也。[1]

---

1 〔清〕李紱：〈宗子主祭論〉，收入〔清〕賀長齡、魏源等編《清經世文編》卷66〈禮政·祭禮上〉，第20~21頁。

67

第三章 宗祠祭祀的意義及演變

　　李綏的想法，基本上概括了所有認為應該以身分地位為標準來選擇宗子物件的論點。不僅如此，他還將這些論點與傳統的禮法結合，進一步證明其合理性。基於這種觀點，他完全否定宗子之法有尊祖敬宗收族的功能，因為宗子之法並不能符合現實的情況和需要，更可能使宗族內部產生混亂和爭議，這有違宗族的利益及生存。

　　即使是仍然保有宗法制度的宗族，在實際的運行上也有所改變。乾隆《安溪縣志》記載：

　　泉俗初獻以宗子，存古宗法之意也；亞獻以爵尊者，謂有祿得祭也；終獻以直祭，謂輪直祀業、祭物，皆其所備也，此亦不失禮意。或有初獻以有爵者，亞獻以族長，終獻以直祭，而宗子不與者。因宗子愚樸不能行禮，而大宗法久已不行，非如古者宗子世祿、世官之為重也。祭以肅敬為主，若宗子不能行禮，則以達尊當之，亦不失誠敬之意。[1]

　　「禮以義起，而時為大[2]」，雖然有的宗族仍以宗子為主要的祭祀者，但也無法忽視有爵者的重要性，這主要是為了兼顧宗族的實際需要，因為身分地位崇高者對宗族而言，除了擁有經濟條件外，不僅可以在實際與外人交涉中，產生重大的效用，確保宗族的生存環境，而且也可以利用尊貴的手段，來鼓勵族人上進，並擴大宗族的勢力範圍和社會地位，進而增加族人對宗族的向心力。其現實的功能性，可能比倫理上的等級次序更為重要。而祭祀過程的兼顧與融合，也是為了反映後世血緣與世祿分離所不得不實行的方法。這種分離和並融的形式，也運用在宗族的內部管理上，亦即將祭祀與其他事務的領導

1　〔清〕莊成主修、沈鍾、李疇同纂：乾隆《安溪縣志》卷4〈禮制〉，臺北：安溪同鄉會，1967年，據乾隆二十二年重修本印行，第83頁。
2　李光地：《榕樹全集》卷14〈宣城梅氏重修祠堂記〉，臺北：力行書局，1969年，第27頁。

人，分別依據不同的需求和標準，來選擇適當的人選。這可以晉江燕支吳氏宗族為例，其一方面不願完全放棄宗法制度，另一方面又得顧及現實，因此，產生宗子與族長並存的情況。在祭祀方面，《晉江燕支吳氏家譜》記載：

余家宗禮，有古之遺者四：執爵者，或以宗、或以爵、或以年德。然祝嘏之辭，則宗子先焉，蓋亦猶宗法之權也；有達者，則以其秩祭，無達者，則以祖田備士禮焉，蓋亦猶世祿之變也；廟奉遠祖，不附近親。然有貴者、賢者、有勤勞於宗祖者，則升配食焉，蓋亦猶宗有德者之道也。[1]

由此可知，其尚有依血緣關係所產生的宗子存在，且在某種程度上堅持宗子的領導地位。然而，在族長的選擇上，則完全放棄昭穆行輩的準則，改以齒德和爵位為主要的考慮依據。《晉江燕支吳氏家譜》又載：

今世之所謂族長者，匪以年齒也，匪以才德也，匪以爵位也，由祖宗遞傳以來，按其昭穆，稽其行次，於班序之尊者而長之。一旦族中有不率之子姓，諜訴紛更，就而質焉，是非曲直懵如也，勢必辱於公庭，以貽笑里黨，豈非德門禮族之羞哉？繼自今宗人咸以昭穆行次為序，惟族長則以齒德與爵為准。其或齒即未高，爵即未顯，而德足為族中矜式，亦堪應選。總以族眾素所推重者，而後公舉之。學識優長，可排難而解紛也；品誼醇篤，可化頑而立懦也。言可坊，而五典從無有違其教令也；行可表，而九族□胥共化其雍睦也。以鄉舉里選

1 乾隆《晉江燕支吳氏家譜》卷6〈名公節錄〉，第14頁。此文實際上為李光地所作。參見〔清〕李光地：《榕村全集》卷11〈家譜序〉。

之法而行於一家，今日為一族□□型者，異日即一鄉一國之選造也，我祖宗其亦默相之矣。[1]

這就產生了宗子與族長分離，且同時並存的局面。陳支平在研究福建民間家族組織內部領導階層的管理和控制時，曾將族長分為兩個系統：一是精神方面的系統，二是功利方面的系統。所謂精神的系統，就是家族進行祖先祭祀活動時的領導系統。這個系統大多是由各個家族，以及家族內部各支房的長輩們組成。這乃是因為家族的祭祀是一種崇拜祖先的活動，所要體現的精神是慎終追遠、水源木本，所以，祭祀活動必須昭穆井然、上下有序。至於族人們的社會、政治、經濟等方面的差異，在這種緬懷血緣恩德的活動中已顯得不太重要，而家族中輩份的高低，成了衡量族人們在祭祀活動中地位高低的主要標準。然而，福建家族的活動並不僅限於祭祀，還有大量諸如與官府打交道、與鄉鄰共處，以及家族內部的行政、經濟管理等等實質性問題，都需要有一個強有力的領導班子來解決。不過，家族內部輩份高、年齒長的族人，並不一定是富有才幹、善於組織管理的精英人物。因此，當家族遇到各種實質性事務時，家族內部的領導階層便無法完全依賴於輩份高、年齒長者，更多的是依靠於家族內部的士紳和知識份子，以及那些精明強幹者[2]。這個說法，基本上符合此類宗族組織的心態和實際情況。這種將族長獨立於宗子之外的形式，也是宋代以來的宗族組織不同於之前的貴族宗族和閥閱宗族的特點之一。

總而言之，面對當時社會異於古代封建社會的情況，朱熹以嫡長子作為宗子的設計，實際上是難以實行的，因此，不為民間宗族組織

1　乾隆《晉江燕支吳氏家譜》，〈族長說〉，第25頁。
2　陳支平：《近500年來福建的家族社會與文化》，第75~78頁。

所遵行。對於宗子問題所實行的因應措施，一般可以分為兩種途徑：其一，雖然仍以嫡長子為宗子，但是為了顧及現實，或設置輔助之人（官方立場及依照理學思想行事的宗族），或將祭祀與實質性事務分離，依照不同的標準設定領導人（理想與現實兼顧的宗族）；其二則是直接捨棄嫡長子繼承制，而以族中賢貴之人作為宗族的領導人（完全依照現實的宗族）。可以看出，閩南宗族組織強烈的功利傾向，以宗族的繁盛為最高指導原則，而這種意向也表現在祖先入祀宗祠的資格限定和參加祭祖與領胙在身分上的限制中。

不管是以賢貴之人為宗子，抑或將宗子與族長分離並置，其目的，除了穩固內部的團結，還在於盡可能地擁有社會地位，並樹立另一種足以誇示鄉里的宗族威望，以獲取更多的資源。在祖先入祀宗祠的資格上，並非所有祖先的神主都可以進入宗祠，供後世祭祀，原則上，必須是有功有爵的祖先，才能入祀宗祠。康熙《漳浦縣志》記載：

自程子議始祖、先祖之祭，浦人皆祀始祖。若先祖，則擇其有功德者與有爵位者祀之，餘則祧葬於墓所，或於墓中作小石室以奉祧主。[1]

這固然是因為宗祠可供擺設神主的空間有限，但更重要的原因則是這些有功有爵的祖先，一方面可以促使後代子孫，能因仰慕祖德而奮發向上，努力考取功名，光宗耀祖；另一方面，也可藉此誇耀宗族的社會地位與聲望，增加宗族成員的認同感。這種規定，即使是五服以內的祖先，依然有相同的情形。晉江《陳埭丁氏回族宗

1　〔清〕陳汝咸修、林登虎纂：康熙《漳浦縣志》卷3〈風俗〉，臺北：成文出版社，1968年，據清康熙三十九年舊志石印本影印、民國十七年翻印，第203~204頁。

譜》言：

　　凡為子孫，未有不念其祖宗者，故本支百世，雖遠者，猶將呼吸通之，況其近者乎？然分有所限，力有所窮，即有無已之心，亦靡得自盡，而要切於水源木本之恩者，終知結也。我族大宗祠之建，崇奉列祖，五世而下，有爵有功者，得以祔食。[1]

　　由上可知，即使是服制內的祖先神主，想要祔食於宗祠，也必須具有功爵的身分。而從上所引的族譜資料來看，陳支平對於祭祖物件的論述，有進一步討論的必要。他認為，在福建各個家族的眾多祖先中，除了肇基始祖和曾、高等近親祖先受到重視外，自始遷祖以下，曾、高近祖以上的歷代祖先，並不是每一位都受到隆重祭祀的[2]。然而，從晉江《陳埭丁氏回族宗譜》所載可知，即使是高祖以內的祖先，仍然受到這個條件的限制，這可能是家祭和祠祭最大的差別之一。由此也可以看出，家祭重視的是血緣的紀念，而祠祭則更多表現出功利的傾向。因此，對於祖先入祀宗祠的資格，不論血緣關係的親疏，除了不祧之祖外，其他過世祖先的神主，都有條件上的限制，而這種限制，明顯帶有某種程度上的功利思想[3]。如馮爾康所言：「死者，有的能入祠，亡靈年年節節享受那三牲之供，牌位前香煙繚繞，茶、酒更盞；有的則進不了祠堂。在死鬼那裡依然分別等級，有高級的受尊崇的祖先，也有低等的被遺忘的祖先。」[4]即

1　莊景輝編校：晉江《陳埭丁氏回族宗譜》，〈福建泉州南關外陳埭丁氏執齋公圖譜序一〉，第9頁。
2　陳支平：《近500年來福建的家族社會與文化》，第181頁。
3　筆者不同意弗里德曼（Maurice Freedman）所認為「將無德行者的靈牌排除在外，或者至少將它們安排在神位的低級位置上，是種歧視」。而是基於宗族的集體生存與現實考慮，不得不如此。參見莫里斯・弗里德曼著，劉曉春譯：《中國東南的宗族組織》，上海：上海人民出版社，2000年，第102頁。
4　馮爾康：《顧真齋文叢》，北京：中華書局，2003年，第315頁。

使是得以入祀的祖先，依照功爵的大小及對宗族的貢獻，所受重視的程度也不同，這表現在神主於宗祠內所置放的位置上。晉江《潯海施氏族譜》言：

大宗祠立三龕。中龕祀歷代不祧之祖，明有本也；次祀登科甲與已出仕臨民、受誥敕封贈者，榮有爵也；又次祀高風潔操、幽隱著述，有裨聖學名教者，尊有德也。非此三者概不得入，嚴僭越也。

左龕專祀登明經之選者、受業國學者、補弟子員者，重明器也。非此三者概不得入，勵進修也。

右龕所祀身家無過、能捐修大宗祠費百五十金以上，或捐租如修祠數者祀之，崇義舉也；能捍大患、禦大侮，保全子姓，通族倚重者祀之，顯有功也；居常孝友可風，行止足法，矜孤恤寡，直道服人者祀之，彰品行也。非此三者概不得入，獎後效也。[1]

從族約的規定中，可看出受重視的程度。宗族組織本質上是基於血緣關係，因此，對宗族本身來說，不祧之祖是一族之本，是宗族得以建立和團結的基本象徵，自然處於最重要的地位。其後依序則是高層士紳、有德者、低層士紳、對宗族有功者，以及品行足為他人效法者。而置中左右龕的目的，則分別是嚴僭越、勵進修、獎後效。由此可知，倫理等級秩序雖然是立祀條件最主要的依據，但也只限於那些對宗族而言具有重大意義的祖先。在閩南地區，對祖先入祀宗祠的資格和奉祀位置作規定，並突顯擁有功名者地位的現象，所在多有，即

1 〔清〕施琅、施世騄等修：晉江《潯海施氏族譜（一）》，〈潯海施氏族約〉，第105頁；〔清〕施德馨纂輯、施世綸等補輯：晉江《潯海施氏族譜》、〈施氏族約〉，臺北：龍文出版社，1993年，據鹿港施濟川藏康熙二十二年始修、康熙年間遞補刊本影印，第21~22頁。

第三章　宗祠祭祀的意義及演變

使是理學之家，亦不能免[5]。

就入祀物件的條件和次序來說，可以看出功名的高低佔有重要的地位，這是因為，其不僅較能提高宗族的社會地位和榮譽感，而且在實際與外人交涉中，更能利用其政治地位和網路來取得更大的優勢及資源，確保宗族的生存與發展。而那些有義行、品行的人，雖然不能像有功名者一樣，對宗族作出重大的貢獻，但就宗族組織的維持和族人的生存來說，這種較容易達成的行為也是不可或缺的。畢竟對於一般族人而言，要擁有功名並非是一件容易的事，如果入祀的條件僅止於有功名者，無疑宣告一般族人要入祀宗祠，是可望而不可及的。這對宗族組織的維持來說，無疑具有負面的影響，所以，即使在祭祀的地位較低，卻是一種合理且為人接受的做法，畢竟相對於在祠堂內地位的高低，能不能入祀顯得更為重要。因此，在一般家訓、族規中，只要做出有利於宗族組織的事，都有入祀宗祠的可能性。如同安《林希元家譜》記載：

祖家祠堂以屯叟起家之人為始祖。以後子孫，若有以儒術起家，致位公卿大夫者，許其子孫亦別立廟祭祀親，蓋不毀百世不遷。其子孫若有起自寒微，自置千金之產，能置田租以供祭祀者，亦許附祭於先祖，以酬其勞，以勸後人。[1]

這裡很明顯表示，准許無功名而對宗族有貢獻者入祀的目的，在於「酬其勞，以勸後人」。也就是因為有獎勵後人效法的功用，在某種程度上對於宗族的永續繁衍提供了必要的物質基礎，並維持整個宗族的聲譽於不墜。

1　〔明〕林希元修、〔清〕林道坦續修：同安《林希元家譜》，〈家訓〉，福建師範大學圖書館復印舊抄本，1984年，第9頁。

另外，由於宗祠的建置與修葺，以及祭儀的舉行，都需要有足夠的資金才能進行。雖然，從宗族的觀點來說，捐貲建祠，是後代子孫應負的責任。然而，實際上，「子姓中仗義者少，吝財者多[1]」，且「首創之事，蓋難言之矣。始之難，難於不阻僉謀，不憚鳩工。任事之難，難於不互推諉，不恣冒耗，風雨攸除，鳥鼠攸去也[2]」。因此，當資金不足時，為了宗祠和祭儀得以維持，只好採取一些權宜措施，而這些措施中，最常用的即是捐貲晉主。對宗族來說，捐貲雖不是有功於國家，但也算是有功於宗族。如晉江《陳埭丁氏回族宗譜》中，就屢次記載捐錢進主於宗祠的情事和規定[3]。甚至在不得已的時候，也只好破壞原來的規定，而有僭越之舉了。晉江《陳埭丁氏回族宗譜》又言：

　　吾宗自宮保蓼初公（丁啟浚）立三宗祀議，凡仁祖子姓有爵有功者，俱得祔廟配食。從時所祔者，縉紳及各支祖而已。厥後瓜綿瓞盛，循議捐充叨光祀事者，代有其人。中龕之階幾滿，前輩乃議增左右兩龕為捐貲者祔，而中龕留為縉紳祿位，其激勵後人，優待縉紳者至矣。……但土木工役為費甚巨，而捐充尤難，族眾有以破例厚充祔祀中龕之說進者，〔丁〕蘭初以前規不可自我而越。告既而思，廟貌素嚴，固可蒙安襲故，若夫榱桷將朽，曷盡愨著愛存？……此番進主之舉，洵屬越規而為，而各戶捐充之貲，亦實加厚之室。特念祠宇所以妥先靈，不得不計出權宜，以徇眾議。嗣後，中龕則仍永遠為縉紳祿位。蓋一以副前輩優待縉紳之美意，一以勉後來有志觀光之良法，勿蹈斯

1　莊景輝編校：晉江《陳埭丁氏回族宗譜》，〈重修毅齋公祠碑記〉，第313~314頁。
2　〔明〕莊用賓修、莊際昌等續修，〔清〕莊世卿續修：晉江《晉邑青陽莊氏族譜》，〈建祠堂傳序〉，第54頁。
3　莊景輝編校：晉江《陳埭丁氏回族宗譜》，〈福建泉州南關外陳埭丁氏執齋公圖譜序一〉、〈十七世祖考聳溪丁府君〉、〈雙庭公歲時忌晨祀業祭掃條規〉、〈十世祖條儀〉等。

第三章　宗祠祭祀的意義及演變

舉之僭越也。[1]

　　由此可知，丁氏大宗祠最先有入祀資格的，只有丁仁庵（1343-1420）子孫中有功有爵者和各支的始祖。其後，子孫繁盛，捐充入祀者頗多，導致中龕的容量幾乎達到滿載，只好將捐貲者的神位，置放於後來增加的左右兩龕上，而中龕仍然保留給縉紳使用，以示尊卑厚薄之別，用意在於激勵後人向上。雖然，由於重修大宗祠，不得不破例讓捐充者的祖先神位得以祔祀中龕，但也明白表示，這是出於權宜之計，不得不然，而這次進主中龕的舉動，乃是屬於逾越規矩的行為，是種特例。究其實，這依然是一種顯示縉紳領導地位，獎勵後人向上，誇耀身分和社會地位的思想。

　　這種獎勵勸善，以提高族人上進心，增加宗族本身社會地位和聲譽的意圖，尚表現於宗族成員參加祭祖的資格上[2]。如陳埭丁氏有關對賽典赤瞻思丁的祭祀，就只有上層領導分子才能參與。晉江《陳埭丁氏回族宗譜》言：

　　賽典赤回回瞻思丁氏，遵《文公家禮》，酌定春冬祭儀，則紳衿官裔行初獻禮，取尚賢之義；飲胙宗老，行亞獻禮，取尚齒之義；宗侄宗子行終獻禮，取繼禰之宗之義；讀書子姓另行恭拜，取獎勸後學之義。定例為識：狀元、翰林五圈，進士及六品四圈，舉人及七品三圈，貢生及八品二圈，監生、鄉飲賓九品、秀才一圈，讀書只注讀書。[3]

1　莊景輝編校：晉江《陳埭丁氏回族宗譜》，〈重修大宗祠碑記〉，第312頁。
2　科大衛則認為，祭祀團體的所有成員都有權參與祭拜及其準備。參見科大衛著，陳春聲譯：〈中國的資本主義萌芽〉，《中國經濟史研究》2002年第1期，第62頁。儘管不能說沒有這種情形的存在，但似乎比較可能發生於人數不多，及身分分化程度不高的弱小宗族組織裡。至於一般擁有眾多人數的強宗大族是否也如此，恐怕未必。
3　莊景輝編校：晉江《陳埭丁氏回族宗譜》，〈祭儀紀言〉，第196頁。

祭儀清楚地表現出，參與祭祀的成員只限於宗長和士人階級，用意在於「尚賢」、「尚齒」、「繼禰之宗」以及「獎勸後學」。不僅如此，在祭祀儀式中，對與祭者所站的位置，也依身分的差異而有不同的安排。晉江潯海施氏即規定：

大宗中序立，執罍居中在前，已後分為七行：前程三行，族長四行，相間比肩而列。其餘則羣昭羣穆，相隨而立。如前程系弟侄輩，則退族長一步。有前程之父，許拜堂上左右。倘父歿而伯叔兄能作養者，則亦許焉，毋得混亂，以淆班列。[1]

雲霄和地何氏也有類似的規定：

祭時行列難整，前程序推十五人；年六十以上者，序推十五人，同科甲、宗子，隨時行禮。如高年者少來，再序前程，以充其數，餘各依昭穆站列兩廊。[2]

可以看出，不管是與祭者的身分限制，或其在祭祀活動中所處的位置，都反映了宗族除強調族內長幼尊卑之序外，還突顯出上層分子的領導地位，以期待其他族人能夠因羨慕之心，為取得祭祀資格而奮發向上，努力讀書以求取功名，光大門楣，並進一步增加或維持宗族既有的社會地位。

1　〔清〕施琅、施世騋等修：晉江《潯海施氏族譜（一）》，〈族譜凡例十二條〉，第120頁。相關位置可參見圖3-1。
2　林嘉書整理：雲霄《和地何氏族譜（一）》，〈大宗春冬祭禮〉，第155頁。

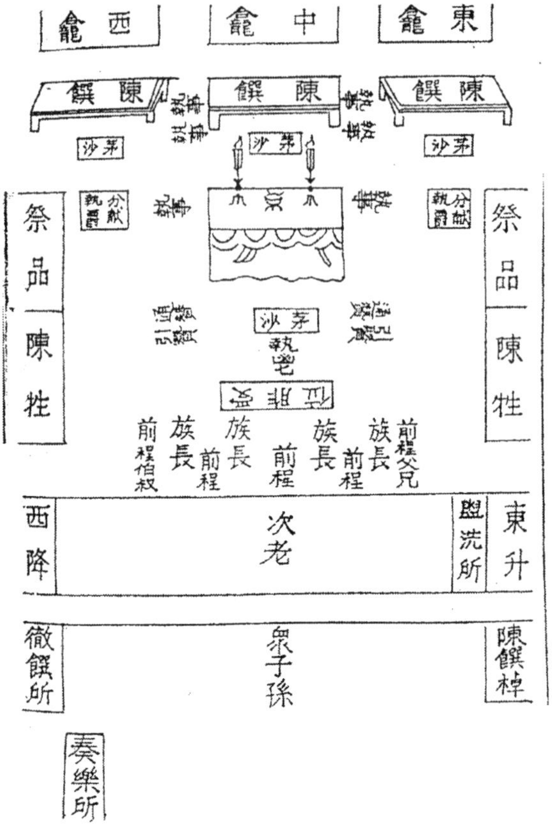

图3-1　施氏宗祠祭祀中与祭者相关位置

图版来源：〔清〕施琅、施世騋等修，晋江《浔海施氏族谱（一）》，第124頁。

這種目的，尚表現在儀式完畢後祭品的分配上。如陳埭丁氏即規定祭祀後，得以領取祭品的身分，並依身分的不同，領取不同的祭品：

一、主祭者分祭品一份，訂以羊頭一、大餅一、龜四、桃四、粽四、桔四，蓼花、粿、角餅、餅龜、㮔椏各四。

一、讀祝者分祭品一份，訂以大餅一、桔二，龜、桃、粽、餅

龜、蓼花、糝、角餅、樵柜各四。

一、唱班者分祭品一份，訂以大餅一，龜、桃、粽、蓼花、糝、餅龜、角餅各二、樵柜四，桔一，引禮亦如之。

一、禮生六人，分惠如唱班者，僅殺大餅一個。

一、紳衿國舉各如禮生，分祭品一份。

一、寫聯者分祭品一份同上。

一、寫祝文、告詞、班儀、路頭帖者分祭品一份同上。

一、排祭棹、上器物者各分祭品一份同上。

一、主社四人，各分祭品一份同上。

一、房長參人，舊薄本無分惠之例。近有存見小之思者，姑以龜、桃、粽各蓼花各一、角餅、餅龜各二與之。

一、讀書子姓有能登第科者，向公領坊區銀四十大圓，入泮者領花紅銀四大圓，鄉試者領贐儀一圓，所以獎勸讀書子姓也 [1]。

此外，在祭祖活動後的設宴款待上，也有所不同。晉江潯海施氏規定：

族中有登科、發甲者，謁祖之日，直年動公貯設筵宴。鄉科定銀叁拾兩，甲科定銀伍拾兩，付本人豎旗。排筵分胙，以示顯揚。[2]

由於資源的不足，不能使每個宗族成員均沾。這樣規定的意義在於，借著對有功名和社會地位者的獎勵，促使宗族成員能因崇敬而思進，並且象徵宗族對社會地位與榮譽的誇耀。雖然宗族常借著儀式、祭祝文，來維持共同的歷史記憶，並藉由經濟上的利益（祭品共

1　莊景輝編校：晉江《陳埭丁氏回族宗譜》，〈規例〉，第198頁。
2　〔清〕施琅、施世騄等修：晉江《潯海施氏族譜（一）》，〈族譜凡例十二條〉，第121頁。

第三章　宗祠祭祀的意義及演變

用），增加彼此間的宗族認同，但從參加及領取祭品的成員看來，宗族認同的加強，通常並非普及於所有的宗族成員，主要還是借著各房派的領導人（包括房長、有功名和社會地位者等）間的彼此認同，來維持整個宗族的一體性。這或許是因為領導分子間的彼此認同，可說是整個宗族認同中最省力也最有效的方式，並且也顯示了宗祠祭祀的賢貴傾向。

注釋：

[1]〔明〕李光縉：《景璧集》卷9〈清源王氏祠堂記〉，揚州：江蘇廣陵古籍刻印社，1996年，第28頁載：「試令執途之人強而入吾廟，仰視榱桷筵幾，寧必其生哀乎？春秋霜露之降濡，寧必其有悽愴怵惕之念乎？彼其入室而優然見於位，周還而肅然聞於聲，出戶而聽愾。然其有聞於歎息之聲者謂何？則以其子孫之精神，與祖考之精神萃而不渙也，而豈其一土一木一壇一墠能使人愛存愨著，以至於是。故宗廟嚴則祖尊，祖尊則孝敬起，孝敬起則族收，族收而宗人之渙萃矣。」

[2]〔清〕施琅、施世騋等修：晉江《潯海施氏族譜（一）》，〈將軍誕辰特祭小引〉，《臺灣文獻彙刊》第2輯第10冊，第126頁載：「先將軍慮子姓之顛連也，則於內地安置田宅，而給以牛種。又慮故廬之丘墟也，則於青陽建立祠宇，以聯其族眾，俾子姓兄弟播遷無恙，以蕃以衍。」

[3]根據林修合的實地調查，相傳當時有不少施姓族人遷居青陽，並在當地建了一座宗祠，引起了當地蔡、莊與黃等大姓的疑慮，因為建宗祠代表著施姓的勢力，將可能永久進入當地社會。而當時潯海施氏正出了一位施將軍，擁有很大的權勢，必定會對當地其他大族的生

存造成威脅。因此，當地的大姓就聯合起來，在一夕之間，將施氏宗祠拆毀，成為一片菜園。參見林修合：《從遷界到復界：清初晉江的宗族與國家》，臺北：臺灣大學歷史學研究所碩士論文，2005年，第84頁。

[4]〔清〕施琅、施世驃等修：晉江《潯海施氏族譜（一）》，〈建祠告成碑文〉，第161~162頁載：「順治辛丑（順治十八年，1661年），沿海村落盡移內地，祠因以毀焉。時余方握任水師提督，康熙癸卯（康熙二年，1663年）克平兩島，乙巳（康熙四年，1665年）擇地青陽，再建祠宇。……甲寅（康熙十三年，1674年）之變，復毀於賊。……丁卯（康熙二十六年，1687年）冬，復建是祠於祖裡，越戊辰（康熙二十七年，1688年）秋告成。」

[5]如清代蔡世遠（1682-1733）在西湖祖祠衣冠功德進主祝文中，也顯示了其宗族榮有爵、尊有德的傾向：「伏惟鄉進士文林郎湖廣寧鄉縣知縣我湖公首開科名、賜進士承德郎刑部湖廣司主事震湖公首登甲第，早已偕配崇祀中龕，世世不替。賜進士東昌府推官中石公亦已配享廟中，侍祖宗之旁矣。而讀書稽古，積學力行，名標天府，行著里族者，代不乏人。揆禮與情，均應列在廟中奉祀配享。恭惟鄉進士贈文林郎百梁公、贈文林郎虞震公、賜進士文林郎桐柏縣知縣升薇公、賜進士文林郎行人司行人潤生公、鄉進士高人公、崇祀名宦鄉賢選進士羅源學教諭武湖公，或登賢書之彥，或雋南宮之秀，或與明經之選，或邀貤封之榮，守箕裘之令緒，幸繼體之有人，品望既隆，鄉譽尤著，是宜位在東龕，列衣冠之祀，世世配享。恭惟處士丕仰公暨妣徽淑孺人熊氏、勤庵公暨妣慈儉孺人林氏，原以繼別之宗，祀在兩廡，追維舊德，緬想前徽，篤行可風。詒謀永久，好善樂施，世澤綿長，是宜位在西龕，列功德之祀，世世配享。」參見〔清〕蔡世遠：《二希堂文集》卷10〈西湖祖祠衣冠功德進主祝文〉，《景印文淵閣四庫全書》第1325冊，第1~2頁。

第四章　族譜編纂的意義與取捨

第一節　族譜編纂的理想

　　譜牒的設立，最初乃是「先王思以教民睦而仁天下也。天下之人，各其姓氏，系其族，不洽以親則無愛，不式以教則無敬。下民之性，泯泯芬芬，而王化斯梗，譜以洽親而式教者也 [1]」。統治者藉由宣導宗族內的親愛之情，並提高人民對政教的敬畏之心，來化育天下，進而達到穩定社會秩序的目的。

　　中國的家族譜學存在已久，特別是唐以前那種專門研究世家大族門第高下、維繫門閥制度的譜學，曾經在漢末、魏晉南北朝，以至隋代、唐初興盛一時，但隨著唐代門閥制度的不斷衰落，這種古老的譜學，也隨之退出歷史舞臺。而維繫近代家族制度的新譜學，與家族的祠堂建設一樣，主要是在宋元以後，尤其是明清時期才大力發展起來的 [2]。隨著時代的變化，譜牒的功能逐漸與政治脫離，而集中在收族的目的上。有關宋代前後譜學的變化，安溪《謝氏總譜》載：

　　自氏族立而後譜學興，然世代之風俗不同，宗支之派系亦異，是

1　〔明〕李熙：〈潯海施氏族譜序〉，收入〔清〕施琅、施世騋等修：晉江《潯海施氏族譜（一）》，第6頁。
2　陳支平：《近500年來福建的家族社會與文化》，第41頁。

以作譜之義例大有判別。如《經籍志》載王僧孺諸人撰《百家譜》，王司空諸人撰《諸姓譜》，此合眾姓樹一譜也。《藝文志》載劉沅諸人撰家譜，蘇洵諸人撰族譜，此只一姓之譜也。蓋唐以前，意在別離品、備選舉、通婚姻，故宜百家諸姓之譜。宋以後，意在溯淵源、分疏戚、序尊卑，故宜一家一譜之牒也。[1]

　　唐以前修譜的目的在於士、庶之別，用以作為政治、婚姻上的依據。當時的譜學，重視門閥世族的郡望與來源，且屬於官修。唐代以來，隨著門閥制度的崩潰，這種政治上的目的已不存在，而轉為追溯淵源、分別親疏尊卑，以維繫宗族的團結。這種目的在族譜與學者的文集中屢次被提及，如方孝孺所云：「族之大者必分，分而使之復合，此族譜之不可不修也。」[2]「非譜無以收族人之心，而睦族不出於譜[3]。」由此可知，族譜的編纂目的在於收族、睦族。南靖《龜洋莊氏族譜》中，曾闡述了後世重譜的原因：

　　君子之於世，不可不知，尤不可不重者，有世官世祿之制，又有大宗小宗之法以維持之。故其族莫紊，而昭穆、尊卑、等殺、疏遠皆有所辨，先後久近之次，均得可見。後世官失其守，祿非世其家，宗法復廢而弗行，於此而無譜以系之，何以明等殺、辨親疏、別宗支，派合其散而莫離，秩其序而靡愆哉？此子孫所以重族譜，在所亟修也。[4]

1　安溪《謝氏總譜》卷首〈聯譜序〉，轉引陳支平《近500年來福建的家族社會與文化》，第41頁。
2　〔清〕施德馨纂輯、施世綸等補輯：《潯海施氏大宗族譜》卷首〈序〉，第9頁。
3　〔明〕方孝孺：《遜志齋集》卷13〈葛氏族譜序〉，第419頁。
4　林嘉書整理：南靖《龜洋莊氏族譜（一）》，〈莊氏青陽蕃衍族譜序〉，《臺灣文獻彙刊》第3輯第9冊，第12頁。

張岳（1492-1552）亦言：

自宗法廢，而天下無世族。治化不明，風俗不厚，大率亦系於此。而周衰以來，靡靡且千餘年矣。於是，士大夫之家，始倡為譜學之說。肇於晉，盛於唐，衰於五季，而復振於有宋諸君子。當其說之行也，服雖已盡，宗雖已易，而人猶知淵源之所自，支派之所分。祖將忘而不遂忘，族將散而不至於遂散者，由譜之力也。[1]

隨著世官世祿之制和大宗小宗之法的廢除，古代用以維繫氏族團結的物質基礎和祭祀儀式不復存在，以至於後世無法遵照昔日的模式來收族。不過，雖然外在收族的條件已喪失，但是內心的血緣情感仍然存在，為此，就得因應時代的變化，或改善固有的方法，或另尋他途。也由於「祖宗，元氣也。元氣一，則脈絡不散，元氣聚，則脈絡不亂[2]」。為了達到這個目的，就必須「詳昭穆、別本支，使後世子孫知所考[3]」，進而「節約其敗，而整齊其亂[4]」。有鑒於此，在學者們提倡恢復宗族組織，以建立倫理等級次序，和穩定社會秩序的同時，為了使宗族組織得以完備地延續不墜，除了建立象徵宗族組織的祠堂外，還需要一套記載，讓族人對於祖先源流和儀式進行，能更全面和系統性的認知，來強化族人間因有著共同的歷史記憶所產生的相互認同感。這種有關宗族組織的全面記載，即是族譜。因此，族譜的歷久不修，可能使族人間的同族意識逐漸渙散，不但增加了修譜的困

---

1 〔明〕張岳：《小山類稿》卷17《雜著一・原譜一》，福州：福建人民出版社，2000年，第330~331頁。

2 〔明〕施文洪：〈施氏族譜序〉，收入〔清〕施琅、施世騋等修：晉江《潯海施氏族譜（一）》，第15頁。

3 〔清〕陳有文編輯：《潁川陳氏族譜集成》，收入《臺灣文獻彙刊》第3輯第3冊，第3頁。

4 〔明〕施文洪：〈施氏族譜序〉，收入〔清〕施琅、施世騋等修：晉江《潯海施氏族譜（一）》，第15頁。

第四章 族譜編纂的意義與取捨

難度，也不利於合族之道。莊用賓（嘉靖進士）在重修莊氏族譜時，就曾遇到這方面的難題。晉江《晉邑青陽莊氏族譜》記載：

> 用賓子有感於合族之道，一日以酒與食，聚父兄輩而告之曰：「譜盍修？」諸眾俱無言。賓曰：「得非以事之難乎？」眾曰：「然。」賓曰：「吾能任難。」眾曰：「費將誰經？」賓曰：「吾自為費，然而生卒年月不可不詳，人自為考，則力可不煩。」眾咸曰：「諾。」口諾而心已矣。或再期，或三期，甚者四、五期，而竟不能備也。又一日以酒與食，聚業儒者而告之曰：「譜不可以不文，是儒者之責也。某傳某序，則某人為之，某日則類其稿，其有不用心者，亦寡矣。」猶有促而弗為者，賓亦無如之何也。嗚呼，族人之渙，一至此哉？賓徐思之，為其盛也，為其賢也。盛則各標門戶，門戶標則異矣；賢則各立意見，意見立則乖矣。乖也不可以不和，異也不可以不一，此譜之所以當修也，此賓之所以日夜腐心者也。和乖一異，修譜要乎？《易》之萃曰：「王假有廟。」假廟，王者事也。王者之萃渙，莫先於假廟，士民之萃渙，莫先於修譜，事殊而功同也。譜必有世系傳，世系，所以明有親也；必有行次傳，行次，所以明有尊也；又必有宗子傳，宗子，尊親之統也；又必有祠堂傳，祠堂，尊親之會也。顯之弗庸，人將焉激？是故，作縉紳傳善之；弗彰惡，將焉懲？是故，作行義傳本之；弗敦財，將焉殖？是故，作起家傳；女之弗貞，內將焉助？是故，作賢婦傳。述前者必據，不敢妄指也；傳後者必信，不敢溢美也。自我述之，自我傳之，而或妄也、溢也。人其謂賓何？賓其謂譜何據矣，信矣，賓盡吾心焉耳矣，族之合不合，賓不能知也。[1]

---

1 〔明〕莊用賓修、莊際昌等續修，〔清〕莊世卿續修：晉江《晉邑青陽莊氏族譜》，〈莊氏重修家乘敘〉，第13頁。

在這個記載裡，很生動地反映了當宗族意識渙散時，族人們對於修譜以合族的心態。分析原因，雖然表面上所關心的是經費的負擔和修譜的困難度，實際上，則是因為彼此間作為同族意識的缺乏，各房支所在意的是自我的發展，而非整個宗族的生存。因此，在莊用賓宣導修譜時，不僅興趣缺缺，尚且意見分歧，莫衷一是。這種不配合的態度，歸根究底，是由於族人間缺乏宗族意識，進而認為沒有修纂族譜的必要。也正由於此，莊用賓更體認到修譜的重要性，並舉出族譜的功能，試圖動之以理。然而，族人卻不為所動，甚至懷疑其修譜的用意何在。有鑒於此，莊用賓也只能感慨地認為，自己只要盡力就好，能不能收到合族的效果，就不是他所能控制的。為了防止這種情形的產生，許多家族把編纂族譜作為後代子孫的一種義務，而寫進族規，以保證族譜續修的相沿不斷。如南靖後溪寨王氏規定：「公議總譜修完，各房僉奉當事議完，每定每十年一修，每房照前協力幫理，以垂之久。」[1]漳州《南歧陳氏族譜》亦規定：「修譜每以十年為期。凡族中子弟才而有能者，能可修之，毋得錯其支派、略其事實，紊亂其是非，則自混其本源，而獲戾於先人矣。」[2]對宗族而言，族譜的重要性，就如同正史之於國家般，這種觀點，在族譜中屢有提及，《龍山湧口吳氏家譜》即言：

家之有譜，猶國之有史也。氣運之盛衰，政事之得失，人材之賢否，相為終始者，家與國一也。為子孫者，讀先世之譜，考其緒，知其人，何為功，何為德，何為可鑒，何為可戒。由是，則人皆向善而背惡，家日以正，族日以大矣。[3]

1 王氏修撰：南靖後溪寨《王氏族譜》，福建省圖書館據清修本、民國抄本復印，無頁碼。
2 陳禎祥編訂：漳州《南歧陳氏族譜》，民國5年陳氏石印本，第87頁。
3 〔清〕吳三辰修：《龍山湧口吳氏家譜》，福建省圖書館據抄本復印，無頁碼。

第四章 族譜編纂的意義與取捨

這種將族譜的地位比擬於國家正史的做法，正可以看出族譜對宗族的意義。如同國家一般，一個宗族氣運的盛衰、族事的得失，以及族人的賢否，都有賴於族譜的保存與提倡，俾能使族人在閱讀族譜的過程中，不僅能「披圖而指曰：『此吾祖也，此吾父也，此吾之身與兄弟也，此吾之從兄弟，再從、三從兄弟也。』推及曾玄子孫，莫不如是。則族之血脈亦吾之血脈，愛吾身，則當兄弟兼愛之矣。就中孝友起家者，則引為法；殘傷骨肉者，則舉為戒。仇敵贅疣之自無而生，血脈之流傳，可億萬世靡散爾[1]」。且經由族譜對祖先當時事蹟的記述，使先人「當年舉止芳蹤，燦然在目[2]」，並因「閱實錄，知前人之事蹟，有所觀感而奮興；視家箴，知前人垂訓，有所遵守而不敢誤入迷途。由是相勉為孝子、為順孫、為仁人、為君子，即業庶人之業，猶足風也[3]」，「序親比類存乎圖，系往彰來存乎錄，軌物垂訓存乎範，象賢考德存乎文[4]」，進而產生效慕之心和榮譽感。同時，也可以藉由家法、族規的制定，使族人有所鑒戒，教化其向善背惡，達到家族日益壯大的最終目的。否則，就會產生「世系弗晰，本支紊矣；世紀弗聞，名實湮矣；世範弗立，家人離矣；世業弗植，生理瘁矣；世德無考，文獻弗徵矣[5]」，以及「見己一身之四肢百體，則知所痛癢，至於兄弟之四肢百體，則視若贅疣；見己之子孫，則知所愛護，至於兄弟之子孫，則視若仇敵。由是，財谷田土之交攻，妻妾群小之離間，則奮袂於前，殘而傷之，弗顧也；速獄於官，刑而戮之，不恤

1　林嘉書整理：南靖《龜洋莊氏族譜（一）》，〈莊氏溫陵蕃衍族譜序〉，第14~15頁。

2　〔清〕吳鶴齡、吳廷掞輯：《南靖金山壁溪吳氏族譜》，〈後學懷德堂之譜序〉，福建省圖書館據清光緒抄本復印，無頁碼。

3　許嘉謨纂：安溪清溪《虞都許氏家譜》卷1〈虞都許氏重修宗譜序〉，臺北：龍文出版社，1993年，據民國十五年重修、民國十七年刊本影印，第7頁。

4　〔明〕林希元：《林次崖先生文集》卷7〈序·高氏族譜序〉，《四庫全書存目叢書》集部第75冊，第31頁。

5　〔明〕林希元：《林次崖先生文集》卷7〈序·潘氏族譜序〉，第32頁。

也 [1]」的局面。

不僅如此，宗族甚至將其所提倡的尊宗敬祖，與國家的教化、聖賢的訓誨相結合，進一步提高族譜的神聖性[1]，並認為「譜之興廢，關我族之盛衰，而族之盛衰，又與世運之治亂相終始 [2]」。如此一來，天下秩序的穩定與否，在於宗族的盛衰，而宗族的盛衰又取決於族譜的興廢，族譜儼然成為國家治亂興亡的最重要關鍵。

宗族之所以需要纂修族譜，是因為「人之由祖父而孫子，以逮於千百世。後之支屬系裔，猶夫山之由昆侖而方嶽，以逮於十有二州之洞天福地；水之由星宿而河漢，以逮於五湖四海之匯派分流也。是故，始而一勺一卷，終且彌漫磅礴，生生之道，莫能殫其紀極 [3]」。而有關族譜在維持宗族意識的作用上，晉江《陳埭丁氏回族宗譜》言：

人之有宗族，猶木之有分枝，水之有分派，雖遠近異勢，疏密異形，要其本源則一也。……而昭穆有序，本源可考者，固賴有傳世之譜也。譜也者，所以聯高曾祖考、伯父伯兄、仲叔季弟、幼子童孫，而譜集之者也。……誠以世代既久，支派愈分，不聯而輯之，將疏者愈疏，遠者愈遠，甚或因勢利而背其親，因貧賤而妄其親，因強弱而噬其親，因嫌隙而凌其親者，是人人之所同疾也，是祖先之所不容也。 [4]

非譜無以收族人之心，而睦族之法，宜不出於譜。族屬之大，子姓之蕃，其間不能無富貴、貧賤、強弱之不齊，得其人而書之於譜，取而閱之曰：「彼雖貧，與我同宗也，必不忍以富而相吞；彼雖賤，

1　林嘉書整理：南靖《龜洋莊氏族譜（一）》，〈莊氏溫陵蕃衍族譜序〉，第14頁。
2　方啟德等修：雲霄《雲陽方氏譜牒》，雲霄：藝新文印中心影印本，1992年，第26頁。
3　〔清〕林夢賚修：晉江《馬平霞店林氏本房族譜》，收入《臺灣文獻彙刊》第2輯第9冊，第19頁。
4　莊景輝編校：晉江《陳埭丁氏回族宗譜》，〈福建泉州晉江縣南關外二十七都陳江雁溝里丁氏族譜序二〉，第14頁。

與我同祖也，必不忍以貴而相凌。」默而思，親親之心，油然生矣。
其睦族之道，何以加此 [1]？

　　雖然「一脈相傳，而至於本支百世，其不得不分者，勢也。服盡
而情疏，雖祖宗未如之何 [2]」。然而，「其終可使合者，性也。繁枝
同根，歧流同源，千百世猶一堂也 [3]」。「人苟知本，則親親之情、睦
族之意，將油然沛然，莫之能遏。而至求其所以親親而睦族者，舍明
昭穆世系之外，其道無由，此譜之不得不修 [4]」。因此，族譜在理想
上，是藉由保留對祖先的共同記憶，作為凝聚成員的力量，以強化宗
族休戚與共的一體感，不至於因世代的久遠、支派的分析，造成疏者
愈疏、遠者愈遠的局面。由於此種一體感的根植，即使族人間出現富
貴、貧賤、強弱之分，也能因為共同的祖先崇拜所產生的親親之情，
得以避免宗族成員間相互欺凌、互鬥的情形，導致宗族力量的分散與
崩潰，進而達到「敘世系，明尊卑，別親疏，會族屬於一統，垂將來
於無窮 [5]」。

　　族譜的存在意義，首先是對宗族成員資格的確認，並為本族成員
提供了與其他同姓宗親發生關係的依據；其次，它在一個父系觀念強
大的社會中，明確標誌出，作為本人及其群體自我認同根基的父系祖
先源流 [6]。雖然後世子孫因為繁衍的關係，分成眾多個體與家庭，然
而，就祖先的觀點來看，這些就如同「木之分枝、水之分流」。族譜
的意義，即在於重新喚起和強化同為一源的歷史記憶，使族人間因有

1　莊景輝編校：晉江《陳埭丁氏回族宗譜》，〈譜序〉，第4頁。
2　〔明〕王忠孝：《惠安王忠孝公全集》卷2〈沙堤王氏譜序〉，南投：臺灣省文獻委員會，
　　1993年。
3　〔明〕王忠孝：《惠安王忠孝公全集》卷2〈沙堤王氏譜序〉。
4　〔清〕林夢賚修：晉江《馬平霞店林氏本房族譜》，第21頁。
5　莊景輝編校：晉江《陳埭丁氏回族宗譜》，〈譜序〉，第3頁。
6　瀨川昌久著，錢杭譯：《族譜：華南漢族的宗族、風水、移居》，第21頁。

明確的世系可尋，得以產生親親之情、認同之感。漳州《白石丁氏古譜》載：

　　道從一本生萬殊，人以萬殊會一本。夫受姓命氏者，其初始自一人之身，嗣續蔓延，至於子孫之夥，不可勝計而名舉。使無圖以系之，牒以記之，其何以使子孫披閱，而知夫人同一祖，恩意流通，不相視為途人哉？[1]

　　由於「族之不能無親疏者，勢也。然有以聯之，則疏也而可使之親。聯之奈何？曰：『有族必有譜。』譜何以聯之？曰：『溯流尋派，同出一源。』源一則不可以異視，不可以異視，則疏也而親矣[2]」。正是這種萬殊一本的觀念，即使因為世代的蔓延、子孫的眾多，導致「或叔侄位次高下次倒置，或兄弟名字稱呼之重復。家於市井者，或不知山林之族屬；居於鄉村者，或罔識城邑之戚疏[3]」的情形，也可藉由族譜的記載，以發人親親之心而加以導正。

　　由於尊卑之別、長幼之序，是一切血緣倫理的基石，為了使上下的關係有所依循，不至紊亂，族譜中對稱謂作了一番規定，如《晉江燕支吳氏家譜》言：「稱謂之間，尊卑、長幼之節於是乎在，不可習慣輕忽。按二程語錄云：『伯叔父之兄弟，伯是長，叔是少，今人乃呼伯父，叔父，為伯叔大無義理。』今此後，凡稱謂姑從俗，稱某伯、某叔、某兄。見之書劄筆墨，則當稱為伯父、叔父，方為無礙於理。」[4]基於此，族譜中認為，即使對較為貧困的長輩，也不可以有

1　漳州方志辦編：漳州《白石丁氏古譜》，〈文峰丁氏族譜敘〉，據抄本影印，第6頁。
2　〔清〕范學致：〈重修鼇江范氏譜序〉，收入粘良圖整理《鼇江范氏家譜》，《臺灣文獻彙刊》第3輯第1冊，第24頁。
3　安溪《謝氏總譜》卷首〈清溪謝氏指南序〉，轉引陳支平《近500年來福建的家族社會與文化》，第43頁。
4　乾隆《晉江燕支吳氏家譜》卷6〈家規〉，第32頁。

歧視之心而態度傲慢。雲霄《和地何氏族譜》言：

> 黃耇當敬。三代以來，制雖異尚，要不外一齒字。夫子云：「老者安之。」何等體貼。孟子云：「齒一。」何等尊重。風之頹也，富貴中有老，貧賤中無老矣。甚之一本所出，少年輩頗得溫實，或前程在身，視本族寒淡父兄，言語間若有不屑屑之意，或時侮弄，壽促福薄，不亦宜乎。[1]

因此，不可以因為富貴貧賤的關係，就忘了上下尊卑之分，作出對長輩有所輕視，甚至欺凌的行為。

為了防止「服盡則親盡，親盡則吉不慶、慼不弔，而貌若路人[2]」的狀況，族譜內容的記載，重在「標其世系之淵源，紀其族屬之遠近，序其宗統之離合，詳其生卒、葬埋、婚姻、嫁娶之始終[3]」，如此一來，「有服者，則情以服伸；無服者，則情以義起。生必慶，死必哭，婚姻嫁娶必赴，貧窮相周，患難相恤，有善，相率行之，有不善，則交以相戒。人知所以尊祖而睦族，則孝敬以崇，恩愛以廣，薰染成風[4]」。方孝孺曾就譜字的意義，作了很好的解釋：

> 譜者，普也，普載祖宗遠近、姓名、諱字、年號。又云譜者，布也，敷布遠近百世之綱紀，萬代之宗派源流。序述姓名，謂之譜系。……譜者，補也，遺亡者，治而補之。故曰：序得姓之根源，記世數之遠近，父昭子穆，百代在於目前。鄭玄曰：「譜之於家，若網

---

1 林嘉書整理：雲霄《和地何氏族譜（一）》，〈家訓〉，第181頁。
2 《燕支蘇氏族譜》，〈燕支蘇氏族譜序〉，泉州歷史研究會編《泉州回族譜牒資料選編》，1980年油印本，第88頁。
3 〔明〕張岳：《小山類稿》，〈原譜二〉，第332頁。
4 〔明〕張岳：《小山類稿》，〈原譜二〉，第332頁。

在綱。綱張則萬目具，譜定則萬枝在。」今恐一枝之上，枯榮有異，則強弱相凌。一祖之後，貴賤不同，尊卑相溢。今舉大綱以明眾目，是以四海各流，乃東出而西歸；九河分趣，雖道異而源同。是以樹有凋榮之幹，羽有長短之毛，或短褐輕裘，咸出公卿之胤。佩玉負薪，不廢連枝共葉。《詩》云：「獨行踽踽，豈無他人，不如我同父。」父子相因，不比他人之姓，豈是百裔同居一祖，千葉同生一株，株強則葉盛，根弱則幹微。分之五世之謂族，元祖是稱之為宗。宗族同姓，記之在此譜。考光乎先世之蹤，以示萬代之孫也。[1]

由此可知，作為聚族的輔助物，族譜對於祖先、世系源流的記載，不僅有維護倫理等級秩序的功能，也可以藉由血緣上的共源性和信任感，所產生的休戚與共、連枝共葉之情，來避免族人因為發展的盛衰、際遇的不同，而產生強凌弱的狀況，導致族內不必要的紛爭，從而使得族人由於生活上的被壓迫，轉而對宗族產生離心力。為了穩定宗族內部的秩序，必須依賴族人間的共同歷史記憶所形成的共為一體、彼枯則我弱的觀念，促進彼此間的和諧與互助。《臨濮施氏族譜》言：

一門之間，常如元首股肱之相聯，常如手足腹心之相護，常如筋骸脈絡膚髮爪牙之相屬。彼親愛此，此親愛彼，有貧窮，思欲相恤；有患難，思欲相救；有婚姻死喪，思欲相助；有蠢愚昏昧，思欲相開導誘掖，不忍契然若秦人視越人之肥瘠。果能此道矣，則祖宗此身，雖億萬斯年，亦如一日，歡欣交通，和氣致祥。安知無大材晚成，而榮耀其祖宗者乎？安知無英才輩出，而光大其門閭者乎？又安知無穎異夙成，磊落奇偉，振振繩繩，以世濟其美者乎？此在吾儕以身為

---

1 〔明〕方孝孺：《遜志齋集》卷13〈族譜序〉，第425~426頁。

第四章 族譜編纂的意義與取捨

念，務以祖宗之身，而親愛祖宗之身。萬勿以祖宗之身，而戕賊祖宗之身。則凡得祖宗之身以為者，皆得以自保其身於子子孫孫、於無窮矣。[1]

正是運用這種輔車相依、唇亡齒寒的共生利害關係，來達到相恤、相救、相助的目的，也可以利用彼此間的互濟互助，來維持和增加生存的機會與條件。由於世事變化無常，花無百日紅，人無千日好，為了防止個別家族，因為勢力無法持續發展，導致衰落與滅亡，此則有賴於宗族的互助機制，來渡過難關。因此，同族人的衰敗，不僅僅是個別之事，而是牽一髮動全身，關係著自我的聲譽與發展。雖然宗族內的某個分支，無法永久保持在社會上的優勢，但對宗族整體來說，只要族內的其他分支得以繼起，宗族本身就可以再利用其他分支所獲得的特權和聲望，來維持或加強原有的社會地位和資源的控制，從而將因原有製造優勢工具的消亡所帶來的衝擊減至最低或抵銷，確保族人生存的延續。雲霄《和地何氏族譜》說道：

一族之中，同出一本，而旺盛有鍾，正當憐孤恤寡，扶危濟困，以報祖宗之恩。豈可盈幾貫財，多幾許丁，靠近負隅，便視宗姓如下戶，魚肉任意。天道好還，其貫易滿，他日伶丁受侮，即今日之恃強欺人者也。[2]

藉由塑造我即族人、族人即我的一體感，進而形成「彼雖貧，與我同宗也，必不忍以富而相吞；彼雖賤，與我同祖也，必不忍以貴而

---

1 〔明〕施尚廉：〈施氏重修族譜後序〉，收入〔清〕施琅、施世騋等修：晉江《潯海施氏族譜（一）》，第12~13頁。
2 林嘉書整理：雲霄《和地何氏族譜（一）》，〈家訓〉，第185~186頁。

相凌[1]」的親親之心，透過感同身受的心態，及對祖宗的追思，使有能力者，能夠幫助族中的貧困之人。而財大勢大的強房，也當體念同宗之誼，不可依仗財勢，任意欺凌族中的貧弱之士，否則天理昭彰，風水輪轉，終有一天也會受到同等的對待。

宗族對族譜的依靠，還會因為族人的遷徙而加甚。晉江《馬平霞店林氏本房族譜》記載：

我族人之越在南北東西而散處者，或燕會闊疏，歲時不展謁祠墓有之；或冠婚喪祭，漠然不相知聞有之；且或賢勞王事，或糊口四方，或出贅他州，掇科異省，覿面範無相識，而掉臂過之路人焉有之。若此類者，皆譜之未修使然。更復因循，恐昭穆支派，不能使易老而幼者習為睹記，紛訛舛錯，有所難免，而忝為名族，將無以異夫窮鄉編戶之家也，如之何其可哉！[2]

因種種原因而遷徙他處的族人，久而久之，勢必因在日常生活中少與同族之人接觸，而逐漸失去聯絡，其中的親親之情與彼此的認同感，也會因為時間、空間和共同利益的缺乏等因素，而趨於消亡，視彼此為路人。為了避免這種情況的因循，彼此間就必須具有一套得以作為確認共同淵源的工具，在這一方面，宗祠所能發揮的功用，顯然比不上族譜。這是因為，宗祠並不能像族譜般便於攜帶，而遷徙他處的族人，也因距離的關係，無法參與原遷移地宗族對於強化共同歷史記憶所舉行的儀式。再者，在遷徙地建立宗祠，所代表的意義，可能是象徵著分支的地域化和獨立於原宗族之外，其離心力可能大於對原宗族的認同。因為在尋求保護和發展上，地域化後的宗族組織，顯然

1　莊景輝編校：晉江《陳埭丁氏回族宗譜》，〈譜序〉，第4頁。
2　〔清〕林夢賚修：晉江《馬平霞店林氏本房族譜》，第9~11頁。

第四章　族譜編纂的意義與取捨

比原先的更及時和密切。因此，「家譜之作於蕃衍之日者，誠亟，而作於遷析之初者，猶不容緩也 [1]」。當遷徙他處的族人，因距離的關係，而逐漸與原宗族族人疏離時，為了維持彼此間的共同歷史記憶，且避免因距離的疏離，導致世系、尊卑、長幼的混亂，這就有賴於族譜作為依據的基礎。

第二節　族譜的攀附目的

族譜的編纂，雖然在於敘世系、明尊卑、別親疏，然而，更實際的目的，則是提高宗族本身的社會地位、聲望和榮譽，以保持既得利益，並在資源的競爭上，能夠取得更有利的環境，使宗族得以永久繁衍和興盛。基於此，族譜的編纂原則，除了長長之外，也在於貴貴和賢賢。李光地（1642-1718）即認為家譜具有三種優點：

夫譜之設，所以濟宗之窮。吾宗之譜，其為善亦有三焉。本以宗法而聯之，所以長長也；標其爵命而榮之，所以貴貴也；系之傳紀而彰之，所以賢賢也。三者備矣，然後昭穆序焉，名分嚴焉，勸戒彰焉。[2]

這種貴貴和賢賢的原則，目的在勸戒彰善，標榜宗族地位的崇高及所占的優勢，使他族不敢冒然侵犯，並藉由獎賞有功族人，來激勵後進效法之心，努力奮發向上。如此，不但能獲得功名和聲譽，也連帶提高和維持宗族整體的生存條件。因此，只要是有利於宗族的事

1　林嘉書整理：南靖《施洋蕭氏族譜・書山祠》，收入《臺灣文獻彙刊》第3輯第6冊，第202頁。
2　〔清〕李光地：《榕村全集》卷11〈家譜序〉，第19頁。

件和人物，多會被記載於族譜之內。甚至有的族譜更明確地表明了這種功利的目的，如雲霄《陵海吳氏族譜》即言：「聖朝誥敕封贈於譜首，所以榮譜牒，誇閥閱，征文獻，使奕世子孫有所觀感而興起焉。」[1] 此一心態，使得「今為譜者，多致詳於名位顯著之聲，而滅沒乎布衣草澤之行，以為此貴室也、巨族也[2]」。

功利的傾向，有時甚至壓過了對於世系源流的正確追溯及對血緣純正的重視程度。所以，雖然在各族譜的譜例上常規定：「凡同姓而不同宗者，雖富且貴，不許妄認通譜以紊宗屬。」[3] 但是，為了實際所需，在集體歷史記憶的建構上，難免會有所攀附和扭曲，並藉由結構性的失憶，選擇遺忘某些對於宗族發展不利的事件。而所謂的譜系，與其說是「實際上的血緣關係」，不如說是「人們相信的彼此血緣關係[4]」。由此看來，弗里德曼對於族譜內容記載的真實性，恐怕過於樂觀[2]。

除了在世系上攀援名人外，中國族譜中所反映的另一個類似心態，就是郡望、族名的依附。根據陳寧寧的研究，無論由本族族人命名，或從俗約定，而經家族認可，家族的族名都帶有強烈的主觀色彩。從始祖定居到家族成熟壯大，家族數次更易族名，不斷尋求最能反映本家族家世聲望的名稱，最大程度地顯示本家族的優勢，是古代家族命名中的突出現象[5]。而在家族自行編撰的族譜中，存在著攀附顯榮、揚善隱惡的弊端。同樣，家族的族名中，也不乏有這樣或那樣的問題。最明顯的，是以郡望為題族名的數量比例，遠遠大於其他的

1　〔清〕吳鏞編：雲霄《陵海吳氏族譜》，〈世系序例〉，乾隆二十一年刊本，廈門大學鄭振滿教授提供，無頁碼。
2　〔明〕李光縉：《景璧集》卷6〈儒林李氏族譜序〉，第1頁。
3　莊景輝校：晉江《陳埭丁氏回族宗譜》，〈福建泉州晉江縣南關外二十七都陳江溝里丁氏族譜凡例〉，第13頁。
4　王明珂：《華夏邊緣》，第54頁。
5　陳寧寧：〈中國家族命名初探〉，收入猶他家譜學會、沙其敏、錢正民編《中國族譜地方志研究》，上海：上海科學技術文獻出版社，2003年，第22頁。

命名方式，而在以郡望為題的族名中，同一姓氏的郡望又相對集中在有限的幾個。對此，有學者評說過，明代之後，「離亂轉徙，宗系益蒙，言李必隴西，言張必清河，言劉必彭城，言周必汝南，郡望之別復失」。族名中表現出來的姓氏郡望的趨同，聯繫到族譜中攀附名人為祖，偽造官位爵號，說明在家族的命名中，同樣也存在著為顯耀門第而攀附顯榮的傾向[1]。

其實，攀附的現象，起源甚早，並非明清時期才有。誠如李光地所言：

自漢晉隋唐之間，韋孟、陶潛、王勃、杜甫之流，皆盛推遠系，至聯數姓而為弟昆者，其果有所考耶？其僅據氏族之書而傳致之也。苟有所考，不亦善乎？如傳致氏族而云云也，恐有藉之以依附明德之苗裔，攀緣貴盛之宗支者。[2]

蔡新（1707-1799）亦說道：

魏晉以來，世族以門第相高，稱系姓者，必推原於聖哲之苗裔、公侯之子孫。近者，則扳援貴勢，誣其祖以自取重，宗緒之紛也，則遠稽難。[3]

這是由於「三代而後，譜牒失序；五季以還，姓氏無別[4]」的緣故，致使「後之士大夫家，能燭然推明世序，而知所自出者，鮮矣。有之，則必強附於他人之祖之顯，以疏派於其下。至於逆棄其祖者有

1　陳寧寧：《中國家族命名初探》，第30頁。
2　〔清〕李光地：《榕村全集》卷12〈徐氏族譜序〉，第18頁。
3　〔清〕蔡新：《緝齋文集》卷5〈家譜序〉，《四庫未收書輯刊》第9輯第29冊，第1~2頁。
4　〔清〕陳有文編輯：《穎川陳氏族譜集成》，收入《臺灣文獻彙刊》第3輯第3冊，第192頁。

之，若杜正倫求附城南之譜、郭崇韜妄拜汾陽之墓者是已[1]」。宗法制度的隳壞，加上歷代戰亂所引發的宗族遷徙、族譜燒毀等因，導致世系的追溯頗為困難，即使後世想要明瞭自身的出處，也無所依據。不過，也正因為如此，使得宗族可以利用此一模糊不明的地帶，遂行攀附之心。久而久之，各家族譜的撰寫出現了一種相似的模式，亦即先闡述本族出於名門之後，繼之則言戰亂之故，典籍喪失，跡不可循，最後才論及始遷本地之祖。

對於這種為了增加宗族的聲譽，而不惜破壞原先世系淵源，以攀附名人的做法，常為學者所批評。方孝孺即言：

尊親之次，莫過於重譜。由百世之下而知百世之上，居閭巷之間而盡同宇之內，察統系之異同，辨傳承之久近，敘戚疏，定尊卑，收渙散，敦親睦，非有譜焉以列之不可也。故君子重之，不修譜者，謂之不孝。然譜之為孝難言也，有徵而不書，則為棄其祖；無徵而書之，則為誣其祖。有恥其先之賤，旁援顯人而尊之者；有恥其先之惡，而私附於聞人之族者。彼皆以為智矣，而誠愚也。夫祖豈可擇哉？兢兢然尊其所知，闕其所不知，詳其所可徵，不強述其所難考，則庶乎近之矣。而世之知乎此者常鮮，趨乎偽者常多。[2]

他認為，修譜的目的在於尊親，用以辨別世系源流及倫理尊卑等級秩序，拉近族人間的距離，最後達到睦親收族的境界。對於無法詳知的祖先及其事蹟，則有所保留，而不隨便記述。反之，如果祖先及其事蹟，可以很清楚知悉，就必須詳加記載。不過，這種修譜原則，鮮為人所遵守，一般人多從功利的觀點出發，如果祖先沒有事蹟，甚

---

1 〔清〕陳有文編輯：《潁川陳氏族譜集成》，第192頁。
2 〔明〕方孝孺：《遜志齋集》卷1〈宗儀九首・重譜〉，第38~39頁。

第四章 族譜編纂的意義與取捨

至是擁有負面印象和卑賤地位的話，即使相關的記憶明確，卻可能因為被視為有辱門風、聲譽，而加以抹滅不記。反過來說，為了提高自我的聲譽，但是其祖先的事蹟與地位，卻沒有明顯可供後人誇飾時，就會產生援引或攀附其他同姓而不同宗的名人，或依附在其他聲勢較為顯赫的同姓之下的情形。這種心態，即使是「彼其祖賢矣，其後又多賢，視賢則不必借人後，多賢則不肯借人[1]」的名門大族也難以避免。《龍山湧口吳氏家譜》即言：

族譜一牒，正名分，聯暌渙，明倫理，篤恩義，尊祖敬宗，莫大乎此。此豈鋪揚誇冒，徒恢恢於浮欲哉？乃後世名宗巨族，咸欲著譜第尚腴者，減質侈麗者益尤。意有所摭，則繪其標，而不稽諸實；事有未核，則曲為之說，而不忌爽真，要僅掠虛粉誕，博譽釣華，為一時之美觀耳。故譜宋必歸始帝乙，譜陳必推本胡公。司馬遷之自為序，至合重黎兩正，謂其世掌天官，為淵源所自，詞信美矣，而撲厥所由，詵詵繩繩其將誰似？此何異佶烈之冒唐宗，劉淵之續漢祀，欲以為榮，反以遺誚者乎？[2]

這種攀引附會的舉動，雖然有可能為外人所譏諷、責備，然而，正如前所述，所謂的譜系，與其說是實際上的血緣關係，不如說是人們相信的彼此血緣關係。對於歷史記憶的建構和塑造，最終的目的，在於確保宗族的生存與延續。對於宗族本身來說，即使是出於「掠虛粉誕，博譽釣華」，只要能增加宗族的聲譽，提高族人的榮譽心和認同感，世系的正確與否並不重要。而且，宋以後的科舉官僚制度，使政治上的流動更為頻繁，有賴於以血緣關係網絡作為媒介，來實現在

1　漳州方志辦編：漳州《白石丁氏古譜》，〈江東丁氏族譜序〉，第5頁。
2　〔清〕吳三辰修：《龍山湧口吳氏家譜》，〈天啟元年本族重修家譜自序〉，無頁碼。

政治、經濟上的成功。因此，為了達到收族的目的，也只好默許這種偽造祖先的行為了[1]。更何況這種攀引附會的痕跡，還可以藉由抹滅、重新詮釋等方式加以掩飾。這種「恥其先代之弗耀，假他宗以取榮焉[2]」的心態，更明顯表現在那些地位剛處於上升狀況，而極欲尋找地位穩定和合法化的家族上。泉州《清源留氏族譜》言：

> 世□大夫驟起者，欲矜其世家而無所據，乃強屬先代之名臣，竊附當世之故族，凡與同姓者，皆取而文飾之。其意以為有光祖烈宗孝子慈孫，而不知其祀人骨肉，依人之血脈，紀人名諱，其傷教背義亦甚矣，寧不蹈自誣之愧哉？[3]

這些驟起之家，為了滿足虛榮心並誇耀門楣，勢必往前尋找那些擁有極高名聲的功臣與學者，抑或依附於當時的名門世家，用以宣示其所獲取資源和地位的合理性，而此一合理性，即根源於其是古聖先賢的後代子孫。因為就傳統的觀念來說，為善者必有後報，反過來說，有報者，其先必為善。因此，在當時擁有名聲地位（後報）的家族，必定是賢者名人之後。這種攀引附會的動機，除了可以提高家族的聲譽之外，也宣示著其地位和資源的獲得，是其來有自、有跡可尋的。茲以晉江陳埭丁氏回族為例，來進一步分析和說明祖先源流的建構與運用。

---

1 井上徹：〈中國の近世譜〉，第33頁。
2 〔明〕莊用賓修、莊際昌等續修，〔清〕莊世卿續修：晉江《晉邑青陽莊氏族譜》，〈晉邑青陽莊氏族譜序〉，第4頁。
3 〔清〕留名輝修：泉州《清源留氏族譜》，〈清源留氏家譜序〉，乾隆三十一年修轉抄，第5頁。

第三節　祖先譜系追溯的個案說明

丁氏的祖先，雖然屬於祖回回之教的異族，但是，在整個集體歷史記憶的建構中，卻傾向於華夏苗裔。晉江《陳埭丁氏回族宗譜》載：

丁之得姓，自太公望之四子伋始。……閱數千餘年，更易數百餘世，胡元染汙中原，典故尤為蕩盡，欲一一求其可稽之祖，不亦誣乎？此夏（丁衍夏）先大夫〈譜序〉，斷以節齋府君為始，不敢妄有所附也。[1]

雖然在編纂族譜的過程中，丁氏採取了較為謹慎的態度，並因為典籍的喪失，不能一一獲得可供考證的祖先譜系，所以不敢妄有所附。但是，這與其尋找一個華夏祖先，並建構身為華夏苗裔的集體歷史記憶並不衝突。因為，在尋找或假借一個華夏祖先，作為得姓的源頭時，其目的並非求得整個完整的譜系，而是藉以顯示丁氏宗族，乃是華夏丁姓的一員。即如瀨川昌久所言：「族譜所記錄的系譜之終極起源，一般都是黃帝或古代中國王朝的王族，這就使得族譜的保持，成為自己具有作為中國人、作為漢民族的正統性的根據。通過其系譜，就有可能使自己及其群體的存在，認同於從神話時代就開始起步的中華文明輝煌的歷史。」[2] 陳埭丁氏藉由對丁姓起源的描述，作為自己屬於華夏一族的暗示。不僅如此，牧野巽在有關祖先同鄉傳說的論析中，認為「各個地域內的居民，如果僅僅因為現在住在同一地域、使用同一方言、擁有類似習俗，是不會有同種人的意識的。他們

1　莊景輝編校：晉江《陳埭丁氏回族宗譜》，〈纂述世謨〉，第22頁。
2　瀨川昌久著，錢杭譯：《族譜：華南漢族的宗族、風水、移居》，第23頁。

由於擁有祖先們以前是來自同一故鄉這一共同的歷史觀念，因而具有雙重的同鄉觀念[1]。」由此看來，陳埭丁氏的做法，除了顯示本身的認同感外，更重要的意義在於，藉由擁有與周圍漢民族祖先來自同一淵源這一共同的歷史觀念，以強化當地漢民族對其認同感與接受度。而這種攀附所遺留下來的痕跡，正好借著典籍喪失所產生的模糊地帶，進行抹滅的工作。

在丁氏攀附華夏丁姓的過程中，不僅尋找了華夏祖先，更援引了宋代名人丁顗（丁度祖父）以為得姓的始祖[3]。此事之由，本因丁養靜「栗栗於撒氏戍卒之誣，過聽曾社師扳丁度而祖之，以昭其裔不出於回回也[2]」。雖然丁養靜所成之書，並不能取信於族人，只能襲而藏之，並在丁儀修譜時，因「儀嘗病世之為譜者，往往徇私而失實，或謬制名字，加於不可考之世，或旁援貴顯，以冠諸系之首[3]」而被刪削。但是，卻建構出丁氏得姓之始祖，為洛陽聚書丁顗的集體歷史記憶。因此，丁氏始祖節齋公，便多出「家世洛陽，因官於蘇州而家焉[4]」、「其先為蘇州太守維清公之後[5]」的歷史背景，而丁氏也從此成為聚書之裔了。究其實，丁氏之所以願意承認此一集體歷史記憶，在於藉由丁度的名氣和聲望，以提高宗族的社會地位和影響，並增加宗族成員對宗族本身的榮譽心。實質上，丁氏回族以「聚書」自詡，已經舍去了攀附丁度為祖的本義，而成了一種榮宗耀祖、崇尚書禮的象徵[6]。

1 牧野巽：《中國的移居傳說》，《牧野巽著作集》第5卷，轉引瀨川昌久著，錢杭譯《族譜：華南漢族的宗族、風水、移居》，第192頁。

2 莊景輝編校：晉江《陳埭丁氏回族宗譜》，〈感紀舊聞〉，第27頁。另有關戍誣一事，可參考《雪戍說》。

3 莊景輝編校：晉江《陳埭丁氏回族宗譜》，〈譜序〉，第4頁。

4 莊景輝編校：晉江《陳埭丁氏回族宗譜》，〈丁氏譜牒〉，第8頁。

5 莊景輝編校：晉江《陳埭丁氏回族宗譜》，〈丁氏譜牒〉，第8頁。

6 莊景輝：〈陳埭丁氏回族扳丁度為祖的由來及其影響〉，《廈門大學學報》1994年第2期，第108頁。

同樣的心態與目的，也出現在承認丁氏之由來，出於元代名將賽典赤瞻思丁[4]，這種明顯與上述出於丁顗有所矛盾的事件上。晉江《陳埭丁氏回族宗譜》言：

嘉靖丙申歲（嘉靖十五年，1536年），余（丁衍夏）方弱冠……從伯父諱博字遵厚者，嘉余之有斯志也，出所藏毅祖（丁敏）手書裱褙一幅，高尺許，長幾二尺，草書寸餘大，百餘字，紀吾家由來之系，示余。其起句曰「由賽典赤回回瞻思丁」云云。當時見聞寡昧，不識「賽典赤」何義，妄以意度番地番語，難於史冊稽也。[1]

雖然丁衍夏當時因年紀小而不知賽典赤的意思，不能分辨出真偽。但是，當他讀到李氏《因果錄》有關賽典赤瞻思丁的記載後，立刻心生遐念，雖說最後只是「漫錄而示我後人，有四方之志者，博采而考之[2]」，沒有明確指出其系出於瞻思丁，但在丁衍夏的心裡，實際上已經舍丁度而就瞻思丁了。晉江《陳埭丁氏回族宗譜》中，記載了丁衍夏這種心理的反映：

賽典赤瞻思丁，回人也，其國言「賽典赤」，猶華言貴族也。……夫以瞻思丁之寬仁而膺，子孫之貴盛，豈有不眾多？及入我朝，散處，去夷姓，而以其名末字為氏，未可知也。元前中華雖有丁姓，未必祖回回之教。吾家既教宗回回，而列祖世載寬仁，所謂似其祖者非耶？當毅齋公紀載之日，去瞻思丁羅盤之撫，僅百餘年，未必其無據也。至養靜公，栗栗於撒氏戍卒之誣，過聽曾社師扳丁度而祖之，以昭其裔不出於回回也。舍毅齋公之云，斯舊譜無

1　莊景輝編校：晉江《陳埭丁氏回族宗譜》，〈感紀舊聞〉，第27頁。
2　莊景輝編校：晉江《陳埭丁氏回族宗譜》，〈感紀舊聞〉，第28頁。

敘，其如與所習祖教不相蒙，何以吾家今日視之，非寬仁之澤，未必無艾若此？[1]

丁衍夏一方面承認丁氏為華夏苗裔，另一方面，當他了解到賽典赤瞻思丁的意思和事蹟後，也立刻承認了丁氏是瞻思丁的後裔。他所持的理由是，瞻思丁不僅是回人，且個性寬仁，這正與建構出來的丁氏列代祖先的情況相似。然而，就丁衍夏看來，承認丁氏為瞻思丁的後裔，並不與丁氏身為華夏苗裔有所衝突。其想法是，雖然丁姓同為呂伋（丁公）的後裔，但隨著時代的變遷，未必所有的丁姓都會有相同的習俗。而這也正是丁衍夏舍丁度就瞻思丁的緣故。與丁度相比，瞻思丁的背景更接近於丁氏列祖。究其實，丁衍夏之所以會承認瞻思丁，是因為其不僅是元代的名將與貴族，身分地位尊貴，更重要的是，其個性寬仁，行事符合儒家之道。這種不僅與丁氏漢化的趨勢沒有衝突，且能提高宗族社會地位與聲望的人物，自然有利於丁氏的生存。因此，賽典赤瞻思丁也成了丁氏的祖先之一，更被祭於宗祠，從而造成了往後丁氏起源的二元說。然而，對於集體歷史記憶的建構來說，主要目的不是在確認實際上的血緣關係，而是藉由集體歷史記憶，來提高宗族成員的認同感與榮譽心。因此，譜系的正確與否，對宗族來說是次要的，也只有在關係到宗族的生存時，才會被重視與強調。

第四節 閩南的「光州固始」情結

族譜一方面維護家族內部血緣關係的純潔性，另一方面，則是通

---

1 莊景輝編校：晉江《陳埭丁氏回族宗譜》，〈感紀舊聞〉，第27~28頁。

過血緣關係、世系源流的考訂排列，來強調本家族血緣關係的高貴傳統，從而提高家族和族人的自尊心與榮譽感。為了達到這一目的，各個不同家族在修纂族譜時的共同做法，是盡可能把自己的祖先與中國先朝的某些名人、望族聯繫在一起[1]。如泉州《大肚趙氏族譜》即稱：

> 秦滅趙國後，趙姓族人散居各地，以國為氏。漢唐時，趙姓家族中，以輔佐西戎、世居甘肅天水的趙氏為唯一望族。但今福建三大派趙族是宋皇室的後裔，而宋皇室又是西漢趙廣漢的後裔。趙廣漢是河北涿郡人，曾任京兆尹，世居涿郡之天水。宋統治中國三百一十年，涿郡趙氏望族更加顯赫。故我趙所用的郡望，是出自河北涿郡天水。[2]

這裡不難看出，其援引舊時顯耀門第郡望以為己用，標榜本家族姓氏高貴的心態。這種意圖在閩南地區，莫過於強調自己的先祖來自於光州固始了。這種記載，在閩南的族譜中處處可見，如晉江《潯海施氏族譜》言：「吾始祖傳自光州固始。」[3] 南安《鄭氏宗譜》言：「我鄭自唐光啟間入閩，或於三山、或於莆、於漳、於潮，是不一處。」[4] 雲霄《陵海吳氏族譜》言：「吳氏本自周太王泰伯仲雍封吳，子孫以國為氏。自吳凡幾，遷居於光州固始。唐廣明間，有從玉鈐衛將軍陳政者征閩，因家於泉，族屬益繁。五季之亂，譜遂無傳。」[5] 同安《穎川陳氏族譜集成》言：「世祖自光州固始從王審知入閩，審知為閩節度使，尋封閩王。世祖提事於泉之同安，藩始之基，在今之

1　陳支平：《近500年來福建的家族社會與文化》，第43~44頁。
2　轉引蘇黎明《泉州家族文化》，第54頁。
3　〔明〕李熙：〈潯海施氏族譜序〉，收入〔清〕施琅、施世騄等修：晉江《潯海施氏族譜（一）》，第5頁。
4　鄭玉海等修：《鄭氏宗譜》，〈本宗族譜序〉，《臺灣文獻彙刊》第1輯第9冊，第3頁。
5　〔清〕吳鏞編：雲霄《陵海吳氏族譜》，〈吳氏家譜序〉，無頁碼。

綏德鄉同禾里官山社。」[1]再如雲霄《和地何氏族譜》亦言：「何之先本光州固始人。唐儀鳳間，何嗣韓從陳元光經略全閩，因家焉。昭宗時，王緒舉光、壽二州附秦宗權，緒先鋒擒緒奉王潮，懼眾不附，求固始人先世有功於閩者，以慰民望，表授我某代祖安撫使，分田畫地，安插閩人，當時賴之。」[2]可以看出，閩南各姓不管是跟隨陳政、陳元光，或是王審知入閩，其共通的特點，都是強調來自於光州固始。平和吳氏甚至不追究陳、王間年代的差異，硬是將其湊在一起，而聲稱其祖先「係河南光州固始縣人也，為唐平章政事。僖宗四年，因收捕黃巢，與王審知、陳政統兵往福建，守鎮漳南，後隱居各處[3]」。此外，即使是原先本為回族的宗族，亦不免入境隨俗，聲稱自己的祖先也來自光州固始，如霞歧柯氏亦言：「吾祖傳自光州固始，亦閩郡通譚耳。」[4]不過，根據林嘉書的調查，漳州境內的姓氏家族，在唐代入漳的少之又少，絕大多數是在明代由外地遷入漳州開基的[5]。由此可知，所謂祖先來自光州固始的說法，含有不少穿鑿附會的成分。茲以同安陳氏及詔安沈氏為例，來說明此一現象。

根據《潁川陳氏族譜》記載，其始祖陳忠原籍京兆府萬年縣洪故鄉（今陝西西安）[6]，其子陳邕（665-758）唐神龍初進士。邕官至太子太傅，與李林甫不合，在開元二十四年（736年）被謫入閩，先住福州三山，始居興化，馴入泉州惠安縣社壇，後旋移漳之南驛路南廂

1　〔清〕陳有文編輯：《潁川陳氏族譜集成》，第196頁。
2　林嘉書整理：雲霄《和地何氏族譜（一）》，《何氏源流紀略》，第136頁。
3　林嘉書整理：《漳州吳氏族譜三種・壺嗣吳氏族譜》，〈新安吳氏族譜序〉，《臺灣文獻彙刊》第3輯第5冊，第11頁。
4　〔清〕柯寅修：同安《霞歧柯氏族譜》，〈柯氏重新祠堂記並規約條議〉，乾隆三十七年修，光緒間寫本，廈門大學鄭振滿教授提供，無頁碼。
5　林嘉書：〈漳州民間譜牒與民系來源調查〉，收入陳支平、周雪香主編《華南客家族群追尋與文化印象》，合肥：黃山書社，2005年，第70~71頁。
6　文中小註誤以為是江西饒州府的萬年縣，明顯錯誤。

第四章　族譜編纂的意義與取捨

山居住 [1]。其子在建中二年（781年）舉家三百餘口從漳州遷入同安嘉禾島（今廈門）居住。隨著時代的遷移，後世分居各處，而殿前、浦源、桃林、官山、山侯亭、港口、江頭（均在同安縣）等處是其分派 [2]。不過，另一方面，明永樂時，由陳福山所撰寫的族譜，則宣稱其始祖諱某 [3]，自光州固始從王審知入閩，遂從眾於泉南同安。其子四翁愛其山川風木之美，因築室以居，遂為同安人 [4]。並在世系的建構上，將此二源結合，以選擇性失憶來忘記當中的矛盾 [5]。然而，從不知入閩始祖的姓名，及「四翁以上不可考，其世次皆闕之，而斷自四翁始 [6]」來看，再加上一般所認為陳氏入閩的四派中，也沒有跟從王審知入閩的說法，[5] 可以合理懷疑，這個歷史意識的建構，很可能是受到閩南光州固始情結的影響。

接著再討論詔安沈氏的情形。雖然族譜中屢屢言及其入閩始祖是唐時隨陳政由河南光州固始領兵戍閩，並被陳元光派遣鎮守南詔因為家的沈勇 [7]，不過，同時也承認，自沈勇以下、南宋沈宣義以前的譜系無法考據，而從沈宣義開始，沈氏族人的生卒年才有完備的記載 [8]。然而，族譜中卻明列了從漢至南宋的各世系譜 [9]。實際上，詔安沈氏的來源，是在南宋初，由沈廷輔遷入福建建寧開基，至其子沈宣義才遷入漳州詔安 [10]。可以明顯看出，族譜中所載沈勇的事蹟，亦是緣於光州固始情結，且為了潤飾，進而虛構了部分的系譜。

---

1 同譜第221頁則言：陳忠遷泉州惠安縣社壇，陳邕再由惠安遷漳州。
2 〔清〕陳有文編輯：《潁川陳氏族譜集成》，第30~34頁。
3 從譜中的世系表來看，其名為陳屋，不過可以推定，這個名字是偽造出來的。
4 〔清〕陳有文編輯：《潁川陳氏族譜集成》，第194頁。
5 〔清〕陳有文編輯：《潁川陳氏族譜集成》，第221~222頁。
6 〔清〕陳有文編輯：《潁川陳氏族譜集成》，第192頁。
7 林嘉書整理：《漳州沈氏族譜二種》，收入《臺灣文獻彙刊》第3輯第15冊，第292~296、329頁。
8 林嘉書整理：《漳州沈氏族譜二種》，第304頁。
9 林嘉書整理：《漳州沈氏族譜二種》，第341~354頁。
10 林嘉書整理：《漳州沈氏族譜二種》，第351~352頁。

可想而知，這種因為光州固始情結而攀附的情形，自然會被批評，洪受即言：

夫閩祖光州，相傳之謬也。蓋亦有之，而未必其盡然也。……夫審知未入閩之初，閩之人民蓋亦眾矣，是故有刺史焉，有觀察使焉，所以治之也。及審知之既入閩也，至於漳浦，始云有眾數萬，則前此之眾未盛可知矣。今全閩郡縣，上自大夫，下至黎庶，莫不曰光州固始人也，不亦誣乎？間有之者，亦審知之子孫與士卒之餘裔耳。然保大之際，且遷於金陵矣，如之何不稽其本始，而謬相沿襲耶？[1]

他認為，閩人即使真有淵源於光州固始者，但也不可能完全都是，這是因為在王審知入閩之前，就已經有在福建居住的人民了，而王審知入閩時的人數也不多。即使真是王審知及其士卒的後裔，之後也多遷往金陵。況且，「五季紛亂，士大夫家譜牒亡者十九。宋興，稽遺綴缺，其失真者，亦已多矣[2]」。可見，在福建的族譜中，宣稱來自光州固始者，多屬不實。之所以會如此，與王審知入閩時的政策和態度有關。乾隆《龍溪縣志》解釋道：

陳元光，光州固始人。王審知，亦光州固始人。而漳人多祖元光，興、泉人多祖審知，皆稱固始。……夫閩人稱祖皆曰自光州固始來，實由王潮兄弟從王緒入閩，審知因其眾克定閩中，以桑梓故，獨優固始，故閩人至今言氏族者本之，以當審知之時重固始也，其實謬濫。[3]

1 洪受：《光州固始辯》，收入許榮等修、吳錫璜纂：民國《同安縣志》卷25〈藝文〉，臺北：成文出版社，1967年，據民國18年鉛本影印，第73~74頁。
2 〔明〕林弼：《林登州集》卷14〈竹山黃氏族譜序〉，《景印文淵閣四庫全書》第1227冊，第12頁。
3 〔清〕吳宜燮修、黃惠等纂：乾隆《龍溪縣志》卷21〈雜記〉，臺北：成文出版社，1967年，據乾隆二十七年修、光緒五年補刊本影印，第2~3頁。

第四章 族譜編纂的意義與取捨

　　唐末五代時期，河南王潮、王審知兄弟率領軍隊入閩，利用中原戰亂的有利時機，控制了整個福建，建立了第一個由北方移民所組成的地方割據政權。這個事件，對於福建家族社會的形成，以及家族觀念的深入人心，影響巨大。王氏兄弟建立了閩國政權，隨軍南下的部屬也大多變成福建的統治者。他們有著懷念中原故土與統治福建高人一等的雙重心理，於是刻意標榜他們的「河南固始縣」的中原血統。而其他姓氏家族，或為了依附王氏政權，或為了假借名義，以立足於地方，也都紛紛追溯自己的祖先來源於「河南固始縣」。在這種情況下，福建各民系、各個不同時間、不同地點入閩的姓氏家族，逐漸出現了族源合流的現象。五代以後遷入福建的漢民，不少姓氏合流於「河南固始縣」自不待言，就是那些在晉唐時期遷入福建的北方漢人的後裔，也有不少人有意無意地合流於「河南固始縣」。自宋明以來，福建地區的姓氏家族及一般民眾，崇慕士族、合流族源的現象更是比比皆是。不過，閩人崇慕士族、合流族源的現象，只是將「光州固始」的來源「追加」在可知的祖先來源之上，對他們來說，反正無法考據，不但不會與祖先的來源產生矛盾，並藉由典籍的喪失，來交代兩者間的歷史聯繫，又可增加本身的榮譽心，何樂而不為。

　　總而言之，族譜內容的記載，不管是基於血緣的確認，或出於攀附以提高聲譽和社會地位，最終目的都是在於確保宗族得以生存，持續衍繁不斷。當兩者產生衝突時，為了宗族的繁盛，攀附的意願，時常勝過對血緣的確認。即使如瀨川昌久所言，真實的或虛構的記載的根源，在於人們對自身，以及自身所屬群體的歷史思考，而絕不能僅僅歸為對某種虛榮的滿足[1]，但是，也無法否認這種強烈的功利傾向。

1　瀨川昌久著，錢杭譯：《族譜：華南漢族的宗族、風水、移居》，第266頁。

注釋：

[1]許嘉謨纂：安溪清溪《虞都許氏家譜》卷1〈虞都許氏重修宗譜序〉，第7頁載：「尊宗敬祖，王政所重。溯源窮委，聖教攸關。況帝興王謨及歷代書史所記，無非愛親重祖之事。而我輩讀聖賢書所學何事？詎敢對先人而漠不加察耶？第以年湮代遠，每歎先人不我知，而一立族譜，則當年舉止芳蹤，燦然在目也。」

[2]弗里德曼認為：「總體而言，聲稱以繼嗣世系確定宗族奠基人及其所有繼嗣的族譜，可能是對歷史事件的完全可靠的敘述。族譜所記載的所有或幾乎所有的材料，可能是確實的，儘管它可能省略了完整記錄已經包含的資料。」參見莫里斯‧弗里德曼著，劉曉春譯：《中國東南的宗族組織》，第88頁。

[3]莊景輝編校：晉江《陳埭丁氏回族宗譜》，〈丁氏譜牒〉，第9頁載：「究竟其原，洛陽聚書顗公，則又吾宗得姓之始祖也。」

[4]有關丁氏淵源的問題，可參考陳埭回族史研究編委會編《陳埭回族史研究》（北京：中國社會科學出版社，1990年）一書。問題的探討主要集中在丁氏的淵源，究竟是來自陸路阿拉伯人，或是海路阿拉伯人。主張前者的，主要根據族譜所載，再佐以《元史‧賽典赤‧瞻思丁傳》和杜安莎碑，並認為丁氏淵源於瞻思丁；主張後者的，則反駁前者的說法，認為瞻思丁的後裔多在雲南，並無遷往泉州者，且根據後來發現的丁節齋墓碑，來否定杜安莎與丁氏的關係。他們從唐宋以來，海上蕃客至泉州貿易頗多的背景推定，認為丁氏的祖先是屬於海路阿拉伯人。此外，主張丁氏淵源於瞻思丁的，尚有寺田隆信和丁昆健等（均收錄於《丁協源家譜》中），寺田隆信並沒有說明理由，只是認為丁氏三種淵源（呂伋、丁顗、瞻思丁）中，以瞻思丁較為可信。不過他忽略了，這三種淵源可能都是不正確的；而丁昆健則從賽典赤‧瞻思丁家族出任官職的情形和丁謹字慎思，音近苦思（瞻思），來斷定丁謹即苦思丁‧兀默里（烏馬兒）（瞻思丁四子）。不

過，他犯了一個錯誤，即是丁謹家世洛陽，因官於蘇州而家焉的歷史背景，是來自於丁顗，而非來自瞻思丁家族出任官職的情形。因此，其說沒有多大說服力。對於丁氏淵源的問題，從唐代以來泉州的貿易環境看，筆者所采的立場，較傾向丁氏來自於海路阿拉伯商人，這似乎較符合丁氏從商的背景。即使丁氏果真淵源於瞻思丁，但可以肯定的是，丁衍夏之所以承認瞻思丁，絕對不僅是由於族譜上的記載，更重要的是瞻思丁的身分和行事風格。

[5]晉江陳氏廟碑記載：「伏念吾陳入閩，據大成譜凡四派：其一始自晉季方公七世孫邁，假福建節度使，居莆仙是也；其一始自南朝伯恭、叔卿、叔文、叔儉四兄弟，封閩，居福州、泉州及建安是也；其來自唐者二，一元方公十世孫政，鎮守漳州，其子元光世襲為刺史；一太傅公邕，入閩建南院，厥後翻居莆陽，洪進居清源皆其裔。」參見粘良圖：《晉江碑刻選》，〈陳氏廟碑〉，廈門：廈門大學出版社，2002年，第204頁。即使在《穎川陳氏族譜》中也同樣認為陳氏入閩的派別，「其一為季方七世孫邁之後；其一為元方十世孫政之後，世守漳郡；其一為陳文帝舊宣帝頊之後，分福州、建寧、泉州等處，及唐太傅邕公被謫入閩，後子夷則奔喪，夢隱嘉禾，揭家而居。」參見〔清〕陳有文編輯：《穎川陳氏族譜集成》，第181頁。

下篇
「非我族類，其心必異」：
外部威脅下宗族意識的強化

　　認同形成的重要因素，除了該族群的歷史發展外，還有外界環境的刺激。或者，我們可以說，外界環境的刺激，讓族群的歷史經驗，可以更清楚顯現，成為族群認同的重要基礎[1]。它至少需要兩個，或兩個以上的群體，在相同的生活情境下，基於互動的需求，必得分辨你群與我群時，才有產生的可能，其產生的結果，也是多於兩個以上的族群，而非以單一族群的姿態出現[2]。因此，族人宗族意識的強烈表現，發生在當有外力入侵，以至威脅到整個宗族組織的生存與發展時，為了面對外力的侵掠與競爭，勢必強化與鞏固宗族組織，因而產生了「非我族類，其心必異」的排外心理和休戚與共的一體感。本篇即在討論當有外力入侵以及爭奪資源時，這種宗族意識會以何種形式出現，以及表現在何處。就閩南的社會背景來說，這些形式，包括宗族的武裝化過程和因之而起的堡寨的建築、宗族與宗族間地方資源的控制與爭奪，其結果往往導致宗族械鬥。甚至在面對政權時，宗族為

1　吳乃德：〈省籍意識、政治支持和國家認同——臺灣族群政治理論的初探〉，收入張茂桂等著《族群關係與國家認同》，臺北：業強出版社，1993年，第30頁。
2　陳茂泰：〈臺灣原住民的族群標幟與政治參與〉，收入張茂桂等著《族群關係與國家認同》，第165頁。

了本身的利益，也會採取不同的措施，來配合或反抗政權。而在與外力的鬥爭中，使族人產生休戚與共的一體感，因此，也強化了族人的宗族意識。

第五章　閩南宗族械鬥的社會背景

　　閩南宗族械鬥的興起，與明中葉以來，社會秩序的不穩定、宗族組織的發展，以及地方官吏在面對械鬥發生時所持的態度有關。清人鄭振圖（乾隆四十四年舉人，1779年）對於閩南械鬥發生的原因及其演變，曾作了很好的闡述：

　　或問泉、漳械鬥何自昉乎？曰：昉於前明之季，海氛不靖，剽劫公行，濱海居民各思保護村莊，團練鄉勇，製造戈兵。逮入國初，耿、鄭交訌，戈鋋蔽野。至康熙三十六年（1697年）臺寇始定，百姓習於武事，其間聚族之人，挾睚眥之嫌，輒至操戈相向，彼此報復，率以為常，械鬥之興，有自來矣。然則，海寇既定以來，曷為鬥而不已？曰：漳、泉之民多販海，維時海禁甫弛，島上諸夷習尚魯樸，販者利皆倍蓰，故二郡之富，甲於通省。富則驕，驕則縱，邑有司黷其貨也，有弱肉而強食者，苞苴入則左袒焉。富者訑訑焉，曰：「爾奚敢敵我哉？斃爾命，直耗我金耳。」於是，弱者愈益憤，憤而無所訴，則愈益鬥。強鬥弱以族勝，名曰包，包者，必勝之謂。弱鬥強以聯族勝，名曰齊，齊者，協力取勝之謂。斃一命，則斂金購一人償之。斃十命，購十人償之。所購之人，以皆貧無聊、願得財以潤其家屬者。歷臺讞，誓不改供，名曰頂凶。凡頂凶，官與吏皆受賄焉，此

115

從前械鬥之情形也。後數十年，富者之家日以落，販海之利日以微，亦退然有息爭之意。而仇已堅不可解，雖童子爭拾矢於道，舉族亦為之哄然。一家不出，則百姓將聚而殲之，雖婦孺亦攔然思攘臂起。時二郡漸雕耗，有司於庶獄無所罔利，則於其鬥也，命伍伯詣有貲力者嬲之。武弁亦剖食焉，而皆以鬥為利藪。此後來械鬥之情形也。[1]

閩南的械鬥始於明末，由於當時閩南社會秩序不穩定，海寇、山賊交訌，寇患頻仍，人民為了保護自己的身家安全，於是紛紛修築防禦工事，建立地方軍事武裝力量[2]。這種趨勢到了清初，雖然因為國家的統一、社會秩序逐漸趨於穩定而有所緩和，不過，自明末以來的習武之風，使閩南人民好勇鬥狠的性格更加強化，養成人民即使遇到小紛爭，動輒以武力、械鬥解決，彼此報復。再加上自明中葉以來，閩南宗族組織的發展與興盛，致使械鬥常常發展成族與族之間的對峙，激化了械鬥的程度。

清朝在平定海上的明鄭反抗勢力之後，雖然社會秩序逐漸恢復，政權對地方的控制力加強，但閩南的械鬥並不因此而中止。這是因為漳泉人民從事海外貿易，獲得極大的財富，進而態度驕縱。再者，地方官覬覦勢家大族的財貨，時常在案件中接受賄賂，而作出有利於行賄之人的判決。一旦如此，便使富有之人認為，只要有錢就能解決事情，無需接受國法的制裁，於是，更加肆無忌憚，任意欺凌弱勢之人。而地方官的審斷不公及有勢之人的態度，益發使處於弱勢者感到憤怒，既然無法得到官方的保護，只好再以械鬥解決。

---

1 〔清〕鄭振圖：〈治械鬥議〉，收入〔清〕賀長齡、魏源等編《清經世文編》卷23〈吏政‧守令下〉，第47頁。

2 地方的防禦工事，實際上，包含官方（官修和官准民修）和民間私築兩方面。有關明代福建的築城情形，可參考徐泓：〈明代福建的築城運動〉，《暨南大學學報》第3卷第1期（1999年）；唐立宗：《在「盜區」與「政區」之間──明代閩粵贛湘交界的秩序變動與地方行政演化》，臺北：臺灣大學出版委員會，2002年。本處只著重於地方民間私築土堡的探討。

在雙方械鬥的過程中，免不了會有傷亡，不過，對雙方而言，這並非什麼大事，就算一命一抵，只要用錢購買他人代為抵償即可。這些頂凶者，大多是貧困之人，由於可以拿這筆錢財改善家庭的生活狀況，因此，也樂於從事。即使到衙門受審，也不會因擔心自身生命的安危，而更改供詞。清人彭光斗亦言：

輕生好鬥，漳泉一帶尤甚。民間偶因私忿，輒鳴囉聚眾，百十為群，持刃交戰，名曰械鬥。有司不能禁，必俟其鬥罷，方可拘拏。其未鬥之前，預買囑一人為兇手，如有殺傷，當官直認，供吐情形，一一不爽。及據供擬解，赴司、赴院，輾轉翻供，以致上憲狐疑，案懸不結，而真兇得以遠揚漏網，原審官徒受參劾。以故，巧滑之吏，遇此種疑難命案，寧擔承緝不力處分，而不肯下手實辦，誠慮轉為誤也。[1]

頂凶之事如此普遍，也是地方官吏接受賄賂，睜一隻眼閉一隻眼的結果。不僅如此，一些巧滑之士，利用死刑須得上審的情況，在更上一級審理案件時翻供，致使上級審判官對案件的原委產生疑問，發回重審，這使原先審判的縣官有可能受到彈劾的危機，因此，他們寧願承擔追緝不力的處分，也不願用心辦理械鬥之事。

其後，雖然閩南地區人民的財富不如以往，但是，由於歷來所累積的怨恨已經根深蒂固，即使是偶發的小事件，也會引起整族同仇敵愾之感，演變成宗族械鬥。如《閩廣記》中就曾描述新年擲石卜兆，最後導致械鬥的情形。[1]地方官吏因為地方財富不似往昔，只好借著械鬥的機會，向當事的富人嚇詐取財，所以，樂於看到地方發生械鬥。

---

1 〔清〕彭光斗：《閩瑣記》，福州鄭麗生抄本，無頁碼。

第一節　宗族組織的築堡運動與尚武之風的形成

明中葉以後，隨著社會經濟的向前發展，閩南亦盜亦商的沿海經濟，除了宗族組織的強盛外，伴隨而來的是宗族組織的武裝化。史書上所謂的「山寇」、「海盜」，嚴重困擾著閩南社會的各個方面，這些不安定的社會因素，在一定程度上影響了一般下層民眾的正常生產和生活。在這種情況下，人們迫切謀求一種有效的保家衛族的手段。於是，作為和「山寇」、「海盜」寨堡對立物的鄉族土堡大量修建，並在這種社會環境中興盛起來[1]。有關明中葉後，閩南地方的社會寇患情勢，章潢（1527-1608）曾經提及：

福建僻在南服，昔稱沃壤。頃緣島倭入犯、山寇內訌，地方荼毒極矣。大抵興、泉、漳以海為襟，民習獷悍，而月港、海滄、詔安、漳浦、同安、福清等縣，則為溟渤要害……南粵（澳）系廣、閩交界，倭寇巢穴，地勢民情尤難控制……[2]

明中葉以後，經濟的發展與社會的變遷，使閩南人民為了生存，不得不抵抗政府的海禁政策，因此形成了強悍的性格。而倭寇入侵福建沿海之後，影響和範圍都逐漸擴大，以至於「福州、漳、泉無地非倭[3]」。如漳州府平和縣「在萬山之中，界連數郡，有明中葉為盜賊盤踞之藪[4]」。一方面，閩南作為山寇、海盜的巢穴，其習武之風自不待言；另一方面，鄉里之人為了避免盜賊的寇掠，也紛紛建立自身的武

1　楊國楨、陳支平：《明清時代福建的土堡》，臺北：國學文獻館，1993年，第29~30頁。
2　〔明〕章潢：《圖書編》卷40，《景印文淵閣四庫全書》第968~972冊，第35頁。
3　〔清〕谷應泰：《明倭寇始末》，收入〔清〕曹溶輯《學海類編》第4冊，揚州：江蘇廣陵刻印社，1994年，第33頁。
4　〔清〕蔡新：《緝齋文集》卷6〈平和安厚書院記〉，第1頁。

裝組織，用以保護家園的安全。

　　面對這種情形，宗族為了避免族人散落四方，導致宗族的崩潰與消亡，即思利用祠堂的修建或族譜的編纂，以達收族的目的。陳埭丁氏即因為「比島夷亂興，舉宗旅散，失亡者多，思此時不輯，後如有志於譜者，艱矣。乃合族之宗支而圖之，以俟採擇也[1]」。而有能力者，則利用宗族或鄉族組織建立防禦的軍事力量，這表現在土堡的設置。這種傾向，更由於地方政府軍事力量的不足，往往採取鼓勵的態度，因而更加流行[2]。明末進士周之夔即建議：

　　練鄉兵以衛村堡。賊既登陸掠食矣，非敢盡登也，必以其半守船，以其半登陸焉。夫海船莫能近岸拋泊，潮至以小船往來，潮退即行於泥中耳。沿岸之民，方其未登，俯而擊之便。及其既登，隘而伺之便。但苦無兵器火藥也。誠立殷戶為雄長，授之火械，俾募豪勇，而官又為之明斥堠、伏奇兵，以相策應。一村團練，村村皆然，此李崇所以平克盜也。[2]

　　他認為，官方應該輔導各村落實行團練，並選擇富戶作為地方領袖，招募豪勇之士，官方則以火械等武器，來加強各地方的防禦力量，使地方既有人力，又有武器，以作為官方平寇的輔助，在盜賊尚未聯合坐大時，予以殲滅。

　　除了軍事力量的建立外，為了防止地方村落為盜賊所侵，必須修築土堡，以為平時儲蓄、亂時藏避之用，「使民各聚為市，市列為堡，約其道裡之中，使勢可相及。每賊至，則整堡固守，

1　莊景輝編校：晉江《陳埭丁氏回族宗譜》，〈族譜記略引〉，第7頁。
2　〔清〕郝玉麟等監修、〔清〕謝道承等編纂：乾隆《福建通志》卷69〈藝文・周之夔海寇策〉，《景印文淵閣四庫全書》第527~530冊，第61頁。

第五章　閩南宗族械鬥的社會背景

而郡縣急趨而助之[1]」。萬曆三十一年（1603年），福建巡撫朱運昌陳備倭事宜時，說道：

欲保閩海，莫若清野，清野莫若築堡，築堡莫若星羅棋佈，使賊左顧右盼而莫知所攻。……又先臣許逵治樂陵，令民間門各起牆，高過其簷，仍開牆竇如圭，僅可容人。家令二壯者，執刀竇內以俟賊，賊相戒不敢入境，誠宜依仿此制而周密佈之，其鄉村建堡，一如建屯法。[2]

萬曆四十一年（1613年），巡撫福建右僉都御史丁繼嗣（1545-1623）疏陳防海七事時也建議：

建復土堡。泉州安溪等處，居民自築土堡，營壘堅固，無事可以儲蓄，有警可以藏避。宜檄行各縣，曉諭軍民，多置土堡，倘有外侮，彼此相援，真閩海久長之計也。下部議，可，悉允行之。[3]

他們都共同主張，應該讓鄉村多修築土堡，以此，不但可以使盜賊因搶奪的困難度相對提高，而不知要入寇何處，並且「少則不能攻城，多則所掠不足供所食，賊不能持久，破之必矣[4]」。即使遭受盜賊侵掠，也可以相互支持，互為犄角。其方法是修築高大的土牆，只留下僅可容納一人通過的出入口，並派人固守。如此一來，即使盜賊進入，也會很快被消滅，甚至有所畏懼，而不敢入侵。況且，土堡的

1　〔明〕胡宗憲：《籌海圖編》卷12〈經略二‧築城堡〉，第80頁。
2　黃彰健等校勘：《明神宗實錄》卷387，萬曆三十一年八月戊申，南港：中央研究院歷史語言研究所，1962年，據北平圖書館紅格抄本微卷影印，第6~7頁。
3　黃彰健等校勘：《明神宗實錄》卷505，萬曆四十一年二月丁未，第6頁。
4　〔明〕胡宗憲：《籌海圖編》卷12〈經略二‧築城堡〉，第80頁。

修築，不僅在戰時可以作為藏避之所，平時也可以作為儲存資源的地方，使地方長治久安。有關碉堡的功能，嚴如熤（1759-1826）做了很好的論述，他說道：

明嘉靖間，閩之漳泉、浙之溫處，傍海依山者，多以築寨堡得完。嘗取而論之，海賊所恃銃炮，能至百十步外，而不能擊洞重垣。築堡之法，外用毛石砌成，其中，築土四五尺，可遮蔽銃炮，一利也。賊匪乘夜縱火，就僻村棚寮，潛縱一炬，居民紛紛警竄。既房屋皆在堡內，火無所施，二利也。鄉居四散，形勢單弱，難以守望相助。有堡以聚之，則多者數百戶，少亦數十家，比廬聚族，聲勢雄壯，保甲團練之法，均可就堡施行，三利也。散地難守禦，有堡可憑，則聞警荷戈登陴，數十百人，分佈敷足，四利也。民間糧食牲畜，俱納於內，堡長、堡副以時稽察，買賣交易，耳目眾多，不能潛行接濟之奸，五利也。鄉間村落，相度地勢，相為犄角。一堡有警，各堡互應，或用邀截，或行夾攻，六利也。取土之處，挖成深濠，則堡成而濠具，濠旁密栽棘刺叢竹之類。一二年後，棘刺叢生，是生成鹿角蒺藜，七利也。惟愚民可樂成，難慮始，鄉人吝工費，無遠慮。若明示利害，俾令曉然於心，地方官勸諭獎勵，富者出資，貧者出力，則一二年間，環海一帶，星羅棋佈，聲勢聯絡，足資捍衛矣。[1]

歸納言之，大抵碉堡的功用，在於能利用堅固的防禦工事來提供一個保障生命、財產安全的地方。由於房屋皆在碉堡之內，不怕遭受盜賊的摧殘，即使平常鄉人在外耕田工作，當遭遇盜賊入侵時，也可

1 〔清〕嚴如熤：〈沿海碉堡說〉，收入〔清〕賀長齡、魏源等編《清經世文編》卷83《兵政·海防上》，第34頁。

以找到一個避難的場所。不僅可以保證鄉人的生命不受到威脅，不因為逃命而致使家園殘破，還可以避免鄉人因散居各地而勢單力薄，無法抵抗入侵者。並且，利用聚居的機會，相互幫助，壯大聲勢，對於保甲團練也較易實施。同時，也可以防止堡內之人同盜賊裡應外合、狼狽為奸的情況。各鄉村間，如果能多修築土堡，則可以依仗相互間的地勢以為奧援，使匪寇有所懼而不敢妄為，並有效打擊盜賊的侵掠。林偕春（1537-1604）即言：

> 方倭奴初至時，挾浙、直之餘威，恣焚戮之荼毒。於時，村落樓寨望風委棄，而埔尾獨以蕞爾之土堡，抗方、張之丑虜。賊雖屯聚近郊，迭攻累日，竟不能下而去。……自是而後，民乃知城堡之足恃。凡數十家聚為一堡，寨壘相望，雉堞相連。每一警報，輒鼓鐸喧聞，刁鬥不絕。賊雖擁數萬眾，屢過其地，竟不敢仰一堡而攻，則土堡足恃之明驗也。[1]

萬曆《泉州府志》也記載了民間自築土堡所產生的功效：

> 按泉郡西北負山，安、永、德三縣與汀、漳、延平為鄰，各處逃民，間作不靖。先年，在在設有寨堡，或遏賊所必由，或守賊所必據，其建立防守，大抵出於民為多。東南瀕海，接近島夷，晉、南、同、惠諸寨，皆為備倭，如圍頭、烏潯、深滬、蚶江等澳，其土民慣戰，海賊所畏，兵亦賴之。嘉靖季年，倭寇充斥，村落之民，多以寨堅人強得免者。[2]

---

1 〔明〕林偕春：《兵防總論》，收入〔清〕陳汝咸修、林登虎纂：康熙《漳浦縣志》卷11〈兵防志〉，第771~772頁。
2 〔明〕陽思謙修、徐敏學、吳維新纂：萬曆《泉州府志》卷10〈武衛志上〉，臺北：學生書局，1987年，據明萬曆四十年刊本影印，第16頁。

雖然倭寇、山賊間作，在初期，由於地方的防禦能力不足，鄉民往往只能放棄家園逃命，而在建有土堡的地方，即使寇賊屯聚於不遠之處，屢次攻擊，也無法遂其所願。也正由於土堡有如此實際上的功用，人民有感於土堡對自家的生命、財產有著極大的保障，因而紛紛建立土堡。如此一來，不僅「賊雖擁數萬眾，屢過其地，竟不敢仰一堡而攻」，甚至在官府剿寇時，也必須仰賴民間自行發展出的地方武力。

雖然閩南地區在明代以前，就有寨堡的修築，不過，由於經過明前期社會的安定，這些寨堡大多年久失修。蔡獻臣（萬曆十七年進士，1589年）說道：

> 宋、元之季，同安在在俱有保〔堡〕寨，承平日久，遺址僅存。嘉、隆間，時有倭寇，監司復檄民自築土堡。或合三四鄉為一，或鄉各為一，或有力者聽其自築。賊至則清野收堡，攻則掎角為勢，彼既無所抄掠，將自去矣。[1]

在明代前期，雖然偶有地方家族建立土堡，但仍屬少數，並非普遍現象。林偕春在纂寫〈莆美張氏先祖築土堡碑記〉時，曾就雲霄廳正德以前的民間築堡情況作了說明：

> 莆美張氏之先有曰舉元者，從其祖得仁公自西林來居，期功強近之親數人家焉。不踰載間，居安懷危，謀所自衛。乃諮諸其弟若俊元、若姓元等曰：「古者，有設險守國之義，家與國一而已。吾宗宅於斯，殖於斯，育子姓於斯，冀衍無疆，儲生聚而壘培缺焉，將何以

---

1 〔明〕蔡獻臣：《清白堂稿》卷17〈同安縣志・風俗志〉，《四庫未收書輯刊》第6輯第22冊，第20頁。

第五章　閩南宗族械鬥的社會背景

123

為不虞？是豫竊欲以力之所能者，築土城何如？」僉曰：「善！」上其事於巡按御史簡公，公義之。退彻廣狹量崇卑，鳩眾課丁，計貲授畚，於弘治乙丑（弘治十八年，1505年）十月經始，越數月造成基址，塗蕆鞏然，以堅垣墉，溝城井然惟匹。未幾，山寇流劫，聚七千餘黨來攻之，多方設禦，經旬解去，時正德丁卯（正德二年，1507年）也。環雲霄未有他城，遠近賴以全活者甚眾，罔不多舉元之能，而予其城守為大有力。[1]

　　雖然莆美張氏在遷居雲霄不久，就能居安思危，建立土城自衛，然而，也正因為當時這種建城自衛的舉動純屬少數，所以，才能更顯示出莆美張氏先祖的高瞻遠矚。而雲霄當時的情況則是「未有他城」，可以說明民間自築城堡，並非普遍的行為。

表5-1　明代閩南寇患頻率表

年號	洪武	永樂	宣德	正統	景泰	成化	弘治	正德	嘉靖	隆慶	萬曆	天啟	崇禎	總計
在位年數	31	22	10	14	7	23	18	16	45	6	48	7	17	264
寇患次數	7	1	2	10	1	2	7	8	107	5	6	8	22	186
寇患頻率	0.23	0.05	0.20	0.71	0.14	0.09	0.39	0.50	2.38	0.83	0.13	1.14	1.29	0.70

資料來源：附錄二「明代閩南寇患表」。

---

1 〔明〕林偕春：〈莆美張氏先祖築土堡碑記〉，收入〔清〕薛凝度修、吳文林纂：嘉慶《雲霄廳志》卷17《藝文》，臺北：成文出版社，1967年，據嘉慶二十一年原刊、民國二十四年鉛字重印本影印，第21頁。

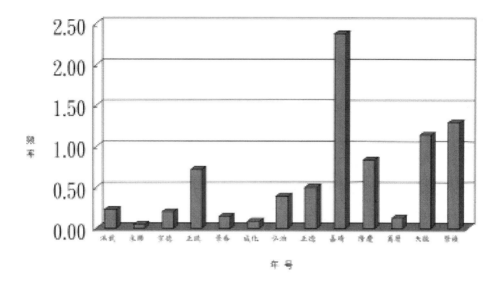

圖5-1　明代閩南寇患分析圖

資料來源：根據附錄二「明代閩南寇患表」繪製。

　　從表5-1、圖5-1可知，明代閩南的寇患雖然幾乎每朝都有，但發生的頻率卻有極大差別。高於平均數的朝代，幾乎都集中在嘉靖以後[1]，其中，又以嘉靖年間居各朝之冠，且遠遠超過其他時期，每年的寇患次數高達2.38次。如果再進一步以倭寇肆掠閩南後的時間和次數來計算，更高達5.11次（92/18），幾乎每兩個月就發生一次寇患。分析嘉靖時期的寇患，可以發現兩個明顯的特徵：其一是發生次數的暴增，其二則是情勢的複雜。從附錄二「明代閩南寇患表」所列可知，嘉靖以前的寇患性質較為單純，到了嘉靖時期，卻是倭寇、海盜、山

[1]　其中例外的有正統和萬曆兩朝。前者高於平均數的原因，主要是因為鄧茂七起事。雖然寇患的頻率高於平均數，但性質較為單純，不似嘉靖後情勢複雜；後者低於平均數的主因，是嘉靖期間的倭患，由於規模過於龐大，使政府不得不採取強烈的措施，來掃蕩東南沿海的寇患。而此時期的寇患，到了隆慶三年（1569年），基本上被肅清，因此，在萬曆時期，獲得短暫的安寧。

第五章　閩南宗族械鬥的社會背景

賊、暴動併發，而這兩個特徵同樣也發生在明季。

嘉靖以後，由於閩南地區的寇患次數繁多，情勢複雜，「萬室為墟，當事者乃始料民釀貲，築為城堡[1]」。加上官府往往對民間的自衛，採取鼓勵的態度，而土堡著實有極大的自衛功用，因此，民間興起了一股築堡之風，如漳州府土堡「舊時尚少，惟巡簡司及人煙湊集去處，設有土城。嘉靖辛酉年（嘉靖四十年，1561年）以來，寇賊生發，民間圍築土圍、土樓日眾，沿海地方尤多[2]」。對於民間人士自行築堡事蹟的記載，閩南方志中隨處可見，如泉州府同安縣，「當海氛熾時，〔王〕士豫鳩其宗族，僑居浦頭鄉，損貲築二土堡，據高岡為犄角勢，日練鄉勇，紀律整肅，寇莫敢犯，眾賴以安[3]」。同縣呂誠源，以「浯多倭賊，徙居金門所，捐金數百築東堡，以護近鄉逃寇者，里人賴之[4]」。同縣劉夢龍，「嘉靖戊巳（？）間，海賊橫發攻城，夢龍手畫備禦之策，邑令譚維鼎韙之，又捐貲於城東築土堡為犄角。部署既定，益市牛酒，勸勞之。民依堡得全者甚眾[5]」。安溪縣林昌，「所居地舊多患寇，寇至，則舉族逃竄山谷中。昌出貲財築樓十仞，基牆高厚，中列正樓，繞以外樓，倉囷井臼，曩床凳之屬皆具，分居男女。外樓具穿窗孔，可以開弓發銃炮，外溝三丈許[6]」。同縣陳應辰，「值海氛寇掠無寧日，村中未有堡，倡義鳩工，築寨為捍衛計，鄉閭賴之[7]」。晉江縣林尚新，「嘉靖之季，倡其鄉人築堡

1　〔明〕黃汝良：《河幹集》卷6〈安海新設駐鎮館記〉，中研院傅斯年圖書館藏，據日本內閣文庫藏明天啟四年序刊本影印，第4頁。

2　〔清〕顧炎武：《天下郡國利病書》第26冊〈福建〉，《四庫全書存目叢書》史部地理類第172冊，第114頁。

3　〔清〕陳壽祺等纂：同治《福建通志》卷242〈國朝孝義・同安縣〉，第46頁；許榮等修、吳錫璜等纂：民國《同安縣志》卷32〈人物錄・獨行〉，第13頁。

4　〔清〕黃任等纂：乾隆《泉州府志》卷59〈明・篤行〉，第99頁。

5　許榮等修、吳錫璜等纂：民國《同安縣志》卷32〈人物錄・獨行〉，第6頁。

6　〔清〕黃任等纂：乾隆《泉州府志》卷56〈明・捍衛〉，第57頁。

7　〔清〕莊成主修、沈鍾等纂：乾隆《安溪縣志》卷8〈人物下〉，第188~189頁。

禦寇[1]」。詔安縣張奇傑，「嘉靖間倭亂，鳩族人相地築堡守禦，所全活甚眾[2]」。龍溪縣黃士磊，「明季寇亂，築堡石鼓山以衛鄉人。海寇劉黑龍來犯，士磊率鄉勇殲其徒黨，嗣後，賊望其堡輒氣奪[3]」。

這股築堡之風，到了清初順治、康熙年間，仍一直持續著。如南安縣在「順治戊子（順治五年，1648年），海氛不靖，〔戴〕映衰出數百金，築寨格頭山。康熙壬寅（康熙六十一年，1722年），山寇時警，又出數千金，築堡福山，俾親友居民得所依焉[4]」。安溪縣鄭克贊，「字調甫，順治初，山賊林日勝據永春帽頂山，附近村落皆與連和。克贊獨曰：彼賊也，安可與和。率族眾禦之，所居堡隘，別建新寨，與族人築室而處，一鄉保全無害[5]」。長泰縣在「康熙初，耿鄭煽亂，〔林〕廷擢率族眾，鳩四鄰，結堡牛山，為部署，申約束，課耕種，一方賴以稍寧[6]」。

總而言之，明代嘉靖以後，隨著商品經濟的發展和社會環境的惡化，福建各地家族自衛、武裝的風氣再度盛行。土堡作為家族自衛、武裝的強有力依託應勢而生，並在防禦倭寇、盜賊等外來侵掠、保家衛族中發揮顯著作用。福建民間土堡群在明中葉興盛之初的最直接目的，是為了禦敵保衛鄉族，這就賦予土堡的建築，具有明顯的地緣和血緣相結的特徵，並以家族血緣關係為主，而以地緣關係為輔[7]。

在閩南地區，建立土堡的目的，有時甚至是為了保護祖廟、

1　〔清〕方鼎等修、朱升元等纂：乾隆《晉江縣志》卷12〈人物志八‧篤行〉，臺北：成文出版社，1967年，據乾隆三十年刊本影印，第72頁。

2　〔清〕沈定均等修、吳聯勳等纂：光緒《漳州府志》卷31〈人物四〉，臺南：朱商羊影印本，1965年，第17頁。

3　〔清〕沈定均等修、吳聯勳等纂：光緒《漳州府志》卷33〈人物六〉，第36頁。

4　戴希朱總纂：民國《南安縣志》卷33〈人物志之九〉，第1242~1243頁。

5　〔清〕陳壽祺等纂：同治《福建通志》卷242〈國朝孝義‧安溪縣〉，第53頁。

6　〔清〕沈定均等修、吳聯勳等纂：光緒《漳州府志》卷33〈人物六〉，第45頁。

7　陳支平：《近500年來福建的家族社會與文化》，第243~247頁。

祠堂。例如，康熙二十七年（1688年），太常寺卿黃性震（1638-1720）在漳浦縣西佘鄉城內村所捐建，並聚族而居的禦寇城堡「詒安堡」（又名詒安城、湖西堡）。在他豎立的碑記中，就很明白表示：「吾維本源之義，恭建祖廟嚴祀事，合族姓既築堡以衛之，立學置田以教養之[1]」、「廟貌欲其怕興而無廢，莫如築垣堡[2]」，可以看出土堡與血緣的關係極為密切。

表5-2　平和縣民間所築土堡類型表

	單姓或主姓土堡	兩姓以上土堡	總計
份數	100	33	133
比例	75%	25%	100%

資料來源：附錄三「閩南民間土堡表」。

分析附錄三「閩南民間土堡表」，從較有明確記載築堡類型的平和縣（土堡相關位置見圖5-2）來看，其中，單姓或主姓所築的土堡比例約占全體（類型不明者不列入計算）的75%（100/133），而兩姓以上共築的土堡比例僅有25%（33/133）。由此可知，明清閩南民間土堡類型，以據血緣關係而共築的為主，其中，更有一姓所築土堡多達十幾、二十餘處者（如河地堡、大坪堡）。

明代嘉靖以後土堡的修築，不僅使閩南的社會型態更向聚居的型式集中，加強了宗族組織的鞏固，同時，也強化了閩南的習武之風，

1　王文徑編：〈漳浦歷代碑刻〉，《詒安城祠堂碑‧小宗祠碑記》，漳浦縣博物館，1994年，第232頁。

2　王文徑編：〈漳浦歷代碑刻〉，《詒安城祠堂碑‧建置金浦湖西詒安堡家廟義學祭田學田義田碑記》，第234頁。

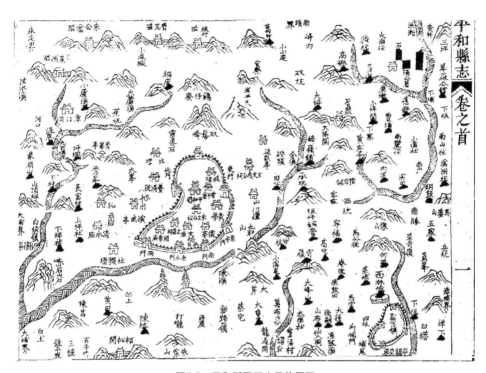

図5-2　平和縣民間土堡位置圖

資料來源：康熙《平和縣志》。圖中▲是依縣志所載土堡名稱加以整理出的位置
所在地。可以看出，平和縣幾乎每個地方，都有土堡的建築。

以及好勇鬥狠的性格，加上「以族居之眾，獷悍之徒，一旦授以戈
矛，教以武藝，而又無所節制[1]」，遂導致「漳泉之民各建土堡，聚族
而居，議立家長，主持諸事，遍存器械，以備聚毆[2]」，形成了明中
葉後的閩南社會，在遇到糾紛時，往往依恃強大的宗族組織及軍事力
量作為解決恩怨的手段進而械鬥的情形。土堡也由原本禦賊之用，轉

1　〔清〕王家勤編：《王懿德年譜》，收入《臺灣文獻彙刊》第6輯第4冊，第441~442頁。
2　臺灣銀行經濟研究室編：〈福建省例〉，《刑政例上·禁械鬥》，臺北：臺灣銀行經濟研究
　　室，1964年，據同治間刻本排印，第903頁。

第五章　閩南宗族械鬥的社會背景

變為宗族械鬥的依仗。如漳州府詔安縣：

四都之民，築土為堡。雉堞四門如城制，聚族於斯，其中器械具備。二都無城，廣築圍樓，樓高數仞，直上樓層，四面留空，可以望遠。合族比櫛而居，由一門出入。門堅如鐵石，器械畢具。一夫疾呼，執械蜂擁，彼眾我寡，則急入閉門。乞求別村，集弱為強。其始由倭寇為害，民間自製藤牌、短刀、尖挑、竹串自固，後緣海寇不靖，聽民禦侮，官不為禁，至今遂成械鬥張本矣。[1]

土堡儼然成為一個小型的軍事單位，不僅擁有堅強的防禦工事，而且器械具備，堡與堡之間，尚且可以合縱連橫，以壯大聲勢，相互支持。不過，土堡的發展到後來，卻變成械鬥依恃的工具，這也許是當時官方在提倡地方自衛時所始料不及的。

有關明中葉以後閩南的尚武之風，乾隆《泉州府志》引隆慶府志言：

正、嘉以後，家尚客氣，武勇為傑，狂躁為能。負山濱海、頑梗險健之夫，動務終極，甚則甘心。[2]

隨著明中葉以後政治的腐敗及社會的激化，好勇鬥狠的風氣益發興盛，如惠安縣「家詩戶禮，自昔以淳厚著聲。邇來（萬曆年間）多競於氣，或田屋爭界，或墳山爭界，動輒糾眾鬥毆，執杖棍、挺刀槍，卒然相遇，多至於傷命[3]」。同安縣「在弘治、正德間，以雄長

---

1 〔清〕陳盛韶：《問俗錄》，〈詔安・土堡〉，第33頁。

2 〔清〕黃任等纂：乾隆《泉州府志》卷20〈風俗〉，第16頁。

3 〔明〕陳玉輝：《適適齋鑒須集》卷6〈論禁鬥毆〉，《四庫全書存目叢書》集部第182冊，第52頁。

俠武相誇尚，其魁則聚徒眾，置要約旅，拒官府，搜瑣細。族則
鬨訐健鬥，視庭中牙鼠角雀，勝者酒食鼓舞賀之耳[1]」。而「強凌眾
暴之風，今（天啟年間）倍昔也；舞文教訟之奸，今倍昔也；陵囂訐
誶之爭，今倍昔也[2]」。這種不安的氣氛，使原本為「朱紫陽過化之
邦，其山陬海澨之民，多讀書識字，曉義理」的情況，轉變成「挾
智相禦，倚勢相凌，澆囂訐誶之風，何日蔑有」的局面[3]。不僅械
鬥頻繁，甚至結党成群為盜，導致嚴重的社會問題。汪志伊（？-
1818）在論述漳、泉風俗時說道：

> 自明季倭寇內犯，練鄉兵以衛村堡。募其勇豪，授以軍器，尚勇
> 尚氣，習慣成風。嗣遂逞忿械鬥，禮義廉恥之風微，而詭詐貪橫之習
> 起。始結為天地會匪，繼流為陸洋之盜，結党成群，肆行劫掠，實為
> 地方之害。[4]

由此可知，明代倭寇的入侵東南沿海，使閩南人民不得不築堡，
發展地方武力以為對抗，形成了當地的尚武好勇之風，更進一步成為
械鬥背後的支持。這股風氣，並不因為明朝的滅亡戛然而止，隨著改
朝換代之際的混亂，益形發展，並一直延續到清朝，且被統治者視為
「俗之最下者[5]」。南靖《龜洋莊氏族譜》載：

> 自海氛不靖，兵燹連年，學宮鞫為茂草。詩書弦誦之澤既衰，習

---

1 〔明〕王慎中：《遵岩集》卷14〈封文林郎監察御史鐵山公墓誌銘〉，《景印文淵閣四庫全
　書》第1274冊，第14頁。
2 〔明〕蔡獻臣：《清白堂稿》卷6〈曹方城令公壽序〉，第26頁。
3 〔明〕蔡獻臣：《清白堂稿》卷6〈壽熊雨殷令公序〉，第27頁。
4 〔清〕汪志伊：〈敬陳治化漳泉風俗疏〉，收入〔清〕賀長齡、魏源等編《清經世文編》卷
　23〈吏政‧守令下〉，第42頁。
5 〔清〕德福：《閩政領要》卷中〈民風好尚〉，《臺灣文獻彙刊》第4輯第15冊，第90頁。

第五章　閩南宗族械鬥的社會背景

於從戎，狹邪拳勇之風遂至。加以九闍甚遠，官多不畏，夫四知十萬可通，民亦惟愛此一物。遂至強者脅弱，富者欺貧，壯則凌衰，滔則破義。雖太平之後，休養有年，而好尚成，挽回無日。[1]

明末清初，歷經了倭患、易代之戰、鄭氏的反清復明和三藩之亂等，官方和民間為了穩固社會秩序和保衛家園，紛紛進行團練，形成了好武的習尚。然而，由於閩南特殊的社會環境，在資源競爭激烈，加上位置偏遠，官方統治力薄弱，以致人民多不畏官的情況下，這股習武的風氣，產生了負面的影響。

「閩之漳泉，其民慓悍尚氣，往往以細故釀巨禍[2]」，在官府看來，這種習武之風會危害社會治安及政權的穩定性，應該予以禁止。不過，從歷史的發展來看，官府從來沒能有效遏止，並且隨著清政府威權和對社會控制力的逐漸減弱，再加上鳥槍等具有較大殺傷力武器的使用，使漳、泉兩地的械鬥和好勇的社會風氣更形發展，造成更嚴重的後果。黃爵滋（1793-1853）於道光二十年（1840年）奉旨到福建協助當地官員查禁漳泉械鬥時就說道：

漳泉大鄉，各養惡少數十百人，皆悍獷無賴，謂之鬥棍，又謂之槍手，皆練習鳥槍竹銃，以助鬥為生。大姓藉其禦侮，用為前驅。即安分良民，意不欲鬥，彼亦從中挑釁，取利夥分。漳泉各屬，好習鳥槍，故尋常命案，因槍銃致死者十居八九，私藏私造，比戶皆然。遇有械鬥，則互相轟擊，以致立斃多命，慘不可言。[3]

1　林嘉書整理：南靖《龜洋莊氏族譜（二）》，收入《臺灣文獻彙刊》第3輯第10冊，第128頁。
2　〔清〕徐珂編撰：《清稗類鈔》第3冊〈獄訟類·泉州林紳失女案〉，北京：中華書局，2003年，第1138頁。
3　黃大受主編：《黃爵滋奏疏》卷14〈會議查禁械鬥章程疏〉，臺北：黃大受，1963年，第121頁。

為了維持生存及對資源的控制，世家大族借這些所謂的鬥棍、槍手來壯大聲勢，確保在爭鬥中的優勢地位，使這類人有利可圖。有需求即有供給，這間接支持了他們的存在，以至於「駢脅多力之雄，如彪如虎，十百為群，依窟負嵎，一嘯蜂集。乃豪家之修怨睚眥者，或用為前茅，以快宿憤，使其辟睨里黨間。幸四出有隙，而欲攘為功[1]」。這些助鬥之人為了從中謀取利益，即使對平常老百姓，也極盡挑撥之能事，這無疑擴大和強化了械鬥的風氣，並且由於鳥槍的使用，使因械鬥所造成的傷亡更大，加深了問題的嚴重性。

第二節　宗族組織勢力的強盛

因沿海經濟的發展而興盛的宗族組織，致使閩南宗族械鬥更加頻繁。閩南人民在激烈的社會環境下，為了生存及佔有地方資源，必須依恃一個可為奧援的組織，在這種需求及經濟發展的配合下，傳統以來的宗族組織再度興盛，成為閩南人民憑藉的事物。而土堡的興建，不僅改變了以往散居的型態，也使族人在面臨外界的威脅下，更加強對宗族的認同情感。宗族組織的興盛與認同情感的強烈，不僅使若干族人仗著勢力的強大，睥睨他族，欺壓弱小姓氏。更重要的是，由於對宗族的認同情感及一體性，當外界威脅危害到族人時，對族中其他人來說，視同對整體宗族的挑釁和挑戰，也即是攸關著本身的生存。因此，個別族人的紛爭，往往會演變為族與族間的對抗，這無疑促使械鬥的規模和程度更加擴大。清人陳徽言在《南越遊記》中說道：

閩之濱海漳泉數郡人，性皆重財輕生，剽悍好鬥。……凡劍、

1　〔明〕陽思謙修、徐敏學、吳維新纂：萬曆《泉州府志》卷3〈輿地志下‧風俗〉，第57~58頁。

棒、弓、刀、藤牌、火銃諸器，家各有之。少不合意，糾眾相角。戾夫一呼，從者如蟻。將鬥，列兵家祠，所姓宗長率族屬男婦群詣祖堂，椎牛告奠，歃血痛飲，大呼而出。兩陣既對，矢石雨下，已而歡嘩如雷，勝者為榮。[1]

正是本源一體的相互認同感，使族人一旦有紛爭產生，只要當事人登高一呼，訴諸宗族，其他族人基於彼此間的情感和整體宗族的榮譽，不論事情的起源如何，對錯與否，都會極力幫忙。這種「少不合意，糾眾相角。戾夫一呼，從者如蟻」的情形，時常出現在閩南的地方社會中，如乾隆六十年（1795年），南安縣民黃冬菊，因侄黃太興向陳國梁索討欠租，被陳曉等逐毆起釁，糾約黃石等持械往鬥。陳曉等躲避不出，黃冬菊起意放火燒房，致斃陳享、陳瓊、陳禦三命案[2]；嘉慶元年（1796年），南安縣民林科因欠李奪租谷，索討爭毆起釁，糾約謝鬥等持械往鬥。李奪亦糾邀族人李順等執械抵禦，致斃李順、李曹、李吟、李紫、李班、謝鬥、蔡賀等案[3]；嘉慶六年（1801年），平和縣陳、林兩姓因林衫在山砍取柴薪，堆放陳姓祖墳之上，致成械鬥殺人命案[4]；嘉慶十年（1805年），龍溪縣民方港與鄭澤爭割茅草起釁，糾約族眾，持械前往鄭姓村口尋鬥。鄭澤亦糾同族眾持械出禦，致斃方焰、鄭澤、鄭傑三命案[5]；嘉慶十一年（1806

---

1 〔清〕陳徽言：《南越遊記》卷2〈潮州械鬥〉，《叢書集成續編》，臺北：新文豐，1989年，據《雲南叢書》排印，第4頁。

2 臺北故宮博物院編：《宮中檔嘉慶朝奏摺》第3輯，嘉慶元年十一月三十日閩浙總督魁倫奏摺，臺北：臺北故宮博物院，1993-1995年，第306~308頁。

3 臺北故宮博物院編：《宮中檔嘉慶朝奏摺》第4輯，嘉慶二年五月初十日閩浙總督魁倫奏摺，第459~460頁。

4 臺北故宮博物院編：《宮中檔嘉慶朝奏摺》第14輯，嘉慶七年六月初九日閩浙總督玉德奏摺，第353~358頁。

5 臺北故宮博物院編：《宮中檔嘉慶朝奏摺》第20輯，嘉慶十二年八月二十六日閩浙總督阿林保奏摺，第810~812頁。

年），漳浦縣民楊蓋等致斃戴每等四命案等 [1]，都是因為兩姓族人偶起糾紛，一方有族人相幫，另一方心懷不平，起意糾毆泄忿，致成兩族械鬥 [2]。從「列兵家祠」、「群詣祖堂」來看，這不再是個人之事，而是與整個宗族有關，並借著祠堂和祖先的象徵與威權，來強化意識。不僅宗族本身，即使是衝突的他姓，也將對方族人視同一體，在找不到原凶時，以擄殺其他族人代替。黃爵滋曾言：

> 其挾有宿嫌，蓄謀報復者，每伏伺於鄉僻無人處所，放銃轟殺，匿跡潛逃。而屍屬因不得仇人，遂遷怒其宗族，肆行擄殺。族人又因無干被害，各抱不平，糾眾尋仇，互相殘殺。斃命雖各有先後，挾仇則一釁相因。[3]

如此一來，雖然對紛爭的解決沒有幫助，甚至有進一步深化的可能，但是，械鬥的本身從來就不是為了解決問題，對宗族來說，本身榮譽的維持，遠比化解紛爭更為重要。因此，在械鬥的過程中，如何壓制對方，以顯現己方勢力的強大，成為最重要的指導原則。這不僅有關榮譽，還代表對地方資源的控制權與領導權的爭奪。也因為目的不在解決爭議，使雙方的間隙與恩怨更形擴大，造成械鬥不已的局面。雍正六年（1728年），廣東碣石鎮總兵官蘇明良（1682-1743）上奏言：

> 臣生長閩省，每見風俗頹靡，而泉、漳二府尤為特甚。棍徒暴虐，奸宄傾斜，以鬥狠為樂事，以詞訟為生涯。貴凌賤，富欺貧，巨

1 臺北故宮博物院編：《宮中檔嘉慶朝奏摺》第25輯，嘉慶十四年六月十三日閩浙總督阿林保奏摺，第66~70頁。
2 有關清代閩南的宗族械鬥，可參見附錄四「清代閩南宗族械鬥表」。
3 黃大受主編：《黃爵滋奏疏》卷14〈會議查禁械鬥章程疏〉，第119頁。

第五章 閩南宗族械鬥的社會背景

姓則荼毒小姓。巨姓與巨姓相持，則爭強不服，甚至操戈對敵，而構訟連年，目無王章。似此橫暴，誠國法所不用，風俗之最狡悍者也。[1]

由此可知，當對抗雙方的實力相差不遠時，械鬥的原因是「爭強不服」，誰也不服誰。更明白說，如前所述，乃在於爭奪當地的領導權，這勢必影響宗族在當地的生存和繁衍與否。正因為與宗族往後的發展至關重要，無怪乎其會「構訟連年，目無王章」了。同樣的目的和結果，也發生在巨姓欺凌小姓上，雖然，這種情形難免有以大欺小的意味，但不僅僅於此，背後還意味著藉由對小姓的壓制，以避免其坐大，進而威脅到宗族在地方的領導權與優勢地位。其結果，也往往造成小姓在不堪受逼下，相互聯合以壯大聲勢，與巨姓相互對抗。雍正四年（1726年），福建巡撫毛文銓上奏言：

竊惟福建一省，民風土俗，大率喜爭鬥，好奢靡，此千百年來之習染，牢不可破也。臣默自思維，奢靡之漸，固不可驟除，而爭鬥之源，實不可不遏遏。查遏爭鬥常始於大姓，次則遊手好閒者。蓋閩省大姓最多，類皆千萬丁為族，聚集而居，欺凌左右前後小姓，動輒鳴鑼列械，脅之以威。而為小姓者受逼不堪，亦或糾約數姓，合而為一。遇其相持之際，雖文武官員率領兵役前往押釋，亦所不能。[2]

他認為，爭鬥的起源，往往是因為大姓靠著丁多族強，欺凌附近的小姓，動不動就以武力威脅，逼其就範。而小姓在不堪其擾下，聯合被欺負的其他小姓，以諮對抗。

1　臺北故宮博物院編：《宮中檔雍正朝奏摺》第11輯，雍正六年十一月初六日廣東碣石鎮總兵官蘇明良奏摺，臺北：臺北故宮博物院，1977年，第714頁。

2　中國第一歷史檔案館編：《雍正朝漢文諭旨彙編》第6冊，雍正四年二月初四日福建巡撫毛文銓奏摺，桂林：廣西師範大學出版社，1999年，第764頁。

閩南地區強凌弱、眾暴寡，大姓欺壓小姓的局面，甚至演變為大姓族人假藉事端，公然搶奪小姓財物的情形。乾隆五十二年（1787年），漳浦縣就曾發生過許姓宗族依恃族大丁多，假藉遠族乞丐許俊病斃李蔡園邊的機會，意圖向鄰居李蔡嚇詐，並進而演變成行搶的事件[1]。不僅如此，即使親朋好友，在械鬥的過程中，也會壁壘分明，各為其族，「然於交際之私情，仍不相戾[2]」。趙翼（1727-1814）曾云：

　　閩中漳泉風俗多好名尚氣……民多聚族而居。兩姓或以事相爭，往往糾眾械鬥，必斃數命。當其鬥時，雖翁婿、甥舅不相顧也。事畢，則親串仍往來如故，謂鬥者公事，往來者私情，兩不相悖云。[3]

　　這種把械鬥當作公事來看待的態度，也證明了械鬥對族人來說，並不只是個別族人的事情，而是屬於宗族全體，且並不妨害到私人間的來往，頗有「公事公辦」的意味。由於械鬥勝利與否，關係著宗族在當地的生存權利，即使官方以武力進行干預，也沒有辦法有效遏止，往往「捕之，輒糾眾據山[4]」以抗官拒捕。如雍正年間：

　　閩省漳、泉地方，民俗強悍，好勇鬥狠。而族大丁繁之家，往往恃其人力強盛，欺壓單寒，偶因小故，動輒糾黨械鬥，釀成大案。及至官司捕治，又復逃匿抗拒，目無國憲。[5]

1　臺北故宮博物院編：《宮中檔乾隆朝奏摺》第64輯，乾隆五十二年六月初八日閩浙總督李侍堯、福建巡撫徐嗣曾曾奏摺，臺北：臺北故宮博物院，1982年，第623頁。
2　〔清〕徐珂編撰：《清稗類鈔》第5冊〈風俗類・閩人好名尚氣〉，第2206頁。
3　〔清〕趙翼：《簷曝雜記》卷4〈閩俗好勇〉，北京：中華書局，1982年，第78頁。
4　〔清〕徐珂編撰：《清稗類鈔》第3冊〈吏治類・徐士林曆官治績〉，第1237頁。
5　《清世宗聖訓》卷26〈厚風俗〉，雍正十二年十一月壬午，《雍正朝漢文諭旨彙編》第10冊，第407頁。

第五章　閩南宗族械鬥的社會背景

　　雖然是小小的事故，也會因為小姓長期受欺壓，所累積而來的怨恨，以及大姓仗著人多勢眾，而爆發嚴重的衝突，一發不可收拾。這種情形更常發生在鄉野之間，《福建省例》解釋道：

　　閩省地方，山海交錯，非重洋大海，即峻嶺崇山。凡生養其地人民，居近城市通衢者，習見官常，比戶誦讀詩書，講求禮義，故華族世冑，所在濟濟彬彬。惟深山窮谷愚民，平日深居簡出，既不素習禮義，又不知曉法律，心本蠢愚，性復強悍，往往或因私忿，或挾微嫌，恃其族大丁多，動輒聚眾執械，互相鬥殺。殊不知此宗彼族，雖分各姓，然皆同井共里之人，豈可忘卻守望相助之義，自相殘賊，以喪身命？ [1]

　　居住在城市附近的人民，由於較接近文教中心，習讀詩書，講求禮義，在發生紛爭時，往往會採取較為理性的方法來解決問題。與此相反，居住在深山窮谷的人民，由於平常深居簡出，且離文教中心較遠，再加上在教育文化的薰陶程度上，本不如城市及其附近居民，在性格上較為強悍。由於「鄉野皆聚族而居，且多築短垣 [2]」，鄉野之人更容易憑藉宗族的勢大來進行械鬥。反過來說，這也加強了族人對宗族組織的依賴和認同。從上所引，似乎可以得出，在福建，對於宗族的認同，凌駕於地域認同之上。至於城中之人，由於「紳士、齊民、兵丁、書役雜處，其間勢不能聚族而居」[3]，械鬥情形的發生，並不像鄉間如此頻繁。

　　不過，分析城中械鬥程度，之所以不如鄉間的原因，雖然與兩者的教化程度有關，但其實質因素，恐怕與官府對地方的控制力大小有

1　臺灣銀行經濟研究室編：《福建省例》，〈刑政例上‧勸誡械鬥〉，第893頁。
2　〔清〕薛凝度修、吳文林纂：嘉慶《雲霄廳志》卷2〈學校〉，第12頁。

關。由於代表地方官府的建築多在城內，且兵力的部署重點也在於保衛城中的官員與官方機構；因此，地方官府對於城內秩序的重視程度和控制力勢必遠高於鄉村。如此一來，不但城中較不容易發生械鬥，就算發生，地方官府也較有能力控制和弭平事端。反觀鄉村，由於地方官府的控制力薄弱，一方面在發生械鬥時，地方官府鞭長莫及，不容易控制局勢，而鄉村人民也由於天高皇帝遠，較不畏懼國家的法令。即使「稟官差拏，而族大丁多，慮致抗拒，不得已會營圍捕。彼時，兇犯早已遠揚，闔鄉亦俱駭走，株連騷擾，旁及鄰鄉。而地方官亦以役食兵費，計無所出，遂聽其所為而不之禁[1]」。另一方面，由於國家的力量無法有效介入，使得鄉村人民在發生事情時，不得不依靠其他的組織來加強和保障自己的利益，導致宗族組織更加鞏固及人民對宗族依賴的加深。鄉村地勢上的封閉性，無疑也強化了這種傾向，如平和縣：

　　地界閩、廣，從古為盜賊之藪，自王文成平寇亂而始建邑。其地溪嶺深阻，槮箐叢密，無三里五里之平遠。岩壑蔽虧，彼此阻礙，民皆依山阻水，家自為堡，人自為兵，聚族分疆，世相仇奪。故強凌弱、眾暴寡，風氣之頑獷，亦地勢使之然也。[2]

　　姚瑩（1785-1852）認為，平和縣的社會風氣與地勢有密切的關係。當地多為山地，在村落與村落間各有一定的封閉性，使得宗族在發展的初期，因較少受到外界的干擾，而容易壯大。再者，地勢上的封閉性，也有利於宗族建立防禦工事，以抵抗外界的威脅。這種情勢的發展，導致族與族間的分野更加明顯，也更容易形成強大的宗族認

1　黃大受主編：《黃爵滋奏疏》卷14〈會議查禁械鬥章程疏〉，第119頁。
2　〔清〕姚瑩：《中復堂全集‧東溟外集》卷2〈覆汪尚書書〉，《近代中國史料叢刊續編》，臺北：文海出版社，1977年，第10頁。

同意識，進而強化宗族間的恩怨情仇與械鬥。

對宗族榮譽的認同，使族人即使成為毆斃抵償之人，也引以為榮。德福（？-1782）曾言：

閩俗聚族而居，桀驁不訓，偶遇口角細故，動輒爭競。至事之大者，即鳴鑼揭榜，糾集族眾，齊赴祠堂，訂期某日與某家械鬥，或公議，或拈鬮鬮定抵命人數。待鬥成命案，則以次認抵，言明無悔。屆期，則彼此統眾持槍執棍，互相爭殺，讓（釀）成人命者，不一而足。此風通省皆有，而汀漳泉及臺灣尤甚。[1]

汪志伊在闡述漳泉的風俗時亦言：

閩省械鬥之風，泉漳尤甚。緣民俗獷悍，生齒日繁，仇怨甚深，且聚族而居，大者千餘戶，小者亦百數十戶。大戶欺凌小戶，小戶忿不能平，亦即糾合親黨，抵敵大戶。每遇雀角微嫌，動輒鳴鑼號召，千百成群，列械互鬥，其兇橫若此。且各立宗祠，元旦拜祖後，即作鬮書，寫多名，以為毆斃抵償之名次，拈得者頗以為榮，族人代為立後，並設位於祠，其愚若此。間有稍知禮法，退避不前者，即懷恨逞兇，毀其器而焚其房，挾以必從之勢，其脅良從暴又若此。是以彼此報復，乘機擄掠，仇殺相尋，將兩造被殺人數，互算互抵。有餘，則以鬮之姓名，依此認抵，到案茹刑，總不翻供，其甘心自殘又如此。[2]

拈得者之所以會「頗以為榮」，除了對宗族的認同感外，大抵這些抵償之人，多屬族中貧困或弱小的族人，由於宗族以立後和設位

---

1 〔清〕德福：《閩政領要》卷中〈民風好尚〉，第91頁。
2 〔清〕汪志伊：〈敬陳治化漳泉風俗疏〉，第42~43頁。

於祠堂作為補償的條件，對這些人來說，既然沒有「無後之憂」，又可以趁這個難得的機會設位於祠堂，不僅有功於宗族，也獲得某些利益，才會欣然接受。

在雙方械鬥的過程中，如果本身壯丁不足，則各自「於外間招募，總以必死為能」、「每受雇者死一人，則雇者給洋銀三十元，祠堂設立忠勇牌位，妻孥俱有養贍[1]」。使其能獲得金錢上的利益，且無後顧之憂，進而為雇主盡力效命。對此，《清稗類鈔》中有則生動的記載：

閩、廣人好械鬥。未鬥之先，嘗雇人於他村，使為助，名曰鳥。先事立約，其約文云：「某某承雇某村鳥一百隻，鳥糧每只日三百文。如鳥飛不歸，議完恤費，每鳥一百千文，聽天無悔。」蓋諱死為飛也。鬥時以鳥充前敵，雖殺傷不惜。[2]

不僅如此，還「乞養異姓，非為承祧也。或以械鬥，備作前驅，死傷聽之[3]」。反正「別人家的孩子死不完」，只要「死道友，不死貧道」，不僅能壯大聲勢，又能保留實力，可說一舉數得。

在械鬥之後，往往「匿不報官，自為和息。唯計所傷人命，照數准抵。多則償以錢銀，名曰賠補[4]」。或是交出雙方死亡人數相抵之後所多餘的「人犯」，「計兩造斃命之多寡，互相比較，如不足數，則給價以償，或買凶以抵[5]」。利益上的誘惑，使得福建的械鬥，「常有

1　〔清〕張集馨：《道咸宦海見聞錄》，北京：中華書局，1981年，第61~62頁。
2　〔清〕徐珂編撰：《清稗類鈔》第5冊〈風俗類・閩廣以人為鳥〉，第2205~2206頁。
3　〔清〕楊浚：《島居三錄》，〈記異姓亂宗事〉，《臺灣文獻彙刊》第5輯第16冊，第349頁。
4　〔清〕程榮春：《泉州從政紀略》，〈上慶中丞歷陳馬巷為難情形並請遴員接署稟〉，《臺灣文獻彙刊》第4輯第14冊，第163頁。
5　黃大受主編：《黃爵滋奏疏》卷14〈會議查禁械鬥章程疏〉，第119頁。

非兇手而甘白認者，貪死後之利也 [1]」。張師誠（1762-1830）在諭禁閩省械鬥頂凶之事時，很切合地道出了頂凶者的心態：

閩民好勇鬥狠，一語不合，聚眾械鬥。鬥殺之後，議人抵償，視死如歸，頂凶者不一而足，而漳泉尤甚。夫人生實難，何甘代戮？甘心頂凶者，或受人財，或受人代養家屬，為舍一身可以養全家，愚孰甚焉。[2]

正是出於「舍一身可以養全家」的心態，讓這些貧窮之人甘冒風險。因為，與其全家在貧困中痛苦掙扎，不如犧牲小我，完成大我，讓家人能免於死亡的威脅，這或許是為政者無法體會的另一種愛的表現。

閩南的械鬥可說是稀鬆平常之事，以至於械鬥發生之時，外人即使經過，也不以為意。道光年間，金門人林樹梅在從臺灣內渡回大陸，經過銅山陳埭鄉時，「值陳埭鄉人自爭強弱，當衢械鬥，穿其陣而過 [3]」。也由於械鬥的頻繁，甚至出現了一批以助鬥為業者。漳浦縣的「浪子班」，就專門聚集「無賴少年，以待有械鬥時，受雇為助 [4]」。這些人「故挑釁端，勒殷戶出資助鬥 [5]」，「生則藉械鬥勒派，死可藉賠補肥家，鄉曲愚民，無不以鬥為樂 [6]」。

由於械鬥的準備、進行和事後的賠償、撫恤等都需要動用金錢，而其既然是屬於全體宗族的公事，對於費用的負擔，通常宗族都會規

1　〔清〕徐珂編撰：《清稗類鈔》第5冊〈風俗類‧閩人好名尚氣〉，第2206頁。
2　〔清〕張師誠：《一西自撰年譜》，〈諭禁械鬥頂凶以重民命〉，《臺灣文獻彙刊》第6輯第4冊，第71頁。
3　〔清〕林樹梅：〈嘯雲山人文鈔〉，〈戊戌內渡記〉，《臺灣文獻彙刊》第4輯第1冊，第150頁。
4　〔清〕徐珂編撰：《清稗類鈔》第5冊〈風俗類‧漳浦浪子班〉，第2206頁。
5　〔清〕程榮春：《泉州從政紀略》，〈上慶中丞歷陳馬巷為難情形並請遴員接署稟〉，第163頁。
6　〔清〕程榮春：《泉州從政紀略》，〈上慶中丞歷陳馬巷為難情形並請遴員接署稟〉，第163頁。

定由族產的羨餘支出，或由全體族人共同分擔。晉江《潯海施氏族譜》即規定：「事關通族者，將歷年所積羨餘公動公用，不敷就族上中下丁協鳩濟公。或族人罹非禍受外侮者，公同出力，若分心異視，通族擯斥之，示親睦也。」[1] 有關族人械鬥資金的支出分配，在閩南通常是錢多派錢、丁多派丁。謝金鑾（1757-1820）即提到泉民械鬥：「按戶派銀、派丁。銀以資食用，丁以助攻鬥。其家無壯丁及有壯丁而不任鬥者，必加派之銀。」[2]

第三節　地方官吏與宗族械鬥

閩南宗族械鬥的社會背景與原因，除了堡寨的修築、習武之風和宗族勢力的強大外，也與地方官府對械鬥的態度有關。黃爵滋即明白地說：

漳泉風氣最惡者莫如械鬥，雖民風之刁悍，實地方官有以啟之。如戶婚田土細故，控之官，官累月不坐大堂，終年不結一案。於是自行擄禁，仇怨相尋。其因鬥致命，偶有報官者，又先索相驗之禮、路菜芻糧，非銀二三百元不可。銀一日不繳，官一日不出，有遲數十日不相驗者，於是有醃屍之事。至已經相驗，官令胥役，勸其調和，復擇其所告之富者，勒派多銀。屍屬所得，不過數十金，其餘盡充官之囊橐。如屍親不聽調處，即多方恐嚇，民勉強應命，怨終不釋，而鬥又興。其斃命太多者，官慮處分太重，不准入呈。即相驗通報之案，

1　〔清〕施德馨纂輯、施世綸等補輯：晉江《潯海施氏大宗族譜》，〈施氏族約〉，第24頁。
2　〔清〕謝金鑾：〈泉漳治法論‧治下南嶽事論〉，收入〔清〕丁日健《治臺必告錄》第1冊卷2，臺北：臺灣銀行經濟研究室，1959年，第111頁。

亦必出結換案，歸於通緝。民習知其弊，故報案者百無一二。[1]

地方官抱著「訴之而不知，號之而不理，曰吾以息訟云爾[2]」的態度，使人民有紛爭時，訴之於官，也無法獲得解決，唯有私下自行報仇。更有甚者，官衙利用驗屍的機會，向屍親勒索額外的費用，以中飽私囊，如果屍親不從，就遲遲不予相驗。然而「驗屍費至數百千，為禍百姓殊可憐。仇未報，鬻兒賣女家先破，死者長已矣，又為官所誤。強者不願自尋仇，鬥殺多年死不休。弱者生心變誣告，轉以死人為奇貨[3]」。復次，借著屍屬「不問首惡主謀，不咎下手兇犯，惟將彼造富戶，指為正兇，醃漬屍身，挨次訛索[4]」的機會，又向被控告的富戶勒索錢財，並強迫屍屬接受官府的調處與決定。如此一來，導致其感到沒有獲得合理公平的補償，因此，懷恨在心，久久不能釋懷，只要一有衝突，械鬥就會再起。如果械鬥過於激烈，使喪命人數過多，官府考慮到處分太多，會引起不必要的麻煩，甚至不允許百姓呈官入告，即使是通報的案件，也會以別種案件處理。這種態度讓百姓體會到，就算尋求正當的管道也無法解決問題，怨恨既然不能獲得舒解，自然私下以武力解決。乾隆十八年（1753年），福建巡撫陳弘謀（1696-1771）上奏言：

通省命案，起於械鬥者居多，漳、泉二府尤甚。……揆其所以糾鬥之故，多因有事告官，不即審理，或審而不斷，或斷而不公。有理者負屈難伸，無理者益肆刁橫。再告知亦無益，計惟糾人相鬥，可

1　黃大受主編：《黃爵滋奏疏》卷14〈會議查禁械鬥章程疏〉，第118頁。
2　〔清〕袁枚：〈答門生王禮坅問作令書〉，收入〔清〕賀長齡、魏源等編《清經世文編》卷21《吏政・守令上》，第26頁。
3　〔清〕吳增：《泉俗激刺篇》，〈驗屍費〉，泉州市民政局、泉州志纂委員會辦公室編，《泉州舊風俗資料彙編》，泉州：泉州志編纂委員會辦公室，1985年，第101頁。
4　黃大受主編：《黃爵滋奏疏》卷14〈會議查禁械鬥章程疏〉，第119頁。

以逞強泄忿。及至械鬥事發，地方官心存回護，代為掩飾，止將命案擬抵，不肯究出主謀首禍之人，附和行兇者，亦多刪減開釋，不加嚴處。勢豪、惡棍竟為法所不加，遂無所顧忌，械鬥之風實由於此。[1]

他指出，閩南械鬥的原因，多在官府對於械鬥案件無法即時處理和審斷不公，並且對行兇之人和主謀首禍者多方袒護、掩飾，設法令其開釋，而不加以嚴格處治。由於「地方官向來因循玩愒，於百姓訟案，並不代為秉公速審，致小民無從訴其曲直，積忿私鬥。而案情略大，該地方官又思回護，處分化大為小，遂奸徒無所懲創，罔知法紀[2]」。這使受委屈者有理難伸，進而對官方的處理能力和公信力產生懷疑和不信任。另一方面，那些勢豪惡棍認為，即使挑起事端，也可以得到官方的偏袒，不會受到任何處罰，甚至「挾制地方，包攬詞訟，把持公事[3]」，因此，更加肆無忌憚。其結果是，受欺壓者認為，既然官府無法提供保護，只好以械鬥來洩恨。而欺壓者仗著勢力強大，且無任何顧忌，也樂於以械鬥來迫使對方就範。這種私下解決的心態，導致械鬥的風氣益發擴大不止。謝金鑾在論漳泉法治時言：

夫民有屈抑則訟之官者，勢也。乃訟之官，而官不能治，曰犯不到案者，悍而不可捕也。捕矣、到案矣，又或賄之，而不能持其平也。民以為信矣，官不能捕，吾將自捕之。於是，有擄禁之事，有私刑拷掠、斃命滅屍之事。以為犯罪而官不能治，則雖斃命滅屍，無懼也。俄而信矣，斃命滅屍者，可不到案矣，到案而賄以免矣。於是乎

---

1 臺北故宮博物院編：《宮中檔乾隆朝奏摺》第5輯，乾隆十八年四月二十四日福建巡撫陳弘謀奏摺，第163頁。

2 〔清〕勒德洪奉敕撰：《清高宗實錄》卷1307，乾隆五十三年六月壬子，臺北：華聯出版社，1964年，第599頁。

3 臺北故宮博物院編，《宮中檔道光朝奏摺》第1輯，道光元年四月初六日福建學政副都御史韓鼎雷奏摺，臺北：臺北故宮博物院，1995年，第96頁。

群相效尤，寖成風俗，以為吾所屈抑者，得紓吾情，雖破產以賄於官無怨。至其事關乎鄉邑者，則率眾合族，私相侵伐，由是有械鬥之事。鬥而死傷適均，居間者可和以解也。吾殺彼二人，而彼殺吾三人焉，則必約眾再鬥，曰吾持其平而已。蓋捕犯刑拷以伸屈抑、殺人抵命而持其平者，人心天道之當然也。第官不能，則移其權於民而已。[1]

照道理，人民受委屈應該到官府訴訟、申冤，此時，如果地方官能「秉公剖決，依限究結，原可立為排解，相安無事[2]」。然而，常常是地方官接受賄賂，聽斷不公，或是懼於械鬥雙方的強悍，而不敢追捕，導致人民相信只有靠自己的力量才能復仇，而在復仇的過程中，即使採用極端的手段，最後也可以賄賂官府，獲得不處分。以此，既能復仇報怨，又能不受處分，人民自然無畏於械鬥。謝金鑾認為，捕犯刑拷以申屈抑、殺人抵命而持其平者，本是人心天道，官府既然不能替人民主持公道，人民只好靠械鬥來「替天行道」了。這種納賄於官以息獄之事，陳壽祺（1771-1834）在《治南獄事錄》中，也有記載：

〔同安〕灌口東蔡之鬥也，距十餘里有二姓，曰山邊李，曰蓮花陳，亦以其間相攻擊，各斃一人。令且治東蔡獄，且責李、陳賄。陳貧而李富，李之賄倍於陳四。李之族相與謀曰：「二姓斃人均，而賄輕重懸，不如再鬥，視所斃之多寡而定賄焉。斃益夥，則令怵於法，吾可無賄而息。」於是，果再鬥，斃陳七人，李亦斃五人。邑貢生某甲、某乙相與調停，卒使二姓納賄累千金於官，令竟寢其獄。[3]

1　〔清〕謝金鑾：《泉漳治法論‧察由》，第98頁。

2　臺北故宮博物院編：《宮中檔乾隆朝奏摺》第2輯，乾隆十六年十一月二十一日福建按察使德舒奏摺，第18頁。

3　〔清〕陳壽祺：《左海文集》卷3〈治南獄事錄〉，嘉慶、道光間刊本，第31頁。

李姓認為，雖然雙方斃命的人數相等，但卻比陳姓多付出好幾倍的賄金，差異懸殊，顯然吃虧，不如再鬥，然後再依照死亡人數的多寡來行賄。甚至，如果死亡人數過多，縣令可能因怕受到嚴厲處分，不敢上報，而以其他名義將案件了結，息事寧人。如此一來，不但不用行賄於官，還可以息事寧人。行賄息事思想的普遍，使械鬥者無後顧之憂，引發了另一次的械鬥，結果依然是經由地方鄉紳的調停，由雙方對官府行賄來了事。

既然「地方官惟知魚肉鄉民，不理民事，民間詞訟延至數年不結，甚或數年不得一見官面。愚民無所告訴，不得已激而成鬥。鬥後官仍索賄，並不與曲直[1]」，這使民與官的關係處於緊張的狀態，一旦官員下鄉處理，人民大多認為是為錢而來，並非為了解決事情。謝金鑾言：

今之為令者，其視民也，如魚肉，而民之視令也，如虎狼。凡有下鄉，皆為得錢而來，不得錢，不知有百姓也。人之親魚肉也，為欲食之也，而其畏虎狼也，畏其食之也。嗚呼！安有虎狼而可與人親，安有人而與虎狼親者哉？其避之惟恐不速也，固也。上下暌乖，縣如無官之縣，民如無官之民，自相爭、自相擄、自相刑、自相殺。一至其鄉，則壯役數十以臨之。一家犯罪，合鄉走匿。[2]

官府既然視民如魚肉，一切依錢行事，自然無法獲得人民的信任，人民也將官府下鄉視為虎狼過境，避之唯恐不及，造成了官與民之間的隔閡和緊張關係，不但使人民自相爭殺，也由於人民對官府的畏懼和猜疑，一旦官府派兵至鄉時，鄉人紛紛逃走、藏匿，甚至因為

1 〔清〕程含章：〈論息鬥書〉，收入〔清〕賀長齡、魏源等編《清經世文編》卷23〈吏政‧守令下〉，第51頁。
2 〔清〕謝金鑾：《泉漳治法論‧親民》，第108頁。

第五章　閩南宗族械鬥的社會背景

「黎民咸怨，而抗官拒捕之事作矣[1]」。這種情形，更因地方官長三年一任的任期短暫，調動頻繁，不願費心於處理地方事務，而更加嚴重。清末吳增說道：

新案舊案，懸而不斷，為父母貽民患，幕中何公幹？麻雀聲雜亂，對酒看花半夜半，翻身起來日已旰，眼又生花身迸汗，死氣日深生氣散，那有功夫去裁判？此行況且暫攝篆，為時未久官又換，管汝冤仇結不斷，管汝百姓皆且怨。涓涓禍水成河漢，長夜漫漫何時旦！[2]

之所以如此，部分可能是由於「向來官斯土者，不思整飭之方，專以調停為事，輾轉委署，一缺年易數人，一人年署數缺，更有實缺不願在任，遂委一佐貳代理，以致六十四州縣實任者不及一半，而地方公事無非苟且因循，吏治之廢弛[3]」、「漳、泉郡縣，俗敝事殷，處分繁重，祿不足以養廉，稍知自好者皆畏避之有如陷阱，而投之則以為上不愛我，而暴棄之心萌矣[4]」。這種情形，早在明嘉靖年間已然發生，曾任巡撫福建右僉都御史的譚綸（1520-1577）即言：

福建列縣屬在山海之間，素號簡僻，然而山川險阻，地方綿廣，加以近年風俗薄惡，豪右縱橫，最稱難治。縣令……所處非善地，重以時艱，詎惟無遠志，且無固心焉。即有所謂卓異英賢、超出風塵之外者，亦僅以清白自守，圖惟安靜，苟免謗訕，如是而已。至於任怨任事，能與斯民痛癢相關者，則求什百於千萬，而絕無其人。此賦役不均，刑罰不中，民生日病，盜賊日滋，逋負日盛，法紀日頹，理有

---

1 〔清〕程含章：〈論息鬥書〉，第51頁。
2 〔清〕吳增：《泉俗激刺篇》，〈懸案〉，第107頁。
3 〔清〕王家勤編：《王懿德年譜》，第325頁。
4 〔清〕姚瑩：《中復堂全集‧東溟文集》卷4〈上韓中丞書〉，第213頁。

固然，勢將何極。[1]

這種自身事外的心態，造成若干父母官成天只會花天酒地，無心於地方事務，只等待任期屆滿後，可以離開這個「鬼地方」，也不用再為未完之案負責。由於百姓的死活、冤仇，地方官並不在乎，使案件懸而不斷，累積愈來愈多，人民的怨恨也隨之愈滾愈大，無法宣洩。嘉慶《雲霄廳志》記載了當地官吏藉械鬥漁利的情形：

械鬥最為漳、泉惡習，而其實械鬥之風，半由地方官有以釀成之也。雀角鼠牙，其始不過兩言而決。乃怠緩者，既不能早為清理，而不肖者更得贓鬻獄，顛倒而失其平。官府之公道不昭，百姓之私怨日積，弱者飲泣吞聲，強者乃攘臂呼群，列械而爭先報逞矣。

漳泉積習，蓋非一朝一夕之故焉，乃地方官不以械鬥為地方之禍端，而轉以械鬥為官府之利藪，利其犯法，而後逼其行賄，故雖有可以禁止之械鬥，文武衙門坐視不救，以待其成。而後統率兵役到鄉，不拘正兇，但逼勒富戶，派出兵費、差費盈千累萬，不從，則延燒遍搶，玉石俱焚。富戶不得已，斂錢送官求安買靜，屍親亦得錢息訟。文武衙門書差兵役捆載而歸，分辦命案，詳報緝凶，使盜蹤壽終牖下，而案乃結焉。

設有屍親得贓不均，仍然上控，各大憲嚴剳飭拏兇犯，則前此之得賄者，至此又欲保官，復率兵役逐戶拏人，以致懷惡而討，雖死不服，而於是毆官拒捕之事起焉。兵役望風先逃，營弁至此，亦舍轎策馬而去，文員轎夫星散，棄置中途，大受荼毒，飲恨吞聲，不敢通詳究辦。而於是更有巧宦，明知兇犯必不能到案，徒然受辱，轉藉各大

1　〔明〕譚綸：《譚襄敏奏議》卷2〈條陳善後未盡事宜以備遠略以圖治安疏〉，《景印文淵閣四庫全書》，第429冊，第45頁。

第五章　閩南宗族械鬥的社會背景

憲嚴剳，再行下鄉，不拘多少，找費而仍歸。且更有署事新任，雖未奉嚴剳，亦下鄉藉端求費者。至若數人各持竹銃入山打雀，忽然相遇口角，致成命案。此實非械鬥也，乃轉亦虛張聲勢，欲詳辦械鬥，訛錢入手，依然命案。民於是知有錢者之械鬥可辦命案也，無錢者之命案可辦械鬥也。且雖械鬥，而官府僅派富戶出錢，而兇犯之可以不拏到案也，而械鬥乃不畏官府矣，遂不可禁止矣。此實雲霄民不畏官，而械鬥之所由來也。[1]

　　地方官不把械鬥當作擾亂社會秩序的禍端，而視為漁利的淵藪，得贓鬻獄，從中中飽私囊，導致事實顛倒失平。在紛爭發生之初，如果地方官能明快處理，事情可以很快解決，不至擴大。無奈官府坐視不管，任由雙方自行械鬥，等到發生命案，再利用當事人的畏懼心理，逼其納錢行賄以息事，隨後，並派兵下鄉。不過，目的不在拘拿兇手，而是利用這個機會向富戶勒索錢財，富戶怕引起更多的麻煩，只好付錢了事。但是，如果官府太過貪心，導致分贓不均，屍親所得過少而不滿足的話，就會向更上一級提出控訴，地方官府為了避免不法之事東窗事發，對於上級下令嚴格緝拿兇手的命令，不得不照辦，再行派遣兵役逐戶捉人，使原先付錢之人感到受騙，因而心生不滿，以致毆官拒捕。由於理虧在先，地方官在面臨人民的抗拒時，也只好忍氣吞聲了。更有甚者，有些官員明知無法捉到真正的兇手，既然必須再次下鄉，剛好趁這個機會再撈一筆。這種行為的普遍，讓即使是剛上任的地方官員，也依樣畫葫蘆，借機下鄉嚇詐，甚至為了謀利，而將偶發之命案視為械鬥處理，一切依錢行事。人民的價值判斷也因此錯亂，導致械鬥不斷。

　　閩南械鬥的嚴重，除了由於地方官不認真緝究所導致外，也與玩

1　〔清〕薛凝度修、吳文林纂：嘉慶《雲霄廳志》卷2〈學校〉，第10~11頁。

法書役受賄縱凶有關。謝金鑾言：

今泉、漳之殺人，皆無抵命者也。械鬥而殺者自相抵，非國法
之抵之也。擄禁而斃者，上賄其官、中賄其吏胥、下賄其屍
親，檢其屍曰：「傷非致命也，撲跌而死也、服毒也。」屍親具供詞，而讞以
定，無上控之患。由是，而縣官以命案為利路矣。官不受賄，則緝凶
莫獲，先受其累，而民自賂屍親以免。官無緝捕之能，亦樂屍親之不
復催也已。不得錢，而民冤仍不伸，胥隸皆觖望，故廉吏為難。……
官不受賕，胥隸觖望，此病無一處不然。其為官而得民譽者，多受胥
隸之謗。民去官遠，胥隸去官近，則必多方以惑其官，陷之為受賕之
官然後已，此廉吏可為而不可為也。[1]

由此可知，人民除了面對官長的貪婪之外，還得應付胥吏的再度
剝削。雖然「州縣中振作有為者固有，而因循疲玩者實多，並有案涉
詞訟，審斷不公，任聽書差需索，以致愚民忿無所洩，激而成械鬥逞
兇之案[2]」。即使是真心想為人民做事的廉吏，也會因為胥吏的多方
掣肘，心有餘而力不足。這是因為地方官在處理日常事務中，有賴於
熟知地方事務和運作的胥吏，「若廉明有司不肯勒索，而並不容胥差
勒索，則解犯時胥差循例開費，請有司墊發，有司無以應也，無款可
墊。賠累無窮，萬一虧帑，即幹重辟。是一命案也，兇犯狡供，有司
無如何。屍親放刁，有司無如何。差役索解費，有司又無如何[3]」。
如果胥吏認為擋其財路，不願配合，那麼，就算父母官有心也無能為

1　〔清〕謝金鑾：《泉漳治法論・知難》，第99頁。
2　臺北故宮博物院編：《宮中檔道光朝奏摺》第1輯，道光元年四月初六日福建學政副都御史韓
　　鼎雷奏摺，第96頁。
3　〔清〕薛凝度：〈雲霄命盜雜論〉，收入〔清〕薛凝度修、吳文林纂：嘉慶《雲霄廳志》卷3
　　〈命盜〉，第19頁。

第五章　閩南宗族械鬥的社會背景

力，而那些擋人財路者，也會受到胥隸的詆毀。有鑒於此，再加上胥吏時時在官員身邊煽動、提供壞主意，時間一久，官員漸漸受到影響而同流合污。也由於「民去官遠，胥去官近」，導致官與民的隔閡，下情不能上達。吳增曾很生動地描述了這種情形：

> 門籤太無憚，敢賣差，敢鬻案。賣差差愈喜，百姓真是死。鬻案官不知，剝去也無皮。官曰：「我廉。」百姓曰：「你貪之又貪。」官曰：「我苦。」百姓曰：「汝甘之又甘。」內外情隔絕，不過居中作梗人二三。籲嗟乎門乎籤乎，汝為官奴僕，民為官子弟，汝何無禮！籲嗟乎官乎，縱汝奴僕，辱汝子弟，你何無體！[1]

胥吏利用職務之便賣差、鬻案，並從中作梗，使官與民都不知道實際的狀況。因此，即使官員不知情，不知胥吏暗中的所作所為，但在百姓看來，胥吏之所以敢如此膽大妄為，背後一定有官員撐腰，至少是獲其支持，這就造成百姓怨恨地方官，而地方官頗感受冤的情況。吳增對此，不但批評了胥吏漁肉鄉民的行為，同時也認為，這種結果是由於官員對胥吏的放縱所造成的。更普遍的是，官員與胥吏聯合向百姓索賄。陳壽祺言：

> 凡泉民械鬥……往往不以聞於官，以官不足治其獄也。……比舍兇手而羅織，富者無得脫。令乃集民壯、鄉勇、徒役近百人或百餘人，若出師狀，馳詣其所。捕捉尚恐不勝，則以兵從，而民先盡室遠遁，空其廬。令與兵役至，索人不得，則焚其屋舍，殃其雞犬，魚爛而未已。於是，健役與鄉之奸宄數人，為之居間關說，使必納賄以解。其富而無辜者懼禍，不得已諾之，然亦斂錢於合族。乃集既成，

1　〔清〕吳增：《泉俗激刺篇》，〈門籤〉，第106頁。

言官，使健役等往斂而納諸上，健役又必與居間者俱恫喝蹂踐，民毒痛焉，健役以次收囊橐。自營將、縣宰，以逮闇人、僕從、胥役、廝養、輿皂之徒，咸中飽，然後獄事頗釋。[1]

由上可知，自地方官到胥吏廝役，形成一個共犯結構，利用鄉民間的械鬥、訴訟，謀取不法的利益，以兵威迫使所欲嚇詐的富戶就範，不從就焚屋毀舍，然後，再讓人向富戶遊說，令其向官吏行賄以息事。那些無辜的富人，有恐於遭到更大的災禍，不得已，只好聽從建議，從族人中收集錢財，納賄於官，必須等到滿足此一共犯結構中每個人的私欲後，才能讓訟獄平息。而由其從族人中收集錢財，納賄於官的情況來看，可以看出械鬥與宗族間的關係。

注釋：

[1]〔清〕鄭麗生：《閩廣記》卷5《擲石卜兆》，第8頁載：「漳泉興化各屬濱海之地，每逢新年，有擲石卜兆之習，石碼尤盛。始則群孩各據一方，互擲小石，或以頭面見血為祥，或以擲不著身為祥。繼而丁壯附和各數十百人，分壘佈陣，如臨大敵，重傷巨創，亦所不恤，因而滋釁生端，釀成械鬥。」

[2]嘉靖三十四年（1555年），光祿寺卿章煥曾上疏奏請：「其民間城堡擇其要害去處，著落府州縣掌印等官省，令居人自行隨便修築。雖不能如邊牆，周匝拒之，使不得入。有一城則有一城之利，有一堡則有一堡之利。其不可修築之處，亦不必一概強民，致生嗟怨。」獲皇帝准議。參見〔明〕楊博：《楊襄毅公本兵疏議》卷3，

---

1 〔清〕陳壽祺：《左海文集》卷3〈治南獄事錄〉，第31~32頁。

《四庫全書存目叢書》史部詔令奏議類第61冊，第31頁。

[3]〔清〕薛凝度修、吳文林纂：嘉慶《雲霄廳志》卷2《學校》，第12頁。有關城市裡宗族的形成，胡選青（Hu Hsien-Chin）、奧爾丹・朗（Olga Lang）、弗裡德（Morton H. Fried）、休・D．R．貝克（Hugh D. R. Baker）等人，都認為宗族大都只存在於農村，很少見於城市。對此，貝克從新近進城的人仍傾向於農村、城鄉經濟差別、城市裡的地理流動性、城市投資性質、城市生活的差別等方面，來解釋其原因，並認為在四個方面，城市裡的宗族比農村宗族受到更多的限制。首先，成員間很可能存在極小的經濟差別，因為一產生差別，就往往以分裂告終；其次，城市宗族不大可能具有傳代方面的深度，因為世代的死亡，可能引起宗族內不同部分的不均衡發展，而且，分裂因素又會起作用；第三，城市宗族不大可能富裕，因為城裡的有錢人從宗族組織中得益甚少；第四，城市宗族很可能顯示職業方面的均勻性，雖然這也含有一些限制性因素，特別是雇用和也許可以說負擔不合適的宗族成員的必要性，以及挑選領導人重親不重賢方面的組織管理問題等因素。參見休・D．R．貝克：〈傳統城市裡的大家族〉，收入施堅雅主編，葉光庭等譯《中華帝國晚期的城市》，北京：中華書局，2000年，第597~600頁。雖然貝克的論點不見得完全正確，但也許可以作為往後討論此一問題的基礎。

第六章　閩南宗族間資源的爭奪

　　宗族必須控制資源，如果它不在聚居地有效控制、擁有足夠資源，那麼，本族的家庭和支派，就不得不遷徙，尋找新的資源，或處於衰弱的狀態，導致被併吞、被排擠[1]。福建宗族組織發展宗族經濟的目的，除了想在動盪中求得穩定，還在於利用宗族的力量購買土地，佔領埭田和水利設施，經營和控制農業、商業，參加經濟競技場上的角逐，從而保持宗族在鄉村經濟上和政治上的統治。因此，明清福建的各種地方公共事業，大多是由若干宗族組織聯合舉辦的，或者是受到少數強宗大族的支配和壟斷。正是在這一基礎上，逐步形成了宗族對於地方社會的控制權。在正常情況下，宗族總是要求族人克己奉公、和睦鄉鄰。一旦發生族際矛盾，則要求族人齊心協力，一致對外。這種共禦外侮的行為規範，既是為了強化族人的內聚力，也是為了維護對地方社會的控制權[2]。

　　周翔鶴在對南靖縣和溪、奎洋等地單姓區域形成的探討中，分析了和溪林姓、樂土黃姓與奎洋莊姓勢力盛衰，與資源控制間的關係。他在調查報告中提到，和溪林姓之所以能興盛的原因，即是獲得穩定

1　周翔鶴：〈南靖縣和溪奎洋等地單姓區域形成的探討〉，第92頁。
2　鄭振滿：《明清福建家族組織與社會變遷》，第98~99頁。

的灌溉用水。樂土黃姓意識到林姓因水渠修成，大片土地得到灌溉，宗族將會強大、發展，不利於黃姓，因此，黃姓必須鞏固、加強自己的宗族，以對抗林姓。實際上，林姓後來逐漸強盛起來以後，擠走、併吞了他姓，其中，包括把黃姓從當地擠出。但黃姓因為控制著薌江上游集水山地，保證了所需的水資源，所以，他們在樂土村牢牢地站住了腳。不過，和溪李姓的運氣則沒有這麼好，雖然他們比林姓早到，人數和土地也多，然而，由於新修的水渠屬林姓所有，無法獲得灌溉用水，最後，只好將土地賣給林姓，逐漸消失於當地[1]。可見資源的爭奪與控制，對宗族發展的重要性。

第一節　有形資源的爭奪與衝突

由於「閩地負山濱海，平衍膏腴之壤少，而崎嶇磽确之地多。民之食，出於土田，而尤仰給於水利[2]」，因此，如何確保水資源供應的穩定，成為地方宗族首要關心的事務。勢家豪族也借著對地方水利設施的控制，來維持本身的利益和對地方社會的控制。如泉州府晉江縣的六里陂，據陳琛（1477-1545）云：

晉江縣二十九都有灌田溝水名曰六里陂，其實不止六里，迂回曲折，有四十餘里也。陂在本縣為水利之最大者，其餘陂塘不能當其百分之一，水旱荒歉，民之饑飽，官之征科攸系。舊設陂首一名，擇本郡有恆產、恒心兼有才幹，人所推服者為之，一任三年，不免差役。陂夫四十二名，多是下戶寡丁，一役三年，甚為勞苦，例於該年均徭

1　周翔鶴：〈南靖縣和溪奎洋等地單姓區域形成的探討〉，第93頁。
2　〔明〕黃仲昭修纂：《八閩通志》卷20〈食貨〉，福州：福建人民出版社，1996年，以弘治庚戌為底本點校，第389頁。

內編排，其他小陂塘不得比例緣此。……近年下溝有一二豪民，遇天旱，則率眾執凶，夜到閘上用斧破開板鑰，將閘板盡底取起，船載去家。上溝將涸，猶不肯還，及下溝容受不得，則放下於海，甚可惜也。……又瀕海咸潤埭田，其岸亦不豫先修整，為海水擊崩。及岸既補，則大開埭閘，多取溝水洗咸，而放下於海。且埭田多是豪家之產，以故二家管水，陂首皆不敢禁止。[1]

由於關係到「水旱荒歉，民之饑飽，官之徵收」，興廢足以影響全域，因此，由官府組織興修和管理。不過，也正因為六里陂的重要性，當官府控制力無法有效及於地方時，當地有勢力者往往趁此機會介入、干涉，並進而操控，目的在確保水資源的提供不虞匱乏，只要使自己的利益獲得保障，即使犧牲他人的權益，也在所不惜。由於勢力強大，管理者不敢得罪，只好任其為所欲為。

這些勢家豪族控制水利設施的目的，主要在灌溉由其所佔領的沿海埭田。所謂「埭」，萬曆《泉州府志》解釋道：「濱海築堤，引清水泄鹵水曰埭。」[2]「近水坑源田畝圳，其頻海壩為堰，鑿溝渠陡門，外捍潮汐，內蓄泄山水謂之埭。」[3]由於沿海新生之田鹽分較高，不適合耕種，需要利用大量的水資源來降低鹽分。為此，地方豪族勢必藉由對水利設施的佔據來維護自身的經濟利益。道光《晉江縣志》記載：

埭田皆勢豪砌管，涵甲借洗咸為名，日夜開閘網取魚蝦，不可

1 〔明〕陳琛：〈寓金陵論六里陂水利與王石岡侍禦書〉，收入〔清〕胡之鋈修、周學曾等纂：道光《晉江縣志》卷8〈水利志〉，泉州市：泉州市鯉城區地方志編纂委員會，1987年，第13頁。
2 〔明〕陽思謙修、徐敏學、吳維新纂：萬曆《泉州府志》卷3〈輿地志下〉，第23頁。
3 〔明〕陽思謙修、徐敏學、吳維新纂：萬曆《泉州府志》卷3〈輿地志下〉，第27頁。

第六章 閩南宗族間資源的爭奪

禁詰。間被捉獲，勢頭極大，將奈之何？對涵有一陡門，乃藍提新築，以捍涇浦田者，近亦為庵上鄉黃姓所當，寸板不設，與海尾涵甲通同作奸。[1]

庵上鄉黃姓與海尾涵甲狼狽為奸，將水利據為己用，以謀取利益。

清朝立國之初，遷界、寇患等因素，使得閩南社會原有的勢力重新洗牌，造成許多新興宗族。這些新興地方豪族，也趁機擴大自己的勢力範圍，並將地方資源占為己有。其中，最明顯的例子就是晉江潯海施氏對龍湖的佔領。雍正三年（1725年）的〈龍湖功德碑〉，詳細記載了這件事：

本都龍湖一口，係田園之灌注。附近居民故納正供之錢糧，又配附征之課米，皆許俊等同鄉歷年完輸、管掌無異。迨康熙三十年（1691年）間，施府勢炎，強佔代納湖米，幸逢廉明縣主太老爺葉蒞任，俊等湖民相率呈蘇，蒙准到勘，示禁不許施姓仍前霸佔橫徵，湖民照舊輸納捕采，頂風歷涯。該將明示勒石於左，永垂不朽。

特授州正堂管晉江縣事在任守制葉，為炎勢之橫徵靡極，濱湖之殘黎萬慘，瀝泣明威，少存孑遺事。據龍湖等鄉許俊、留進等公呈前事稱：「俊等鄉附龍湖之濱，所有田地產業賴湖息以資生，或取湖中草蔬為糞水者，或取湖中濕生為日用者，種種生意，誠俊等濱湖殘黎不可缺者也。故歷代至今，湖民受納課米四石貳斗六升，載在額徵印冊現據。豈意施家炎興以來，湖濱己有，橫徵稅銀。凡下湖者，逆令必先向伊領簽，每簽例銀三錢，方全性命，稍鄉愚無知者，炎丁炎幹，如虎如彪，立拿□刑毆，□□□灰，所以鄉民不得不俯首而待命

也。計其簽，年不下六七百銀，計其贓，年不下貳百餘兩，猶知計科莫違，年代完納些須課米，難掩橫徵大罪。猶不思方今聖明盛世，爺包宣命，抑權勢，除豪強，豈容若輩狼貪。俊等孱弱畏威，本不敢訴，衹以橫徵靡極，脂膏已盡，雖生猶死，舍死求生，無奈會眾議明，所有本湖課米，速守分急公，照舊完納，毋致橫徵萬慘為妥。故敢瀝情僉乞殘黎於一筆，發明威於此，勒石示禁，嚴飭不許仍前橫徵，則數千之子遺賴以更生矣！」等情到縣。據此，除現在查明嚴究外，合就示禁，為此示，仰龍湖等鄉□□□□知照。嗣後，湖內草蔬、濕生等物，准爾等照舊急公輸課，下湖採取，不許施家仍霸，逆令領簽橫徵。敢有抗違，許公呈人等聯名到縣具稟，定行嚴拿究治，斷不輕恕，慎之毋忽，特示。[1]

施氏藉由施琅以來所積累的聲勢和資本，不僅能在遷界、復界過程中迅速重建、恢復，更進一步將原本屬於公用的資源占為己有，私自向使用者課稅，如果不從，就運用暴力使其就範。這種行為，當然會帶給當地民眾極大的恐懼，並嚴重影響身家性命的安全與穩定。由於施家的勢力過於龐大，地方小姓無法與其抗衡，只好訴諸公權力，希望以官府的力量，使施氏有所收斂，還湖於民。不過，根據道光《晉江縣志》所載，這次的行動，顯然沒有達到預定的效果。其言龍湖：

舊系官湖。明初始徵魚稅米四石二斗六升，折銀一兩五錢零，隸河泊所徵解，有漁戶許、留、翁、林、吳五姓承納。湖中產水藻，環湖田畝資以灌溉。後為勢宦占踞，凡鄉民水面營生者，皆令受稅。國初，勢家奄為己業，年收稅銀三十餘兩。雍正八年（1730年），總督

1　粘良圖：《晉江碑刻選》，〈龍湖功德碑〉，第61~62頁。

劉世明檄巡道朱叔權勘定，湖歸官，年額課米仍令許、留等輸納。署布政使潘體豐議課米為數無多，留之仍啟爭端，請行一概捐免，量撥別項抵解，俾小民得以永遠享利，勒石湖邊，民咸稱便。[1]

雍正三年的示禁沒有效果的原因之一，極有可能是因為示禁者的身分是知縣。這對世襲侯爵的施家來說，根本不看在眼裡。於是，在雍正八年，藉由總督之威，以鎮壓施氏囂張的氣焰。從道光縣志沒有再記錄之後施家有霸佔之事來推斷，這次的示禁應該有一定的效果。此外，綜合兩條史料來看，施氏每年私徵的收入將近千兩，卻只要繳納三十餘兩的稅銀，難怪不肯就此霸休，放棄已到手的財源。

由於「州〔洲〕田、蠔蟶埕及地頭渡船之利，多勢豪掌之[2]」，地方勢豪不僅控制了水利設施，更藉由對地方資源的佔領，劃地為王，私設關卡，向途經其地之人收取費用。乾隆《南靖縣志》載：

靖邑西屬於梅壠、施洋等總，與龍岩、永定、平和交界，山地遼闊，多產杉松雜木。商民拮措工本，買做火柴，從水運至山城轉售，船運到縣及漳郡南河發賣，以資民用，由來已久。茲訪聞，有沿溪梅壠大族魏姓，於溪旁築蓋水碓數處，每商民水運柴片經過，藉沖壞水碓為名，每運一次，勒索溪稅錢二千文、一千文不等。又船場至南坑，上下四十里，俱係大族張姓住家，沿溪截築魚梁十一次，凡水運柴片經過，張姓藉沖壞魚梁為名，每一次索錢二千文、一千文不等。從其欲，則撥水路放行，不從，則縱奸夥搶散柴片，黨眾角毆，以致商民折本，視為畏途。[3]

1　〔清〕胡之鋘修、周學曾等纂：道光《晉江縣志》卷8〈水利志〉，第4頁。
2　〔清〕薛凝度修、吳文林纂：嘉慶《雲霄廳志》卷3〈敝俗〉，第14頁。
3　〔清〕姚循等編輯：乾隆《南靖縣志》卷2〈禁革私壩水利告示〉，南靖：南靖縣地方志編纂委員會，1992年，第46頁。

梅壟魏姓、南坑張姓都依恃人多勢眾，在溪旁建築灌溉、捕魚設施，並以沖壞水碓、魚梁的名義，向水運柴片經過當地的商人強行勒索過路費，每次一二千文錢不等。除非商民從其所欲才予以放行，如果不從，就縱容奸惡之徒，肆意搶奪柴片作抵，甚至毆打商民。這種形同盜賊的惡霸行為，導致商民蒙受巨大損失，視為畏途。

地方勢族藉由對資源的控制，從而謀利的情事，還表現在私設墟場，橫抽入己方面。雍正七年（1729年），福建觀風整俗使劉師恕（1678-1756）即上奏言：

查各省廛市皆官立牙行，給帖抽稅，從未有紳衿大姓，竟敢私設墟場，橫抽入己，而民不敢違，官不敢問者也。乃漳浦縣侍郎蔡世遠之子蔡長漢，於盤陀地方蓋造墟廠，以二五八為墟期，凡販魚之人皆來貿易。每日有魚二三百擔，每擔抽錢三十文，其家人且有白搶魚擔之事。又於下鋪地方設立墟場，以一四七為墟期，棉花每擔抽錢三十文，魚每擔抽錢三十文，粿食每擔抽錢十二文，小豬每只抽錢十二文，大豬每只抽銀五分，牛每只抽銀五分，賣煙之人抽錢三文，每店一間，另抽年稅，自八錢到一兩五錢不等。又浦南、華峰等處，亦係蔡家人在彼開牙埠抽稅。再翰林李實蕡家，亦於盤陀地方設墟抽稅，因刻薄加稅，商販不願，近日貿易者稀少。……再查漳浦縣知縣李曙與李實蕡同年，聞其與蔡、李兩家相好，每多袒護，是以兩家子弟橫行無忌。[1]

閩南勢族私設墟場抽稅之事，早在康熙年間就已經相當嚴重，致使閩浙總督姚啟聖（1624-1683）必須頒示命令，以嚴懲處死來恫嚇

1 臺北故宮博物院編：《宮中檔雍正朝奏摺》第15輯，雍正七年十二月初八日福建觀風整俗使劉師恕奏摺，第258~259頁。

犯禁之人[1]。然而，從劉師恕的奏文可知，這個問題並沒有解決。塵市本由官府設立牙行，給帖抽稅，不允許個人私自設立，破壞官府的財源，擾亂地方墟市秩序。不過，由於有利可圖，只要一有機會，地方紳衿大姓往往不顧禁令，私設墟場抽稅以謀利。如引文中的蔡姓和李姓，就依恃家族中有人擔任政府高官的聲威，在盤陀、浦南、華峰等處私設墟場，對前來貿易的商人收取費用，隨意加稅。這種行徑，更由於當地知縣素與蔡、李兩姓相好，多方偏袒，而更加橫行無忌，造成了「墟集之利不歸官，豪右主之 1」的情形。

關卡和墟場私設的現象，在閩南可說非常普遍。姚啟聖曾言：

閩省八府稅有定額，凡民間寸絲尺布、水陸出產，莫不報官，而後載運負販、肩挑貿易者也。惟查有漳泉二府，零星食用貨物，官稅之外，更有私抽積弊相沿，民生日困。如龍溪、南靖附郭之絲、棉、油、紙、柴、炭、竹、木，包行、浦頭、石橋、華葑、天寶等之埠頭渡稅，及烏礁、許茂之蟶蠔，金山、水頭、船場、山城、龜鎮、杜潯、赤石、岩管溪、龍門、後礐等處，皆民間報官輸稅之後，朝夕攘攘負販、肩挑必由之路，而豪強棍營往往壟斷其中，以致經營裹足，生計困窘，湯火餘生，何以堪。 2

看的出來，豪強壟斷的範圍，幾乎無所不包、無處不在。其私自抽稅的行為，自然會使商人的成本大為增加，利潤下降，如果再受到刁難或暴行，勢必讓商人視為畏途，裹足不前，進而影響到生計。

地方豪族敢於霸佔地方資源，主要靠的是勢、力、財三項。康熙時任詔安縣令的秦炯，曾清楚歸納了當地著姓宦族能違禁私占的

1　〔清〕李鉉、王柏等修、昌天錦等纂：康熙《平和縣志》卷1〈疆域・街市〉，第29頁。
2　佚名編：《閩頌彙編（三）》，〈漳泉雜稅〉，第233~234頁。

原因：

　　偶有科甲，儼然夜郎之大，即截占海塗，以為子孫世業，貧民
裹足不前。欲往採捕，必納私稅，此弊之在於依勢者一；又有巨族，
自恃丁壯之多，亦截占海塗，以為一姓私業，小姓望洋興嘆，偶往採
捕，輒被擒毆，此弊之出於恃力者二；二弊並行，結訟不休，此告毆
命，彼告侵佔，彼告負欠，此告勒詐。而倚勢恃力之家，訟必求勝，
即將多收海塗之利，以為打點衙門之費。問官入其觳中，不念小姓貧
民之苦，竟將官海官塗斷歸倚勢力之人，而且或批執照，或給告示，
隨其所求，無不從欲。此弊之由於行財者三。[1]

　　這些地方豪族依恃勢力，將本為公利的海塗霸佔，並向民眾私自
收稅，而在出現糾紛、對簿公堂時，又拿這些私收的錢財賄賂衙門，
使官府作出有利的判決，甚至給予執照、告示，使私法合法化。

　　秦炯之所以會有這麼深的體認，主要是當地自明末以來，就一直
存在著各宗族間對海塗的爭奪及霸佔問題，以及因此而產生的互控。
早在明天啟七年（1627年）時，當地就曾發生沈姓官員霸佔海塗，經
里民上控，而勒石永禁的事情。不過，問題並沒有解決，到了康熙
二十七年（1688年），又發生鄭姓與李姓相爭而到縣、府控告之事。
這次的結果是鄭姓獲勝，並求得縣衙門承認其權力的告示。不過，鄭
姓卻不滿足，以此告示為憑藉，來擴展對當地資源的壟斷，種下了來
年陳四狀告鄭登智霸佔海塗之因。在官府查明詳情之後，給予鄭登智
一杖的處分，並撤回去年的署縣告示。而陳四也因為包攬告狀，同樣
受到一杖的處分。到了康熙二十九年（1690年），可能因為鄭姓仍然

1　〔清〕秦炯纂修：康熙《詔安縣志》卷3〈方輿‧方產〉，國家圖書館藏微卷，1978年美國猶
　　他州鹽湖城族譜學會據美國哈佛大學燕京圖書館藏康熙三十三年刊本攝製，第45~46頁。

control公共資源，使縣民周士元等，又將去年之事重新上控官府 [1]。

面對民眾的上控，秦炯能做的，除了查明事情原委外，也只能出示嚴禁，並要地方保甲負起查報責任罷了。然而，由於詔安地處偏僻，遠離福建的政治中心，加上當地豪族依勢、恃力、行財，不把縣令看在眼裡而肆無忌憚之故，為了徹底解決這個弊端，秦炯於是將詔安縣歷來因資源爭奪所產生的紛爭，詳細向督、撫兩院說明，並請求督、撫兩院能明令示禁，希冀藉由地方最高統治者的官威，來震懾地方豪族 [2]。

詔安縣時常發生紛爭，主要是因為「詔邑沿海為邑，地瘠民貧，殘黎所藉以資生者，尚賴有沿海之利可俟採取耳。凡力能造船者，則自造漁舟，乘潮捕魚，而無力造船者，則赤足提筐，候潮退而踏海塗採取蝦蛤，易米賣錢。此蓋自然之利，則凡濱海之處，理宜聽從民便，隨方採取 [3]」。然而，宦族豪民卻「將官海乘勢私占。大約宦族豪民迭相把持，或宦族指海為田，小民望洋而興歎。即豪民插箐為界，鄰里裹足而莫前，以致眾心不服，爭論日多，爭論不已，訐告日煩，此控彼占，彼訴此侵 [4]」，形成互控的局面。

宗族為了生存，必須獲得一定的經濟保障，在爭奪資源的過程中，免不了會發生衝突。在衝突中，如果雙方的勢力不均等，強者通常會仗著本身勢力的強大及和官府的良好關係，來迫使對方就範，以獲得勝利及對資源的控制權。乾隆在登位初年即言：

濱海之鄉，土地坍漲不常，田無定址，於是豪強得恣侵佔，而爭端日興。……夫州縣有司非盡不知愛民者，特以田土情形未能稔悉，

1 〔清〕秦炯纂修：康熙《詔安縣志》卷3〈方輿・方產〉，第44~45頁。
2 〔清〕秦炯纂修：康熙《詔安縣志》卷3〈方輿・方產〉，第48~52頁。
3 〔清〕秦炯纂修：康熙《詔安縣志》卷3〈方輿・方產〉，第43~44頁。
4 〔清〕秦炯纂修：康熙《詔安縣志》卷3〈方輿・方產〉，第44頁。

不得不寄耳目於吏胥，而猾吏奸胥又往往與土豪交通，變亂成法，予奪任意，弱肉強食，為厲無窮。獄訟繁興，端由於此。[1]

濱海之田，由於潮水的侵蝕和河水的沖刷、淤積，變化不定，使豪強有了侵佔的理由，因而產生紛糾。地方官雖然有心處理，但是，基於對地方情勢的不熟悉，不得不委託胥吏進行調查。不過，這些胥吏卻與土豪相勾結，使局面有利於地方豪族，藉以謀取私利。不僅如此，勢家強族尚藉由對資源的控制，以擁有者的姿態，進一步向弱勢者徵收使用費。蔡獻臣在〈文崎澳嚴革海稅記〉一文中說道：

山海之利，古推與民，後筦於官，然官所不能盡筦著，豪右或籠之以為利。下戶竇夫，一搖手投足，即觸厲禁，其稅反倍蓰於官，此其敝不與為民為官之意，大相剌謬哉？宜為持憲振窮者之所隱也。吾同文崎之民甚貧，而取蛤於海，其糊口之計甚薄，乃借海界豪名，而索稅者是不一家，其情甚苦。澳民魏君阜、魏承鄒等，於是援石潯之例，控於巡憲詹公，事下署篆貳守舒公，因得請於憲臺，嚴禁勒石，以示永久。[2]

嘉慶《雲霄廳志》亦記載：

雲霄有大溪達海者二：一自南山尾，歷蠔潭、竹塔、油草等界，迄於烏坵；一自南山尾，歷高溪、大墩、橫山等界，迄於北崎。海潮日再，至兩岸淤為泥泊，鱗介諸利產焉。二溪會於海口，中流突起大洲，廣袤十餘里，名為中洲大塗，其產利，視南北諸泥泊尤盛。官不為禁，環海千餘家胥藉以生，若恆產然。成化間，有豪民某者設網

---

1 中國第一歷史檔案館編：《乾隆朝上諭檔》第1冊，乾隆元年六月二十一日，北京：檔案出版社，1991年，第86頁。
2 〔明〕蔡獻臣：《清白堂稿》卷7〈文崎澳嚴革海稅記〉，第579頁。

第六章 閩南宗族間資源的爭奪

門，築田其間，再傳而其孫席富強餘，習攘為己業，漁者必入稅而後敢碾足，一方公利專為一人之私物，民莫敢誰何者。[1]

豪右藉著地方官控制力無法完全及於各地方的機會，將山海之利占為己有，壟斷資源，並以統治者的身分，自定禁令，隨意向貧民收稅。貧民因不堪被剝削，而向官府控告，希冀藉由官府公權力的介入，來使剝削者知所警惕，以確保自己的生存權利。

閩南宗族對資源的爭奪，也表現在沿海的新生地上，亦即所謂的埭田。由於受到海水和溪水的影響，使這些埭田的位址、大小變化不定，界限不清。產權歸屬的不明，讓勢家大族更有下手搶奪的空間，也引起更多的紛爭。《天下郡國利病書》載：

漳南負山阻海，介於閩粵之間，一都會也。地多岡阜林麓，雜以海壖斥鹵，溪澗流潦，決塞靡常，其稱沃野可田者，十之二三而已。……海濱民犬牙爭猙，至紛鬥相賊殺，又莫如埭田。埭田者，即傍海洲田也，當龍、澄接壤江海之中，浮三洲曰許茂、曰烏礁、曰紫泥，地雖斥鹵，而築長堤以捍潮水，歲長泥泊，久且可田。土人射利者爭趨焉，預輸佃價於官，給長單，畫分界，歲歲望水輸糧。然滄桑之變，或不能待至垂白，長子孫而不得田者有之，於是輾轉換賣，非復其故。有貲力者稍築成田，則喧隊四起，某以閹分爭，某以貲本爭，又某以舊田地毗連爭，其所不勝，不得不依附勢門，構怨煽禍，至累歲獄訟而不能決。[2]

雖然埭田在初生之時，由於鹽分過高，不適合耕種，不過，假

1　〔明〕朱天球：〈雲霄復公溪泥泊記〉，收入〔清〕薛凝度修、吳文林纂：嘉慶《雲霄廳志》卷17《藝文》，第12~13頁。
2　〔清〕顧炎武：《天下郡國利病書》第26冊〈福建〉，第84~86頁。

以時日，經由淡水的沖刷和泥沙的淤積，終有一天，也會變成可耕的良田。基於這個理由，一些見識較深之士認為有利可圖，在埭田剛形成、尚不歸屬於任何人之時，就預先輸官報墾，確立所有權，並期待有朝一日，斥鹵之地可以轉換為沃野之田。不過，由於世事變化不定，並非每個人都能等到那一天，當無力繼續維持時，只好將其轉賣，這使埭田的擁有權更加複雜，加上界址變化不定，因而引起許多紛爭。從爭奪者所宣稱的擁有權理由來看，可見其間的複雜性，以及歸屬的不易判定，官府因此無法明快處理彼此間的衝突，導致累歲獄訟的局面。

在此情形下，勝利與否，就得靠本身實力的強弱，其結果是，雙方私下相互角力，甚至以武力解決。而歸屬的不明，往往成為衝突的根源之一。晉江《陳埭丁氏回族宗譜》裡即收錄了一則相關訴訟的審語：

審得海濱之民，皆以海為田，如潮至而採捕魚鮏，則有魚課，如土現而種植蟶苗，則有蕩米，其界限原自截然也。如丁保之產原為世業，專以蟶為利，而林翰修、張肇紳等，則以網為業，專捕魚采鮏為生活者也。但翰修等，或於潮至之際，洪濤巨浪中，未免稍侵蕩界，漁取其利者有之矣。保等遂以為蕩中物也，目而勒取其鮏腥，相毆相攻，殆無寧晷。是以丁保告劫蕩，而林、張訟霸抽，相繼而起也。[1]

雖然海陸之別，界限較為分明，不過，由於潮汐的漲落，交界有所推移。此一事件發生的原因，在於漲潮之際，海中資源不免進入原為陸上蕩地之所。在林、張等姓看來，既然是海中資源，自然屬於其所有，因此，私自到丁氏的蕩地內捕捉。然而，丁氏卻認為，既然在

1　莊景輝編校：晉江《陳埭丁氏回族宗譜》，〈丁保告岸兜五姓劫蕩審語〉，第305頁。

167

其所擁有的蕩地範圍之內，理當歸為丁氏之物，林、張等姓的行為，無疑是種搶劫。在雙方感到利益遭受侵犯的情形下，引發了衝突，暴力相向，最後形成互控的局面。

不過，如果資源的有無關係著身家之計的話，其嚴重性就不僅於此。道光《廈門志》即言：「海港腥鮮，貧民日漁其利，蠔埕魚簖，蚶田蟶汊，瀕海之鄉，畫海為界，非其界者，不可過而問焉。越澳以漁，爭競立起，雖死不恤，身家之計在故也。」[1] 對於這種越界的行為，視同為生存的威脅，如果不據理力爭，可能因為生計來源的缺乏而無法立足，勢必得拼死維護才行。

當雙方勢均力敵，或是小族無法藉由官府的公權力獲得生存的保障時，在爭奪或維持已有資源的過程中，糾紛往往會進一步擴大成宗族間的械鬥。《惠安政書》提到：

諸埭雖亢，善糞其田，桔槔不輟，歲亦稍入，是以民賦土毛，庶幾頡頏諸都矣。然環白崎最繁，三氏聚廬鼎立，其俗尚氣，睚眥取勝，傾家不悔，蓋其敝也。[2]

民國《同安縣志》亦記載：

同邑負山面海，其水有流、有潴、有經、有緯，一水也，而千萬家、數十族之身家性命系之，非不共見其為利，然每屆春夏之交，需水者必出之於爭，小而訴訟，大而械鬥，至是水反不見利而見害。[3]

由於資源維繫著人民的身家性命，當資源的數量無法滿足全體

---

1 〔清〕周凱修、凌翰等纂：道光《廈門志》卷15〈風尚〉，第5頁。
2 〔明〕葉春及：《惠安政書》卷7〈二十三都〉，第221頁。
3 許榮等修、吳錫璜纂：民國《同安縣志》卷5〈水利〉，第1頁。

時，就會引發爭奪，即使是睚眥小事，也會導致極大的衝突，直到壓倒對方，贏得最後的勝利為止。之所以會「傾家不悔」，在於這關係著家族的利益和榮譽，亦即能否在當地立足、生存。

對統治者而言，基於社會秩序穩定的目的，地方資源的爭奪和械鬥當然是其所不樂見的弊害。不過，如果從當事者的角度出發，資源既然無法完全滿足所有的人，為確保能在當地生存及擁有領導權，使宗族能夠永續發展，不致衰滅，競爭在所難免。當雙方相持不下，或有一方不願受壓迫、憤恨難平時，由於閩南人民的習武之風、宗族組織的強盛，加上官府無法有效處理地方紛爭的緣故，宗族間的集體械鬥，成了最有效、最直接，也最能發洩憤恨的方法，這使閩南的宗族械鬥發生頻繁。《福建省例》寫道：

閩省濱海環山，民間田地，均藉溝渠塘圳，接引灌溉，形勢各有不同，得水亦分難易。或自上而下，或按股輪分，自有一定之規，原不容互相爭奪。無如戶族有大小，人情有良頑，不法之徒，不遵鄉例，每每倚強凌弱，損人利己，或上截水源，或下掘私溝，或本日不應輪值，而硬行戽放，或他戶例應分灌，而擅自阻攔，以致彼此爭毆，動成人命。更有統眾械鬥，釀成大獄者。[1]

由於「閩山多於田，……並海之鄉，斥鹵不字，飲天之地，寸澤如金。然而得水，獲必三倍，詩人謂一掬清流一杯飯，蓋歌水難得也[2]」。因此，能否保持對水資源需求的供應不絕，成為宗族能否在當地持續生存和壯大的關鍵因素之一。地方上的強宗大族，如果要強化和鞏固對當地的控制和領導地位，勢必積極尋求經濟來源，保證其

1　臺灣銀行經濟研究室編：《福建省例》，〈田宅例‧禁止爭水〉，第440頁。
2　〔宋〕梁克家修纂：《三山志》卷15〈版籍類六‧水利〉，福州：海風出版社，2000年，第167頁。

第六章　閩南宗族間資源的爭奪

不虞匱乏。在傳統中國社會中，土地的多寡，自然成為宗族是否強盛的象徵物之一，而土地能為宗族帶來多少財富，就得看是否擁有足夠和穩定的灌溉用水，來維持和保障一定財富的創造。因此，能夠控制水利設施的宗族，就能進一步控制整個地域社會。這種心態，使勢家豪族不顧鄉例，依恃本身勢力的強大，竭盡所能地奪取更多的資源。在有限的資源中，為了分配更多，自然就得以壓制他人為手段，損人以利己。

不過，在這場資源爭奪戰中，沒有人會願意眼睜睜看著自己的權益受損，當一方無法以絕對優勢壓制另一方時，紛爭就會一直持續，甚至演變成械鬥事件。這種因爭水而起的械鬥案件，普遍存在於閩南社會，以致政府不得不明令規定，禁止人民互相爭奪水源。乾隆五十九年（1794年）發生的長泰十八命案，就是因為薛、林兩姓天旱爭水起哄，進而發生械鬥的緣故[2]。乾隆五十二年（1787年），漳浦縣吳、林兩姓間，也發生了性質相似的案件。閩浙總督李侍堯（？ - 1788）上奏言：

吳、林二姓均籍隸漳浦，隔村居住，素識無嫌。吳歡田段與林琶田畝毗連，林田在上，吳田在下，向系同引溪水灌溉。本年三月二十二日，林琶同林昌先往車水，將上流溪水用土截住，吳歡偕吳春後至，瞥見上流溪水被截，不能下注，令其暫時開放，分水下流。林琶不依，互相爭論，吳歡、吳春即轉身跑走，聲言糾人打架，林琶、林昌亦回稱邀人幫打。時有吳姓族人吳讓、吳蒲、吳允，林姓族人林成、林卜、林澳等各在田工作，吳歡、吳春，林琶、林昌，各自分頭往約，囑令於次日辰刻，分帶器械前往械鬥，吳讓、林成等俱各允從。各該犯回家，復將情由告知族眾。迨二十三日辰刻，吳、林兩姓族人均各群聚田間。……維時在場，又有吳莖、吳灶、吳送、吳依、吳省、吳養、吳奚、吳插、吳飲、吳蔽、吳宴，並林耀英、林葛、林

賤、林暖、林扶、林懷、林正、林弼、林時、林欽、林貫、林六水、林善、林太、林膠，各執器械互相格鬥⋯⋯[1]

　　吳、林兩姓，本來是居住在相鄰兩村的舊識，素無恩怨，且兩姓若干族人平時共用同一條溪流的水資源來灌溉田地。然而，林姓族人不知何故，突將上流溪水截住，使溪水無法下流，導致田地位居下流的吳姓族人，無法獲得需要的灌溉用水，權益遭受嚴重的剝奪，因而引起雙方相互爭論，進而演變為兩族間的械鬥命案事件。

　　從這個事例可以發現，在閩南地區，當人民發生糾紛而需要外援時，最先尋求的是與自己有血緣關係的同宗族人，這顯示出對宗族的認同，不僅基於倫理道德的因素，尚有現實的需要。換句話說，正因為宗族組織有實際上的功能需求，強化了族人對宗族本身的認同感。這種認同感，在族人間進一步演化成休戚與共的一體感，當外力威脅時，這種同仇敵愾之感，時常導致同族之人不問是非（也或許是堅信己是彼非），挺身相助。更確切地說，是非對錯，已經不是雙方關注的重點，對族人來說，同宗之人不容被欺負、侵犯，進而不使宗族的榮譽、權益受損，才是他們集體行動的關鍵點。

第二節　無形資源的爭奪——風水

　　資源的爭奪，不僅在有形的物質上，還包括先人去世後，對在世子孫無形的福報，此即所謂的風水。有關風水的概念，郭璞（276-324）曾言：「葬者，乘生氣也。⋯⋯氣乘風則散，界水則止。古人

1　臺北故宮博物院編：《宮中檔乾隆朝奏摺》第65輯，乾隆五十二年八月初八日閩浙總督李侍堯奏摺，第228~229頁。

聚之使不散，行之使有止，故謂之風水。」[1]風水之術的盛行，誠如蔡獻臣所說：「自宋以後，堪輿之術倡，故有生而百方圖壽藏者，為身後利也。亦有化去數十年而不得歸土者，子若孫為其身利也，斯說之錮久矣。」[2]由此可知，風水之術為人所重視，是因為牽涉到利害關係。此外，也可能與理學的發達有關。漢寶德指出，理學家自邵雍（1011-1077）的圖書象數之學、張載的《西銘》，到朱熹的義理之學，都與風水的哲學基礎出乎同源。風水家們得到了理論上的支持，更加理直氣壯[3]。而理學家們本身就有相信風水的傾向，程頤即言：

> 卜其宅兆，卜其地之美惡也，非陰陽家所謂禍福者也。地之美者，則其神靈安，其子孫盛，若培擁其根，而枝葉茂，理固然矣。地之惡者，則反是。然則曷謂地之美者？土色之光潤，草木之茂盛，乃其驗也。父祖子孫同氣，彼安則此安，彼危則此危，亦其理也。而拘忌者，或以擇地之方位，決日之吉凶，不亦泥乎？甚者，不以奉先為計，而專以利後為慮，尤非孝子安厝之用心也。[4]

由引文可知，他認同擇地葬親的行為，理由是祖先就如同樹木的根本，只有根本穩固後，身為枝葉的子孫才能興盛。因此，只要能「奉先（本固）」，自然就會「利後（枝茂）」，以此看來，程頤卜葬的出發點在於奉先。然而，對地理師來說，他們只關心卜葬之後的禍福問題，亦即能否利後，至於奉先與否，並不在意。也由於著重點不同，所以程頤認為，他所說的卜其宅兆，是和陰陽家不同的。

---

1 〔晉〕郭璞：〈葬書〉，收入《古今圖書集成》第47冊卷665，第6873頁。
2 〔明〕蔡獻臣：《清白堂稿》卷4〈題侍禦林道卿生壙記後〉，第32頁。
3 漢寶德：《風水——中國人的環境觀念架構》，第132頁。
4 〔宋〕程頤：〈葬說〉，收入〔明〕馮琦編《經濟類編》卷45，《景印文淵閣四庫全書》第960~962冊，第63頁。

雖然程頤從奉先的觀點，來論說選擇宅地的重要性，並強調這與陰陽家所說的禍福不同，也反對出於利益的考慮，而拘泥於方位、日期等，不過，他所謂的「父祖子孫同氣，彼安則此安，彼危則此危」的觀念，卻與風水師所提倡的「人受體於父母，本骸得氣，遺體受蔭 [1]」之說，在觀念上有相通之處，所以，常被風水師引為佐證，這使民間的風水之術有了更合理化的依據。這種卜葬的行為，實際上，已經成為民間重要的習俗之一，用以求得子孫「螽斯慶衍，麟趾祥呈。滿床積笏，奕世簪纓 [2]」。這可從大量的傳記、墓誌銘中看出。平和《鄭氏族譜》載：

墳內坐庚向甲兼申寅，丙申寅分金，用畢宿五六度，父子卦納□□。外坐庚向甲兼乙卯，庚申寅分金三度，又得子癸乾亥龍入穴，又得甲寅乙卯壬癸水來上堂口，出巽去。土地公安巽方，卦納震，坐庚向甲兼申寅，丙申寅分金，坐畢八度。後日子孫戔興旺，修風不可，然亦分金線路。己丑年八月六日□□進葬。地師水井宗叔，正名槍，號宗元，立此分金正明。師用三二配卦。[3]

這裡對於墓地方位、土地公的安放，以及進葬時間等，都有詳細記述，可說是清楚地顯示了上述程頤所批評的現象。這種對於墓地空間佈置的重視，雖然不至於沒有孝道的意念[3]，但不可否認，其中深藏著濃厚的「利後」思想。

民間在安葬方面對於風水的重視，也可從祭祝儀式中看出，在拜祭靈柩、出柩起程、斬草破土、完墳謝土、點主及入主祠堂、遷葬改

1　〔晉〕郭璞：〈葬書〉，第6873頁。

2　何丙仲編纂：《廈門碑誌彙編》，《清・曾花棚墓誌銘》，北京：中國廣播電視出版社，2004年，第581頁。

3　平和《鄭氏族譜》，轉引陳進國〈事生事死：風水與福建社會文化變遷〉，第57頁。

葬、墓祭等過程中，所唱的祝文都含有風水的觀念[1]。不僅如此，堪輿之術也影響了日後對祖墳的修繕，如晉江縣陳埭丁氏在道光十七年（1837年）重修鹿園祖塋時：

四世仁祖墳……歲久，庭下被水沖崩，公議修理……詢之日師，以年利未合，祇得修理墳前地。……往來於東塘頭一、二、三世祖墳前，見墳庭及水路淤塞難堪，擬欲議諸族人自行備資，乘工修葺開浚。……日師稱本年惟可修理墳後，而墳前及八卦溝，必俟道光廿三年（1843年）癸卯方有大利，可前後一齊修理。[2]

修墳本是為了「奉先」，使祖先墳墓不會看起來有如無主之墳，以尊祖敬宗，飲水思源。然而，利後的動機卻往往凌駕其上，成了後世子孫最關心的重點。由此可知，修墳的意義，不僅是情感的表現，更代表風水的更動。因此，為了避免影響到未來的運勢，必須配合時辰，以期能「有大利」。對於風水堪輿的忌諱，也使得族人在面對象徵宗族組織標誌的祠堂時，不敢將其周遭隨意改變、增建。陳琛在嘉靖五年（1526年）碧溪陳公祠堂的石刻中即明言：

碧溪公名若濟，字汝舟，碧溪其別號也。……公之先世，居青陽山，元延祐間（1314-1320）始來居涵江。至弘治間（1488-1505），因公之故居重建此祠。公舊設田租四十石，永為祭祀之費，又租一千石，分與四子。今之子孫衣食，皆公之餘也。六世孫高州太守膴，時念其積德之盛，為族人勸勉，以堪輿風水之說，忌於祠前洋

---

1 有關安葬儀式的祭文內容，可參見陳進國〈事生事死：風水與福建社會文化變遷〉，第156~168頁。

2 鄭振滿、丁荷生編纂：《福建宗教碑銘彙編・泉州府分冊》，〈重修鹿園祖塋小記〉，福州：福建人民出版社，2003年，第351頁。

田中填塞蓋屋，遮蔽紫帽、羅裳諸峰。又忌於堂兩旁開門出入，褻慢神明，命七世孫琛，作門外聯句曰：「子孝孫慈，百世芝蘭滿室；山光水色，四時青紫迎門。」猶以為未盡也，更題堂前兩柱曰：「寸地留耕，勝似義田萬頃；滿堂燕笑，皆由忍字百餘。」太守與族之好秀才，僉喜曰：「是頌先德，且規後人也。語少意盡，宜記之。」[1]

由於擔心破壞風水，不敢在祠堂前的洋田中填塞蓋屋。而所謂的青紫，指的就是高官顯爵，因此，從「山光水色，四時青紫迎門」一句可知，保持祠堂附近原有的景觀（風水），目的之一，就是希望後世子孫能持續獲得和保有功名這項大利。

這種援引理學以合理化本身，卻含有濃厚的功利思想，尚表現在遷葬上。項喬（1494-1553）曾在〈風水辯〉一文言：

朱子，大儒也，兆二親於百里之遠而再遷不已。……兆二親於百里之遠而再遷不已，謂朱子純孝之心，惟恐一置其親於不善之地可矣。若謂緣此求蔭，恐非聖賢明道，正誼之本心也。……是故蔭應之說，本不難辯，奈何聰明智巧者，既援程朱以為口實，其冥頑者，又附和而雷同焉，宜其說之熾行於後世也。[2]

其實，對一般人來說，朱熹遷葬兩親的意義，並不在於動機為何，而是作為先例，讓後人在改葬祖先時，更加心安理得。因此，紫陽遷葬之舉，就成了後世改葬的理論依據，以及最直接、最有力的例證。

---

1 鄭振滿、丁荷生編纂：《福建宗教碑銘彙編‧泉州府分冊》，〈碧溪陳公祠堂記〉，第94頁；粘良圖選注：《晉江碑刻選》，〈碧溪陳公祠堂記〉，第154頁，碑文略異。
2 〔明〕項喬：〈風水辯〉，收入〔明〕唐順之《稗編》卷58，《景印文淵閣四庫全書》第953~955冊，第27~28頁。

第六章 閩南宗族間資源的爭奪

雖說「葬也者，藏也。藏也者，欲人之弗見也。人子而不得見其父母，斯哀已矣。始遷而復見之，再遷而又復見之，然終不復得見也，其哀可勝道哉[1]」！然而，「祖考安則子孫安。夫祖考子孫，一氣相屬者，使祖考不安，則子孫不安矣。又使子孫不安，祖考亦必不安矣[2]」。因此，在無法兩全其美的情況下，兩權相害取其輕，也算是一種孝道的表現。同時，也可以看出，由於「祖考子孫，一氣相屬」，孝道與求蔭有共通之處，並非截然兩分，不可共存。但是，求蔭本身即隱含「利」的成分，加上奉先並非一定就會利後，當必須對孝道和現實利益有所抉擇時，在以奉先和利後為兩端的天平上，往往會向後者傾斜，且當兩者間產生矛盾時，前者時常會被犧牲，畢竟，切身利益比孝道更為實際、重要，這也是為什麼會「不以奉先為計，而專以利後為慮」的原因。這種具有現實利益的功能，是風水能廣泛流傳的原因，也是知識份子批評的重點。乾隆時擔任福建布政使的德福，就譴責了泉州府當時有違孝道的遷葬歪風：

猶有一種惡習，祖先棺柩埋葬之後，如子孫家道中落，不論葬期久遠，將祖先骨殖起出，察看骨色之黑白，以占子孫之休咎，另行蒸洗掩埋，其風尤為惡薄。[3]

有關洗骨葬的情形，《問俗錄》曾述及詔安縣：「其民惑於風水……葬至數年，家有災祲，復開棺檢枯骨而洗之，拾諸瓦壇。其壇高尺許，名曰金罐。痤諸山麓向阻處，半露於外，俾受日月光畢，如

1 〔明〕李開藻：〈石鼓山遷葬記〉，收入《永春桃源太平李氏族譜》，轉引陳進國《事生事死：風水與福建社會文化變遷》，第163頁。
2 李開藻：〈赤岑遷葬記〉，收入《永春桃源太平李氏族譜》，第163頁。
3 〔清〕德福：《閩政領要》卷中〈民風好尚〉，第94~95頁。

是者有年，乃遷葬。」[1]後世子孫將家道中落歸因於風水，懷疑是葬不合法所致，所以將祖先的骨骸取出，來判斷衰微的關鍵何在，並藉由重新清洗掩埋，以期能改變不佳的風水，進而轉運。這種行為違反了葬的本意，純粹出於現世的利益考慮，而將孝道拋諸腦後，無怪乎為衛道人士所批評。

在風水觀念的左右下，閩南民間墳地交易活動頗為頻繁，因而出現了大量與之相關的契約文書。如嘉慶二十年（1815年）五月，晉江縣三十六都普月鋪文興境張燦老：

有承祖父明買得楊茂鄉曾宅產山一所，坐在楊茂鄉，土名樓梯後，擇墳安葬祖墳，並買墓前園仔一坵湊錦為庭，年貼納墓米銀三分。前因風水不利，將祖墳拾起別葬。今係空穴，欠銀費用，托中引就與洪宅，上繳賣出佛番銀拾伍大圓銀，即日仝中收訖。將此空穴聽洪宅前去改向，開築沙水明堂拜庭，安葬親墳。四面立界，不敢阻當，其前後左右並無虛堆古塚等情。保此山系是承祖明買物業，與別房無干，亦無重典不明為礙。如有不明，賣主抵當，不干買主之事。日後聽其添墳改葬，或要□賣他人，與張宅無干。此係兩願。今欲有憑，立繳賣契為照。[2]

同年七月：

同立換批人卅六都楊茂曾求、秀老，有承祖產山〔乙〕所，坐在楊茂鄉，土名樓梯後。前年撥山風水乙穴，經賣與張宅安葬祖墳，年貼墓艮三分。因風水不利拾起，空穴轉賣與洪宅。今向本宅換批，

1　〔清〕陳盛韶：《問俗錄》卷4〈詔安縣・風水〉，第32~33頁。
2　泉州閩臺關係史博物館藏，轉引陳進國〈事生事死：風水與福建社會文化變遷〉，第216頁。

第六章　閩南宗族間資源的爭奪

即日收過盤儀銀完足。此山頂風水前後左右並無虛堆古塚，聽洪宅挨移改向，開築風水明堂拜庭，安葬親墳，其拜〔庭〕外築基，不敢阻當。保此山係是承祖父物業，與別房無干，亦無來歷不明。如有不明，秀與求抵當，不干洪宅之事。日後拾骸添葬，不得異言等情。今欲有憑，同立換批為照。[1]

到了道光八年（1828年）十二月時：

同立換批字人三十六都後渚鋪楊茂鄉曾壽老、求老有承祖產山一所，坐在本鄉，土名樓梯後。乾隆二十五年撥出風水一穴，坐南朝北，賣給與張宅葬墳，每年貼納墓米銀三分，前年拾起轉賣與洪宅。今因洪宅風水不利，復拾葬他處，將此空穴再轉賣與鄭衙明白。茲向本宅換批，即日收過佛銀捌大圓，其空穴聽衙挨移改向，開築砂水明堂，安葬親墳，不敢阻當。保此山系壽等承祖物業，與別房無干，亦無來歷不明為礙。如有不明，壽等自出抵當，不幹買主之事。今欲有憑，同立換批字為照。[2]

由上可知，在短短數十年內，墓穴已幾經易手：由曾姓賣給張姓，張姓讓與洪姓，最後轉手到鄭衙手裡。這顯示出閩南民間墳地交易活動的頻繁，不僅表現在不同墓穴的賣買上，即使同一處所，所有權易動也屬頻仍，而兩者都是因為風水不利，拾起別葬的關係。既然風水不佳，那麼對地主來說，已無多大意義，自然不受重視，再加上改葬等需要費用，因而造成轉賣空穴之舉。對買方來說，在別人眼中的非利之穴，並不意味著同樣會不利於己，有可能是因為葬不合法等

---

1 泉州閩臺關係史博物館藏，第217頁。
2 泉州閩臺關係史博物館藏，第217頁。

多種因素造成，這可透過更改風水來使之有利於己，因此，並不會與賣方有相同的心態。不可否認，雖然契約文書中常見的因風水不利而遷葬賣穴的說法，不少只是一種格式化或鄉俗化的用語，並非字字確鑿[1]，但這種格式化或鄉俗化，正代表風水在民間觀念和行為上的廣泛性。

深信堪輿的意念，使閩南民間社會，往往將一己的盛衰歸因於風水。如周翔鶴在調查南靖縣和溪林姓和奎洋莊姓興盛的原因時，族人所給予的答案都是風水。無論是林姓、莊姓或他姓，無論是農民或從事其他職業者，都一致認為林姓、莊姓能發達，是因為他們的祖墳、宗祠或聚居地風水好[2]。同樣的情形，也發生在石奕龍所調查的同安縣西柯鎮陽翟（陳姓）、呂厝（呂姓）、後田（林姓）3個村落中，對於為什麼某姓會在某地發展成為一個單姓宗族村落這個問題，他們的自我解釋都認為：因為他們的開基祖先得到該村的風水，所以他們發展起來，同村其他原居民，由於沒有得到風水，這才衰落而搬遷走的[3]。姑且不論其興盛真正的原因為何，這反映了風水在他們心目中的定位。另一方面，認為風水的破壞，導致本族的衰微，可以晉江林氏為例。《馬平霞店林氏本房族譜》載：

迨後裡有四寶石，為仇家謀假堪輿者，戕而坦之，風水頓減。又值兵燹，重以遷移，遂至耗散離披。雖積厚福綿，亦有以科第興者，然已無復昔日繁盛。[4]

夫何鄰里仇人詭堪輿家言，使四石悉毀，而子姓遂耗散，無復舊觀

1　陳進國：《事生事死：風水與福建社會文化變遷》，第223頁。
2　周翔鶴：《南靖縣和溪奎洋等地單姓區域形成的探討》，第86~87頁。
3　石奕龍：〈風水抑或資源控制──單姓宗族村落形成的主位與客位解釋〉，收入石奕龍、郭志超主編《文化理論與族群研究》，合肥：黃山書社，2004年，第174頁。
4　〔清〕林夢賚修：晉江《馬平霞店林氏本房族譜》，第22頁。

第六章　閩南宗族間資源的爭奪

矣。嗟！仇人得計，或亦氣數使然耶？……乃嘉靖乙未（嘉靖十四年，1535年）間，倭亂憑陵，並雪軒公繼建小宗，以及祭器，亦焚於寇。揆厥所由，或亦四石之戕，其烈未戢乎？[1]

林氏將子姓耗散離披的原因，解釋為自家風水遭人破壞。不僅如此，甚至還懷疑，之所以會遇到戰亂和遷移，導致宗祠和祭器焚毀，也是由於風水的關係。

這種將興衰歸因於風水的觀念，即使是清初的理學大師李光地亦不能免，其曾言：

風水豈得云無？今觀我們所吃灤州鯽魚，過此地不遠，而魚已不及。滄州只西門外十里一段水好，過此便不佳。豈得云水土都是一樣？萬物如此，而況人為萬物之靈。即如山僻處，百餘年不出一讀書人，而通都大衢，科第不絕，自是地氣。[2]

風水成了理氣的同義詞，而一地興盛與否，與該地的風水息息相關[4]。因此，為了避免本地的運勢遭到破壞，導致該處的衰弱，對於「龍脈」（主要指該地最重要的山脈）都儘量予以保護。同安縣在乾隆十七年（1752年）時，即公禁應城山羅漢峰掘沙傷壞縣脈：

地靈人傑，古今不爽。考同安縣治自三秀以發源，洎五蘆而結穴，堆阜聳伏，蜿蜒逶迤，惟應城山為最要。宋朱子簿同時，於此山築堤補其脈，造峰聳其勢，所以保護縣治，載在邑乘。奈何前人築之，後人毀之？賢人造之，愚人壞之？自是官多詿誤，俗尚忿爭，士氣頹墜，民風

---

1 〔清〕林夢賚修：晉江《馬平霞店林氏本房族譜》，第35~36頁。
2 〔清〕李光地：《榕村續語錄》卷17〈理氣〉，第799頁。

衰薄，弊蓋有自來矣。……銘曰：「咽喉銀邑，崗嶺鍾祥。紫陽過化，夙美仁疆。無何俗變，龍脈戕傷。士民凋瘵，鮮獲吉康。昊穹降福，宰得賢良。補天成地，嚴禁敍詳。勒碑紀德，石壽並長。」[1]

可以很清楚看出，同安縣士紳認為，當時之所以會官不得人、興訟繁多、文風不盛、民風衰微，即在於該地的龍脈遭到破壞。因此，長治久安之計，乃是避免「龍脈戕傷」。

為了保護該地風水，不管是官府或地方人士、宗族，於公於私，通常都會禁止山林的隨意砍伐及放牧牛羊等。晉江縣洪山鄉〈水尾樹碑〉中，就很明白地記載：

矧風水攸關，無宜鄭重乎？吾鄉溪水、虹山，素稱勝概，而溪水尤鄉里水口所歸宿也，介居東北，地勢稍傾，前有喬木參天，遮蔭風水。間有不肖之徒，運斤迭至，而山盡童。……栽培松柏、雜木，護衛風水。……自茲以往，姓無分同異，房無分強弱，不得私自砍伐，致累風水。[2]

可以看出，傳統社會對山林環境的保護動機與現今不同，最主要還是出於風水的維護。再如同安縣〈陳氏墳山示禁碑〉所載，乾隆二十五年（1760年）：

據職監陳西江具稟前事詞稱：竊死生雖分乎各別，而仁政推廣所必周。痛江前年明買林家產山一所，坐貫嘉禾里二十八都龍頭山，葬墳四，首印契據，周圍豎界，並栽插松木為墳蔭，歷管無異。詎邇來

1　許榮等修、吳錫璜等纂：民國《同安縣志》卷4〈山川〉，第102頁。
2　鄭振滿、丁荷生編纂：《福建宗教碑銘彙編・泉州府分冊》，〈水尾樹碑〉，第367頁。

慘被附轄大姓射利之徒，欺江窵遠，屢次橫砍松木，幾至山童，鑿挖石砂，將絕地脈，凡觸目者，咸皆心傷感歎。江經迭投地保，雇工鎮〔土〕栽茅，遠顧難當近戕，十修奚供一廢？伏思季薑猶嚴樵采，墳塋豈容迭害？戕毀墳塋，上憲律載所必懲，小民命脈何攸賴。[1]

同縣〈林氏墳山示禁題刻〉則載乾隆四十一年（1776年）：

切廣父安葬廈門東邊社，土名岑內口，歷年祭掃無異，奈住居窵遠，巡視不周，近處鄉民放縱牛畜，恣意踐踏。或不論男女，三五為群，采刈青草，連根鋤掘，甚至挖石取土，乘便圖利，罔顧有主幽墳。[2]

無論砍伐者的目的為何，對受害人來說，最重要的是「在祖塋界內縱放牛羊，踐踏明堂砂水，或樵蘇薪木，毀傷脈石、攔山[3]」等種種行為，不僅「戕毀墳塋」，還會「絕地脈」，使該地的風水遭受極大的破壞。也因為風水與一族的生存有極大關聯，所以，山林的私自砍伐，自然不被允許。萬曆四十六年（1618年）的晉江縣〈靈源山示禁碑〉中，顯現了吳姓在祖墳受到此類傷害時，心中的感受：

據吳選狀告稱：義父吳鄉官有祖墳二首，一葬在靈源寺西，東至路，西至路，南至□□□，北至洞仔；一坐在靈源寺西牛嶺山，東至路，西至山脊處，南至龔宅山，北至嶺，界限明白，植蔭數千。近被

1　鄭振滿、丁荷生編纂：《福建宗教碑銘彙編・泉州府分冊》，〈陳氏墳山示禁碑〉，第1069~1070頁。
2　鄭振滿、丁荷生編纂：《福建宗教碑銘彙編・泉州府分冊》，〈林氏墳山示禁題刻〉，第1089頁。
3　鄭振滿、丁荷生編纂：《福建宗教碑銘彙編・泉州府分冊》，〈陳氏祖墳示禁碑〉，第415頁。

附近居民乘父宦游，累肆侵剪，愚民視為利藪，公行旦旦之斧斤。奸民懲□□圖冥冥之風水，痛深水火，害切膚身，懇乞給示嚴禁等情到府。看得墳塋樹木，乃系遠蔭風水，附近居民乘機累肆侵剪，情甚可恨。本當查究，姑記出示嚴禁。為此示仰附近居民人等知悉：凡系吳鄉官墳塋界內草木生枯，不許擅行侵伐，亦不許縱放牛羊踐害。如有不遵，許社首及墓客指名呈報，告提究罪，枷號示懲，決不輕貸。[1]

吳姓之所以會「痛深水火，害切膚身」，在於「樹乃墓身之主腦，是山非是樹不足以禦風者，是墳非是樹亦□乎保障，關係重巨，豈容毀伐[2]」？主腦被毀，祖墳風水豈能不壞？而祖墳風水又維繫著該族的存亡興衰，以致連官府也覺得「情甚可恨」了。不過，對於私自砍伐之事，由於沒有明確的犯罪物件，即使要嚴加查究，也無濟於事，官府也只能出示嚴禁了。

更有甚者，為了強化風水對宗族興衰極為重要的概念，有時還會利用族中重要先人扶乩垂訓後世子孫的方法。同安柏埔洪氏，在乾隆五十七年（1792年）時，就發生洪朝選（1516-1582）扶乩報筆垂訓事：

乾隆五十七年壬子九月二十日夜，扶乩報筆，垂訓孫子。伯祖靜庵公（洪朝選）曰：「……夫我祖始居此土，高、劉、王、李、林、謝、歐陽七十餘家，既為我而有之矣。夫元、明之際，芹其不詠，鹿鳴不歌，五六代也。隆、萬之時，殿陛與列，此地此土且欲有所補也。誠以先人艱難創制，去七姓之族，成一本之親，當時雖衰，於後可望固守，勿敢變者。何乃世代迭更，一二不肖，戕疾

1　粘良圖選注：《晉江碑刻選》，〈泉州府告示〉，第58頁；鄭振滿、丁荷生編纂：《福建宗教碑銘彙編・泉州府分冊》，〈靈源山示禁碑〉，第168頁，碑文略有出入。
2　鄭振滿、丁荷生編纂：《福建宗教碑銘彙編・泉州府分冊》，〈許氏祖墳示禁碑〉，第414頁。

第六章　閩南宗族間資源的爭奪

之，改作之，欲為己利，不知一不利，終無有利者矣。譬之於身，四肢病曰四肢病乎，豈惟四肢病乎，識大體者可以曉然矣。吾誨汝，千里來龍惟重入手，鑿之則寒矣！且在巳方曜水到堂，其大病一也；大龍小結，則廟不得過高，亦不得過大，前迫而後虛，左有岑樓之壓，其大病二也；兩水合流，而鯉墩守之，所以蓄氣也，小焉不無洩漏矣，其大病三也；分脈之始，東有九寶，西有金山，可謂善矣。然深溝橫斷，予亦嘗興填塞之思，所志未遂，會遭奸害，是以至今，崩壞益倍，其大病四也。此數者皆為扼要之處，人文所關，其於興隆衰替之機，既有徵而有驗矣。」[1]

由文中可知，洪氏一族認為能排擠掉七姓之族，獨大於當地的原因，在於得地脈，所以，對於先人好不容易建立的基礎，不敢隨意更改。然而，有些不肖子孫卻為了一己之私，不惜破壞、更改原來的風水。因此，為了整個宗族的生存著想，必須阻止這類情形發生。緣此之故，藉由祖先的降乩和譴責，來神聖化所欲宣示的觀念，更有加強的效果。而其所謂的扼要之處、人文所關、興隆衰退之機，都與風水有關。

此外，有些宗族還把風水地的獲得與神話結合，並記載在族譜裡，來加強其興盛的自然性和宗族的神聖不可侵犯。泉州《詩山鳳坡梁氏宗譜》即記載宗族發跡的原因：

迨我蓋祖范公者，居於泉之惠安麓，與胡長者別院為鄰。時長者欲擇地葬親，出一難言與堪輿師，云：「必狀元宰相地，方來回信，二者得一不用也。」師選擇一二年，尋至惠之文筆山下一穴，究心細

---

1 洪福增編印：同安《柏埔洪氏家譜》卷16〈扶乩報筆垂訓〉，轉引陳進國〈事生事死：風水與福建社會文化變遷〉，第172頁。

勘，曰：「此真狀元宰相地矣。」再就穴場精詳體認，不覺神疲假寐，忽聞福神喝曰：「此狀元宰相梁地也。」頓醒起，以梁為良字，遂奔報長者。適長者在別院燕貴客，令僕從引到若莊上安宿。明日會晤，欲行間，天降大雨，溝渠水漲，艱於步趨。我祖延師抵家，蔬食安頓，家乏嘉肴，無可佐酒，乃殺守旦之鵝，取以供師盡歡。欲睡訪問姓氏，答曰：「賤姓梁。」師始悟良為梁字，此地屬梁無疑……後葬范公，八世而生文靖，果狀元宰相，封鄭國公。[1]

其藉由描述獲得風水地的過程，來暗示梁氏的興盛是天命所歸，並有神人保護，即使他姓想要侵犯，也會為上天所阻，最後無功而返。

這種將發跡歸功於風水的想法，也同樣存在晉江《潯海施氏族譜》裡。族譜中提到：

世傳宣義公求地塋親，誠意懇篤，與楊氏、林氏俱屬親誼。一日遇堪輿家，相謂曰：「爾等欲得地塋親乎？吾已於某山尋一吉地，其山石氣磅礡，龍脈旺健，相去不數武，有三吉穴鼎足而峙，狀如眠犬，爾等翁塔積德日久，吾已預定三穴，結草為記，汝其各認草以塋。」遂去，不知所之。後三家各塋一穴，子孫俱登科第昌盛，故其山名為結草山云。[2]

晉江十八都結草山，蓋因施林楊三姓祖墳而名也。其原發於妙峰嶺，行龍數里許，特結三穴，而我三姓祖墳鼎列在焉，歷宋於茲，蓋五百餘年矣。今我三姓族派繁昌，人物蔚起，悉號為泉望族，無非此結草墳塋所延衍而傳者也。然則結草山之為我三姓有也，所從來遠

1　〔清〕梁焜兆等重纂：泉州《詩山鳳坡梁氏宗譜》，〈梁氏譜系簡錄〉，臺北：龍文出版社，1993年，據光緒十年重修、溫陵張世球世刻本影印，第15~16頁。
2　〔清〕施琅、施世騋等修：晉江《潯海施氏族譜（一）》，第182頁。

矣。前有盜葬此山，致傷墳脈者，侗孩閣下楊老先生究扡十餘首，山界一清。此為有功於祖，而吾祖亦同藉其庇，宗之遺老猶能言之也。仍何近數年來，附近居人不鑒覆轍，復藉勢混葬，而我三姓之不孝孫子，亦相踵效尤，名曰傍祖，實以戕祖，或斷龍脊，或斬龍臂，結草山幾無餘土。茲康熙二十二年（1683年）癸亥，本爵（施琅）奉命專征師次日湖，時屆清明，偕族人到墓祭掃巡視，不勝痛憤，因會林楊二家嚴究。先自三姓之傍祖，次及他家之混葬，俱悉令自扡起，計有二十餘首，結草山又為一清。夫庶民之家，雖戶衰力微者，猶不忍聽其祖宗任人戕傷，以我三大姓閥閱名族，數百年來封塋，乃敢涎貪混葬，戕傷罔忌，寧料其無有起而爭之，而可保塋者之永安斯土乎？[1]

這裡很明白說到，晉江十八都施、林、楊三姓之所以能族派繁昌、人物蔚起，號為泉州望族，原因即在於能獲得良好的風水之地，甚至連結草山的得名，也與風水有關。正因為如此，導致他人對結草山風水的覬覦，而發生盜葬的現象。對施、林、楊三姓來說，他姓盜葬的危險，在於對本身風水的破壞。再者，從上面引文也可以看出，即使是本族子孫，在宗族的共有墳場中，也不可以隨便埋葬先人的遺骨，否則亦被視為是盜葬的行為。不過，這倒不是因為怕本族的風水被奪，而是基於此一行為可能會傷害到祖墳龍脈，進而影響本族生存的考慮。晉江潯海施氏就曾有「二房、東頭、四江等私房，將其三骸盜葬墳腦，立傷族丁三十餘命，而四江等竟亦無後[2]」的事情發生。

由於「凡祖墳廟宇之屬，皆先慎擇地理而築焉。其幽顯者，屬在五行相生之理，不辨而明。然陰陽變化，自然天成之妙，為人

1　〔清〕施琅、施世騏等修：晉江《潯海施氏族譜（一）》，〈結草山示禁混葬碑文〉，第175~177頁。

2　〔清〕施琅、施世騏等修：晉江《潯海施氏族譜（一）》，〈遷四江盜葬戕祖示禁碑文〉，第179頁。

子亦宜慎之而守之¹」。因此，不管是本族或他姓，都不可以隨意私葬於祖墳之旁。晉江縣青陽蔡家在乾隆四十三年（1778年）公訂規條中，即規定「不許恃強貪穴，混築虛堆」、「不許開築欄山、砂水、墓埕占地」、「不許先葬者恃強阻當，後葬之人傷後塞前事端²」。廈門曾厝垵西河林氏，則於道光二十年（1840年）規定「族中承管各處公山，惟我本族人等可得自行開墾、栽種、剪葬墳塋，其親朋戚屬自今以後，均不得徇情相以售賣」，避免「損截族山墳脈」，以保持「本族純一，毋使異姓混雜，可得山川百代依舊，子孫奕世瓜瓞³」。這種看法，也存在於官府的禁令中，如《福建省例》即禁止不肖子孫於祖墓之旁，私行扗穴^[5]。

如此一來，雖說族人可將先人的遺體葬於宗族的共有墳地中，然而，並非可以隨地葬之，必須在不傷害到本族風水的情況下才可，亦即宗族共有墳地的好風水，並非是對所有族人開放的，只有具備特殊意義的祖先，才有資格葬在宗族的風水之地。此外，民間禁止子孫自行扗穴的原因，除了避免損截族山墳脈外，筆者推測，還有房分不均的擔憂，如晉江陳埭丁氏的墳山買賣契約書中，就有許多因為房分不齊，將祖墳遷起別擇安葬之事⁴，以避免破壞整個宗族的和諧與團結，進而影響到宗族的發展。

由於明清時期，閩南民間社會對風水之術的運用非常盛行，往往「惑信風水，輒將父祖妻兒棺柩停頓在家，或寄放郊野，不行安厝，甚至有二三十年任其裂棺暴骨而不顧者，有一家停至三五柩者⁵」。在

---

1 〔清〕陳有文編輯：《潁川陳氏族譜集成》，〈立譜例條〉，第17頁。
2 粘良圖選注：《晉江碑刻選》，〈青陽蔡家公訂規條〉，第67頁；鄭振滿、丁荷生編纂：《福建宗教碑銘彙編・泉州府分冊》，〈青陽蔡家公訂規條〉，第301頁。
3 何丙仲編纂：《廈門碑誌彙編》，〈曾厝垵西河林氏公禁碑〉，第462頁；鄭振滿、丁荷生編纂：《福建宗教碑銘彙編・泉州府分冊》，〈林氏宗祠禁約碑〉，第1178頁。
4 莊景輝編校：晉江《陳埭丁氏回族宗譜》，第257、270頁。
5 〔明〕許孚遠：《敬和堂文集》，《公移・頒正俗編行各屬・鄉保條規》，臺北：漢學研究中心藏日本內閣文庫景照本，萬曆二十二年序刊本，第18頁。

第六章　閩南宗族間資源的爭奪

未求得良好的風水之地前，動輒數十年不葬。如漳州府龍溪縣，「死喪之家，自初喪成服，以及葬虞，多能式於禮經。而延僧佛事及惑青烏家言，數十年不葬者，亦比比而是也[1]」。只要能力足夠，不管花費多少，也要求得吉穴。康熙《漳浦縣志》即言：「家有十金之產，便不惜多費，求購吉穴。然不可必得，遂有終身不葬，亦有葬而復遷者。」[2] 這種對良穴的追求，大部分是富室之家，這是由於吉穴的選擇，必須依賴風水師的堪輿，以及購買土地，並妥善保存靈柩等。如此，必定要花費極大的錢財，尤其在號稱「喪葬而侈[3]」的福建，更非一般貧民所能負擔。因此，一般貧民反而在實際上，比較不會基於風水的要求，形成歷久不葬的情形，即使如此，也是迫於無奈。不過，這並不代表風水的觀念只存於富室之家，對一般貧民來說，良好的風水地能帶來極大的利益，依然深植於心，只要一有機會，他們仍會將這種觀念付諸實現，只是事與願違，無能為力罷了。因此，只好退而求其次，讓先人的遺體得以安葬，以免帶來更多的麻煩。明人陳於朝言：

家貧不能舉喪者，即古人賣身葬親亦不為過。然其久殯猶略可原，而溫飽之家則罪為尤重。然家貧久殯者百無一焉，而溫飽之家則比比皆是，或聚列一堂，或別置一室，或構橡於山，或攢石於地。大抵怠惰慳吝，親死未葬，漫不留意。問其何以久殯，則必以不得風水為對。[4]

1　〔清〕吳宜燮修、黃惠等纂：乾隆《龍溪縣志》卷10〈風俗〉，第4頁。
2　〔清〕陳汝咸修、林登虎纂：康熙《漳浦縣志》卷3〈風俗〉，第203頁。
3　〔明〕許孚遠：《敬和堂文集》，〈公移・頒正俗編行各屬・鄉保條規〉，第14頁。
4　〔明〕陳於朝：《芋蘠山稿》卷6〈久殯說〉，臺北：漢學研究中心藏日本尊經閣文庫景照本，萬曆四十三年刊本，第4頁。

道光《廈門志》亦記載：

廈島人貧者，十日半月即葬，房屋窄小故也。富者往往聽青烏家言，人無智愚，惑而信之，俗稱為地師，聽其指擇。又拘年月日時，房分不齊，又各信一地師，彼善此否，往往停柩不葬。[1]

「夫為貧故，欲需厚葬，日復一日，以至於久，雖非事親之理，猶不失為孝子之心[2]」。如果因為家裡過於貧窮，一時沒有足夠的費用來埋葬親人，因而久殯不葬者，還情有可原。不過，這種情形並不多見。由於貧民所居之屋大多極為狹小，如果將親人的靈柩長期擺在屋內，勢必影響生人的作息。既然無能為力謀求風水良好之地，倒不如趁早安葬，才不會對日常生活有所妨礙。因此，造成久殯不葬的情況，主要是稍有貲產之家，不管是一般平民，還是擁有聰明才智之人，都希圖於風水所帶來的利益。甚至連博雅之士也「惑於堪輿之說，暴露其親，久而不塟[3]。」在還沒有找到令人滿意的地方、時間之前，不輕易將親人的遺體安葬，以免因為所葬之地的風水不佳，影響到日後的運勢。民國《南安縣志》描述到：

泉俗風水之說，惑人最深，往往信形家言，既擇年月日時，又擇山水形勢，至有終身不葬，或累世不葬，或子孫衰替，忘夫處所，遂棄捐不葬者。悖禮傷義，無過於此。且有初喪草草薄葬，過數年後，擇地既定，開棺拾骸，以瓦棺移葬他方，以為不如是則心不安也。……每聽地師土棍之指使，於他人墳山，輒生覬覦。……而一二

---

1 〔清〕周凱修、凌翰等纂：道光《廈門志》卷15〈風尚〉，第7頁。
2 〔明〕許獬：《許鍾門文集》卷4〈寄家書〉，《四庫全書存目叢書》集部第179冊，第48頁。
3 〔明〕蔡克廉：《可泉先生文集》卷15〈公移‧江西廣東學政〉，中研院傅斯年圖書館微卷，據中央圖書館藏本影印，第13頁。

第六章　閩南宗族間資源的爭奪

巨姓祖墳，又每於不相干礙之地，藉斬傷之說，以阻止平民，此泉俗風水之訟所以不休也。[1]

　　閩南人民深信風水之說的結果，不僅形成了久殯不葬、遷葬等有違倫理道德的行為，也由於在人們的觀念裡，其牽動著後世子孫的命運，且與宗族的繁衍興盛至關重要。因此，在面對這種無形的資源——福禍[2]（從另一個角度來說，吉地也算是一種有形的資源）時，勢必引起爭奪。而宗族間也往往以傷害到自家的風水、脈地為由，來阻止他人從事於可能危害自身利益或安全的行為（這不代表他們假風水之名，行阻止之實，極可能他們本身就深信如此），這導致雙方發生衝突，進而訴訟、械鬥不斷。

　　世人擇地葬親的功利傾向及久殯不葬、遷葬等社會問題，歷來多為儒家知識份子所非議。士人對民間風水之葬的批評，多圍繞在其違反儒家禮制精神的部分，無論是對哀戚精神的強調，或是對孝道實踐的提倡，目的不外是希望透過討論引起時人的注意[3]。姚啟聖在勸諭閩人埋葬的告示中即說道：

　　為勸諭安葬，以勵仁孝事。照得生事死葬，乃人子報本之事，若惑於風水愚見，竟將棺柩暴露鄉郊，已屬不孝。閩省薄俗，尚有久頓在家，三載五載或七八載者，獨不思風水本乎陰德，天地福善禍淫，昭昭不爽，豈可強勉致之。爾等不為父謀安土，但為子孫計短長，萬一水火無常，偶然焚侵，不為畢生莫贖之罪乎？合行出示勸諭，為此示，仰地方紳士庶民人等知悉，示後各宜清夜自省，處處皆系風水，全

1　戴希朱總纂：民國《南安縣志》卷9〈風俗志之二〉，第253~254頁。
2　由於風水的有限和排他性，他人之福在某種程度上即是一己之禍，故福禍可視為無形的資源。
3　何淑宜：《明代士紳與通俗文化——以喪葬禮俗為例的考察》，第130頁。

憑一點孝思。[1]

藍鼎元（1680-1733）亦言：

世俗信青烏家言，停喪者眾矣。余讀林氏《歸厚錄》，悄然悲
之。歸土為安，古今正理。若富貴福澤，則關乎作善降祥，惟子孫自
取之。不信理而信術，以親為市，殊可痛也。[2]

雖然姚啟聖、藍鼎元都認為，不應該因為風水的關係而停喪，
不過，事與願違，世俗卻是「不為父謀安土，但為子孫計短長」、
「不信理而信術」，為了取得「富貴福澤」，而「以親為市」。換句
話說，民間社會對風水之葬的採用，最大的動機乃是趨吉避凶、福禍
報應等功利性的目的，而非出於儒學之士所強調的儒家禮制精神。因
此，士人對民間風水之葬的批評，無法觸及世人所關心、在意的核
心，自然不被接納。再者，儒學之士的言論，並不能解決世人對死後
世界及冥界與現實世界間互動關係的不確定感和疑惑，這使世人在
「寧可信其有，不可信其無」的心態下，求助於未知的神秘力量，以
避免災難的降臨，並期望從中獲得好處。因此，雖然「地理之說，原
屬幽微，青烏之術，吾儒又目為小道，每不樂談[3]」，但由於民間對
風水的重視，使得拒而不信，或視為末節而不為的君子，「一旦而有
大故，則思奉祖考以安，開埏以居，子孫則思無窮之澤，皆不敢苟且
耳[4]」。如果再加上現實生活不順遂或遭遇重大變故，那麼，即使是

1　佚名編：《閩頌彙編（四）》，〈勸諭埋葬〉，《臺灣文獻彙刊》第2輯第4冊，第318~319頁。
2　〔清〕藍鼎元：《鹿洲全集》卷14〈林藍田小傳〉，廈門：廈門大學出版社，1995年，第165頁。
3　林嘉書整理：南靖《龜洋莊氏族譜（一）》，第73頁。
4　〔明〕趙汸：〈風水選擇序〉，收入〔明〕唐順之《稗編》卷58《諸家十六·地理》，第
　　13~14頁。

第六章　閩南宗族間資源的爭奪

理學家，也不得不懷疑自家風水有問題，進而同世人般，想要藉由風水來改善情況。蔡清（1453-1508）就曾因「百病叢身，百事不立，子長成者連喪其二，家計借助居半，凜凜乎名節之傾、門戶之落」，而「疑亦墳宅氣數之衰使然，有非區區人事杯水之力所能支持者」，以至於「僕僕乎風水之求 [1]」。

由於風水與宗族的興衰存亡至關重要，當異姓的行為有傷害到本族風水的疑慮時，往往會被視為是對本族的挑釁與威脅，使得在風水這一無形資源的爭奪上，動輒引起激烈的衝突，因而，只要一有風吹草動，就會觸動宗族的敏感神經。明人陳懋仁在《泉南雜誌》中記載：

泉俗最重堪輿，雖以己地營葬，鄰家必嚴不相容。一日有宦裔黃生乞地於東山公，公以其狀屬余……余往勘，所乞之山緊迫三墳，適當其上，三氏子孫所必爭，非寢邱可比。且岩阿峻折，靈軟有崎嶇之危，若臨穴鬥沮，英魄虛入。上之安，要須無競，始利窆穸。公然余言，黃亦亟止。少焉，三氏之族百許人轟闐余廡，余出成案視之，乃謝而退。[2]

鄰家必嚴不相容的原因，與其說是有形的土地，毋寧說是背後所代表的風水意義。在民間社會的觀念中，他姓獲得一處良好的風水資源，可能就意味著本姓的風水資源遭受掠奪或破壞。這表現在具體的人事上，即是本姓的既得利益和領導權，會因此而衰落，甚至被取代，從而面臨生存的威脅，以及他姓對本姓地方控制權的挑戰。陳懋仁深知民間社會對風水的重視，因此，如果冒然答應讓黃氏將先人的

1　〔明〕蔡清：《虛齋集》卷2〈與柴墟儲靜夫書〉，《景印文淵閣四庫全書》第1257冊，第33~34頁。
2　〔明〕陳懋仁：《泉南雜誌》卷上，收入〔清〕曹溶輯《學海類編》第10冊，第15~16頁。

遺體埋葬在該地的話，勢必會引發三氏子孫的不滿與抗議，使黃氏先人的靈魂不得安寧。他認為，必須尋找一處不會因為風水而引起爭奪的地方，才能真正解決問題。這個意見同時得到官府和黃氏後裔的認同，所以，遂將此事暫擱，另覓他處來安葬黃氏先人。果不其然，三氏在聽到黃氏有意安葬於該處時，因為擔心自家風水遭受破壞，馬上動員族人到陳懋仁住處進行抗議，直到陳氏將此案的結論，出示給三氏族人知曉後，才化解了一場可能發生的紛爭。

更有甚者，為了避免風水被奪或破壞，即使是他人將神主牌位搬入本族出租的屋子，也不允許：

立限搬神主懇求約字人晉江縣水門外五保鄉住居張棧良，向認祖過黃衙上行屋一座，在泉南關外浯渡鋪，間隔、聲落、四至、租項載明認批，開張合記柴棧生理，本無住眷，因前年人事不安，私將神主擅自搬入行內安奉，現被衙上偵知，立刻趕將神主行屋一齊搬空送交。棧急央公親梁獅官認錯，求暫寬緩，至己酉年（宣統元年，1909年）四月定將神主搬回家安奉，決無挨延、借詞推諉各情事。荷蒙衙上允許，至期自應如約，將神主搬回家安奉，不敢再緩。倘有失約情事，應聽衙上著令原公親搬出，或聞官究治，均從其便。但衙上並無收過供奉神主之租項，合立限搬神主字一紙會執為據。[1]

引文中的黃家，指的就是晚清泉州市的黃宗漢家族。根據盧增榮的研究，黃氏家族曾經營許多房店產業，他們就甚忌諱租賃者將自家神主牌位搬移進來，以為會奪走業主祖先靈氣的庇佑，搶走業主房屋的好風水，並將業主的好運途轉給租賃者[2]。此事發生在光緒三十四

1　轉引陳進國：〈事生事死：風水與福建社會文化變遷〉，第161頁。
2　陳進國：《信仰、儀式與鄉土社會：風水的歷史人類學探索》，第454頁。

年（1908年）四月，起因為張棧良由於人事不安，想要藉由自家神主牌位來改善現況，不過，此舉卻侵犯了黃家的權利。表面上說是合約中沒有此項內容，但深究其因，恐怕是基於風水被冒犯所致。神主牌位即代表著一個獨立家族的源頭，且只能祭祀各自的祖先，因此，將其搬入屬於黃氏的房屋，不僅是對黃氏祖先大不敬，同時也有喧賓奪主，截取風水的疑慮，自然非黃氏所能容忍、接受。茲事體大，所以命令張氏立刻將神主遷出，並交還房屋。最後在公親協調、張氏保證依約履行的情況下，事情才得以解決。

需要進一步說明的是關於「魂」與「魄」的問題。在傳統士紳或精英的觀念中，魂與魄有別，而魂升於天，魄降於地，並認為魂駐於廟（宗祠、神主），魄藏於墓（墳地）。不過，這只是儒學之士在禮制上的討論，而其對於四魂入墓之非的批評，也反映出民間關於魂、魄的分辨已經較為模糊。再者，即使文化人類學者基於陰陽二元的分類，強調由牌位象徵其「魂」的祖先，即「陽祖」；由墳墓象徵其「魄」的祖先，即「陰祖」。但是，實際上，在對待祠堂上的祖先和墳墓內的祖先時，民間越來越遵循的原則不是陰陽二元、魂魄二體，而是陰陽合一、魂魄一體。因此，陽祖和陰祖都能夠統合他們子孫們的血統集團，都能夠成為集團統合的象徵，也都能夠成為祖先祭祀和祖先崇拜的對象。在這個意義上，神主同骨殖一樣，都是祖先與子孫保持聯繫的重要仲介，對於子孫的祭祀活動，乃至家族的血緣認同，都有著相當重要的象徵意義。所以，對祖先牌位的祭祀，往往等同於對祖先遺骨的祭祀，家祭與墓祭是有機統一的。由於風水習俗與祖先祭祀之間的密切聯結，民間特別忌諱異姓的神主牌位放在本姓的祠堂或房屋當中，認為會分走本姓的風水 [1]。

如果雙方的紛爭牽涉到祖祠，就沒有這麼簡單了，通常會引起

---

1 陳進國：《信仰、儀式與鄉土社會：風水的歷史人類學探索》，第454~455頁。

訴訟。雍正十二年（1734年）的〈黃氏祖祠示禁碑〉即記載了此種情形：

　　據黃鐘伯等僉呈：緣本年八月間，鄰鄉陳福將園地二丘謀先富豪林克隆，乘夜欲葬小棺，沖傷黃姓祖祠宗社。族眾知覺較阻，呈官究處。時陳、林業已將小棺抬回別處安葬，園地付黃承坐充祖，以為永遠祀產……等情。……嗣後毋許在於黃姓本鄉祖祠宗社前後坐向一概山地盜買盜賣，並恃強葬傷，亦不許黃姓不肖子孫鉤謀別姓，影藉混占，以及坪上園址假造盧〔虛〕堆、起蓋寮間、築廁池，致啟訟端。倘敢故違，許該族房長即行具稟本分府，以憑按法嚴究，混占起遷，決不輕恕。[1]

　　筆者推測，陳福所賣園地應是自有，此處沒有地權的問題。所謂「園地付黃承坐充祖，以為永遠祀產」，可能是經過官府協調後兩全其美之法：一者，陳福達到賣地的目的；再者，黃姓買下園地後，也可以避免此後祖祠被沖傷的憂慮。如果筆者推測無誤的話，那麼，這次的糾紛純粹是因為風水所引起。林克隆的身分為富豪，不存在無地可葬的情形。所以，其乘夜葬棺，以致沖傷黃姓祖祠宗社，應該可以理解為圖謀該處風水。從土地買賣的角度來看，陳、林並沒有錯，但卻需乘夜才能葬棺，除了表示意有所圖外，如果再配合黃姓的反應和官方處理結果，就可以看出風水才是各方關注的焦點及處理時的依據。

　　由於此一無形的資源，與宗族的盛衰興亡相關，一般人只要聽聞某處有良好的風水，不管是否屬於他人，都會等待時機，並想盡辦法，利用各

<hr />

1　鄭振滿、丁荷生編纂：《福建宗教碑銘彙編‧泉州府分冊》，〈黃氏祖祠示禁碑〉，第1050~1051頁；何丙仲編纂：《廈門碑誌彙編》，〈麻灶鄉廈防分府示禁碑〉，第423頁，碑文稍異。

種手段予以攘奪，以為己用。乾隆《南靖縣志》即言：「彼此爭葬，或假造虛堆，或冒認荒塚，侵佔盜葬，統凶械鬥。」[1]《福建省例》更批評道：

> 人子覓地葬親，原以安先人之體魄，非為後人邀福計也。乃閩省民間惑於風水之說，每聽堪輿之哄騙，受墓佃之串唆，瞷人家祖墳稍有吉穴，生心覬覦，或影射他姓墳旁餘地，捏造假堆，或窺伺地主後嗣式微，冒認古塚。狡黠者私埋盜買，暗逞機謀。強梁者掘塚拋骸，公然占奪。甚至有不肖子孫，不能保護松楸，竟敢於祖墓之旁，私行扦穴。喪心蔑祖，尤堪痛恨！此等惡習，通省多有，而漳、泉兩府尤甚。在愚民百姓，尚可云不知禮法，乃有紳士之家，亦恬然為之而不以為怪。[2]

為了獲取風水之地以利本族的發展，在得知他姓祖墳擁有吉穴時，便會想方設法，借著在他姓墳旁餘地捏造假堆、冒認古塚、私埋盜買、公然占奪等名目，逐步將他姓的風水據為己有。這些行為，不僅發生在一般較不知禮法的老百姓中，即使是縉紳之家亦如是，這也說明了風水觀念在地方社會的普遍性。

這種藉由不當方法圖謀風水的舉動，勢必引發雙方的衝突。當受害者的力量，不足以對抗侵犯者時，往往會先求助於官府的公權力，藉以確保己方的權益[6]。晉江《陳埭丁氏回族宗譜》就曾經收錄了丁、林兩家呈控狀稿及官府的審語。此案之由，是丁氏修墳營葬，因封域高大，水溝深曠，林氏恐有傷礙其祖墳，因此，由族長率領其族生員，以山甲遷滅、丁氏謀圖吉穴的理由，控告丁氏毀滅官墳，剷丟孝

1　〔清〕姚循等編輯：乾隆《南靖縣志》卷2〈習尚〉，第59頁。
2　臺灣銀行經濟研究室編：《福建省例》，〈刑政例上・禁謀穴盜葬〉，第885頁。

骸。丁氏則以林氏局設風馬不及之墳，突稱傷毀、嚇噬等情，反控林氏誣告[1]。這種因風水所造成的互控情形，在同縣李氏墳山示禁碑也有所記載，光緒二年（1876年）：

補用清軍府、准補澎湖分府、署晉江縣正堂、加十級、紀錄十次程，為出示嚴禁事。案據生員李應□，職員李國錫、李拜本，例貢生李拜和、李啟芳，監生李國祥，僉稱：□等承祖給買世漢世風水一穴，在東關外五鬥內世厝埔，並給四至，□壟祖妣墳，被薛韮等□貪穴吉，將伊祖墳墓庭下伏埋虛堆，旋又高築成墳，復將庭□界石毀碎，並埒左畔石庭毀拆，作伊□山，較阻凶辱等情，當經金前縣飭□□□先後繪□覆，復經提集質訊，斷令起遷。未遷，兩造相持□告，又經傳集覆訊，諭候親勘。未勘卸篆，本縣蒞任。據兩造呈催，先提質訊，嗣即親詣該山，督同兩造各勘，李墳在上，薛墳在下。李牧□有李前縣禁碑，載□李界前至石溝，後至大石□墳左至大石，右至□墳，四至分明。薛墳在水溝以□其為□□無疑。斷令薛韮將父墳即行遷葬別地，不得抗違。其地仍還李姓掌管。兩造但各遵斷，且結□將訊斷緣由，匯□□報在案。茲據李應□等呈明，薛韮墳已起遷，懇請給示嚴禁前來。[2]

薛姓利用虛堆、築墳、拆毀界石等方式，企圖魚目混珠，達到佔領李姓風水的目的。其所以有恃無恐、並敢與李姓互控的原因，在於既有實物（墳墓），又毀滅、更改證據（拆毀界石），如此一來，如果李姓無法提出確切證據，證明薛姓的不法行為，薛姓就能夠以假亂真，贏得這場官司。最後，雖然真相大白，還李姓公道，不過，想必

1 莊景輝編校：晉江《陳埭丁氏回族宗譜》，〈丁林兩家呈控狀稿及審語〉，第296~298頁。
2 鄭振滿、丁荷生編纂：《福建宗教碑銘彙編・泉州府分冊》，〈李氏墳山示禁碑〉，第420頁。

第六章 閩南宗族間資源的爭奪

也因而耗費了極大的精力和錢財[7]。為了避免以後類似情形的發生，運用公權力來宣示自己的主權，不僅能讓不法分子有所警惕，同時，也可以作為往後糾紛的證據，無怪乎閩南民間會有這麼多的墳山示禁碑，這也顯示風水的爭奪頗為平常和激烈[8]。

由上面的引文可知，在爭奪山林資源的過程中，假藉私葬祖墳來宣示擁有權，也是常使用的方法。再如晉江縣蔡、田二姓爭控墳山一案，田姓即利用在蔡姓山林私築墳墓的手段來達到侵佔蔡姓山林的目的。雖然審判的結果斷定田姓為非，但官府也經常會和既成事實妥協，並令受害者接納之 [1]。就官府的立場來說，讓地方秩序和諧，遠比判定孰是孰非重要。因此，表面上，蔡姓贏得了這場官司，實際上，卻是田姓達到佔領的目的[9]。這種結果，也許正是助長盜葬和糾紛的因素之一。

盜葬糾紛引起的原因，除了兩姓墳穴緊臨外，也與看守之人和異姓勾結、盜賣有關。晉江縣〈陳氏墳山示禁碑〉載：

（光緒十五年［1889］六月初三日），據田邊□族長陳志六……等僉稱：「伊等始祖、宋進士賢宦陳諱舜公置有產山一侖，在北關外，土名南臺山，四至勒石為界。至前明賢宦振源公諱節，將該山創建寺閣奉佛，寺地前後左右撥交住持看管，山中栽種柏木什樹，生息以為香資、齊［齋］糧、課、祀之需，歷久無異。迨光緒十三年（1887年）間，被清源洞僧世傳等，橫將六等世管南臺山界內寺右壙地一所，盜賣吳澮墳。六等向阻，騙葬□誣控訴一案，蒙飭提集質訊，諭侯［候］親臨厝勘等因，仰見明察。無如僧世傳等捏誣懼究，臨勘屆期，復央公親求處，原將吳澮祖墳應歸六等南臺管掌，並令認

1　〔清〕胡之鋹修、周學曾等纂：道光《晉江縣志》卷68〈塚墓誌〉，第5頁。

換，另給批據，依舊安葬。[1]

世傳敢盜賣陳氏墳山的原因，可能在於該地托住持看管，久之視為己地[10]，使兩造對於該地歸屬的認知產生歧異。等到真相即將大白時，世傳才因害怕而央請公親出面協調。不過，結果卻與蔡、田爭控墳山案類似，陳姓贏得了面子，吳澮卻贏得了裡子，「依舊安葬」。

看管之人會將土地占為己業的動機，也因原主家居隔遠、巡視不時所致[11]。如果再加上業主禮數稍疏、子孫式微的話，那麼，看管之人就更有恃無恐了[12]。對這些人來說，既然視為己業，又於本身風水無礙，還可以得到一筆錢財，何樂而不為。

然而，風水之爭所引起的衝突，並非總是如此平和地解決，時常會演變為更大的宗族械鬥，如南靖縣曾氏於康熙四十九年（1710年）：

三月廿七日，族眾列械至永定半徑，至四月初八日，與林姓對壘。族有名助者，被銃而殞，配享半徑祖祠，而林姓亦斃數人。先是戊子年（康熙四十七年，1708年），半徑萬八郎公之墓，被林姓侵葬，半徑叔侄僉具控，蒙道憲、府憲各斷起柢，而林強宗大族，抗官藐斷，至是不得已，乃鳩眾擁墳起棺焉。[2]

曾姓原先想藉由官府的力量，來討回自己的權益，怎知林氏憑著族大勢大，藐視官府，在不得已的情況下，曾姓只好訴諸械鬥來解決。

對於福建因風水之爭而產生的械鬥，錢琦（1469-1549）有更詳細

1　鄭振滿、丁荷生編纂：《福建宗教碑銘彙編・泉州府分冊》，〈陳氏墳山示禁碑〉，第446頁。
2　林嘉書整理：南靖《高港曾氏族譜》，收入《臺灣文獻彙刊》第3輯第16冊，第41頁。

第六章　閩南宗族間資源的爭奪

的描述：

　　妄聽堪輿之說，相習成風，情偽百出。有覬覦他人吉壤，倚仗勢力，用強侵佔者；有無力制人，私將祖骸盜葬他人界內者；有己地希圖湊錦成局，硬將鄰界賴為己業者；有冒認別家舊墳為祖先，無恥占葬者；有豫先偷埋碑記，設立假墳，以圖爭占者；有以廢棄舊譜為據，影射蒙混者；有以墳外官山霸為己產，不許他人占埋者；有鄰地築墳，恐礙己地風水，硬向阻撓者；有不許他人在界外築寮開溝，阻止械鬥者；有見他人墳樹茂盛，強佔強爭者。至於陽宅，則顧惜自己風水，不容鄰家興土木工。或指祠廟為一方保障，禁止附近居民興工修造，種種狡黠強梁，不堪枚舉。迨人不能甘，則各逞刀筆，互相告訐，希圖抵制。或理不能勝，則聚眾行強，毀人成工，挖人棺槨，甚至糾約械鬥，釀成人命。[1]

　　由此可知，其「情偽百出」的動機，無非是想要占得好風水，因此，不惜使用任何方法，即使是用強侵佔、暗渡陳倉，或是蒙混假造，都一定要達到目的。對於弱勢者來說，如果能得到一處良好的風水，也許就有發達的一天。基於這種心態，讓他們甘冒風險，私葬祖骸於他人之地，藉以分得他人的福氣。相反地，那些地方豪族，則「每貪吉地，恣意占葬[2]」，倚仗自己人多勢眾，靠暴力強取。究其目的，乃欲藉此確保在地方上勢力的永續維持。

　　這些衝突的社會意義即是：在對富裕和地位的不斷追求中，一旦他們設法將一隻腳踏進這一階梯，貧窮和潦倒的人們，就開始追趕和超越他們更為成功的鄰居。而那些已經富裕和獲得社會地位的人們，

1　〔明〕錢琦：〈風水示誡〉，收入〔清〕陳壽祺等纂：同治《重纂福建通志》卷55〈風俗‧福州府〉，第27頁。

2　〔清〕周凱修、林焜煌纂、林豪續纂：民國《金門縣志》卷13〈禮俗〉，金門：金門文獻委員會，1958年，第144頁。

試圖通過風水的保證，使他們的發達處於牢固的地位[1]。也由於「博求風水，以求福蔭子孫[2]」，才會發生「惑於地師之說，不但愚民牢不可破，即身列衣冠，富家巨族，亦無不酷信風水，謀買強挖[3]」的情形。

這種情況，也發生在民間迎神遊街時，如陳支平在對惠安縣北部十三都作調查後指出，當地有所謂陳姓上四村、下四村，族眾近萬人，每年元宵出燈游神，族人從宗祠、家廟中抬神掌燈出遊，經過族內各房，再向村外游去，遊神隊伍沿著所謂的風水路線環繞一周，鼓吹而回。而這條風水路線，則故意侵犯鄰村吳姓、林姓的地盤。據陳姓的老人們說，每年如此出遊一番，鄰村的風水均被陳姓所吸，可以確保本族的平安興旺[4]。從這裡可以看出，風水對民間社會的意義著實重大。

反之，對於擁有此一無形資源的宗族而言，由於關係身家性命，加上風水本質上的排他性，不容許遭他人破壞、搶奪。基於此，無論是搶奪或阻止，勢必都會引起對方的不滿，從而導致紛爭，甚至械鬥。例如光緒二十九年（1903年），晉江縣劉、蔡兩姓就曾因劉姓翻建祠堂，奠基過高，蔡姓以傷礙其祖祠風水為由，前往阻擋，要求照舊建築，劉姓不理，因而發生械鬥的情事。蔡尤資、蔡多輝提到：

光緒廿九年癸卯秋，塔頭劉姓翻建祠堂，奠基過高，郊幹蔡姓以傷礙其祖祠風水為由，前往阻擋，要求照舊建築，劉姓不理。蔡姓隨即下帖邀請晉江一帶蔡姓到本村開會，集體制止。劉姓執意不肯退讓，因此，雙方動武，列械撲鬥。劉姓懾於眾寡懸殊，勢難拒敵，遂

1　莫里斯·弗里德曼著，劉曉春譯：《中國東南的宗族組織》，第100頁。
2　〔明〕李贄：《李溫陵集》卷3〈答耿司寇〉，《續修四庫全書》第1352冊，上海：上海古籍出版社，2002年，第3頁。
3　臺灣銀行經濟研究室編：《福建省例》，〈田宅例·嚴禁爭墳〉，第436頁。
4　陳支平：《近500年來福建的家族社會與文化》，第230頁。

邀集十一都全都，塔頭、埭邊、柯村、高後、埕邊、伍堡、丙州、後頭、三歐、岑張、湖尾、謝厝街等會幫相助。蔡姓即請型厝、前埔、張塘、柯坑、東石、東埕、後湖、社壇、下丙、瑤厝、塘下、坑口、洋宅和中蔡八鄉參戰。戰鬥異常激烈，時間長達六年之久，事始平息。時田無餘穀，民不聊生，雙方死亡三百餘人，為歷來械鬥所未有。[1]

從經歷的時間和死亡人數來看，戰況可謂激烈，「蔓延數百鄉，傷斃數百命，焚毀數百家，男婦游離，生靈塗炭。其懦弱者，田園廢盡，尚且征苗；其強梁者，劫殺為生，反行得計。天地荒涼，道路荊棘，山川為之變色，神鬼為之含悲[2]」，使田無餘穀，民不聊生。分析此一事件，也可以說明，在閩南地區，當人們受到外力威脅，且本身力量不足以抵抗時，最先尋求的援助物件，即是在概念上屬於同一淵源的同姓團體[3]。這種共同對抗外敵的情感，無疑會加強彼此的團結和認同感，同時也更強化宗族組織的穩固性。《榮山李氏族譜》記載：

長房耀官附葬妻柩於睦齋公墳前，被刑恒毀掘盜葬伊親，迫傷祖墳……今日既念祖墳子孫休戚相關，倘遇豪宗勢族相侵，尚當並力拒之，況刑垣一強口能詞之白丁，刑文一淫穢乳臭之小儒，遂束手聽命，子孫不孝之罪大矣。……務期齊心策應，勿得推委。凡有力子弟不出身，則隨力量出銀。無力子弟，隨便出身。此皆祖宗緊要事，不

---

1 蔡尤資、蔡多輝：〈都蔡械鬥紀略〉，收入中國人民政治協商會議福建省晉江縣委員會文史資料工作組編《晉江文史資料》第3輯，青陽：晉江縣政協，1983年，第125頁。

2 粘良圖選注：《晉江碑刻選》，〈府憲〉，第78頁；鄭振滿、丁荷生編纂：《福建宗教碑銘彙編・泉州府分冊》，〈洪都鄉示禁碑〉，第464頁，碑文略異。

3 再如康熙三十一年（1692年），南靖縣民蕭介卿在和劉氏的互控中，幾乎傾家蕩產，不得已訴諸宗族的力量，連告18年才結案。參見林嘉書整理：南靖《施洋蕭氏族譜》，收入《臺灣文獻彙刊》第3輯第6冊，第220~221頁、第462~463頁。

可胡越相視，使人得侵墓界，貽祖宗羞。且南安縣內黃、傅二家以爭墓草小故訐告，翁婿舅甥結為仇敵，人人皆以為是，況吾祖墳被人盜葬傷害乎？……同室有鬥，被髮纓冠出救，況同祖乎？自此以後，吾家有與刑家為姻親者，獨不可以此義自斷乎！既盟之後，設有族內一二子侄，敢有違議不遵者，則會眾到家切責，革出外族，以儆將來，勿自相矛盾也。[1]

祖墳既然與子孫日後的發展休戚相關，且為了避免使祖宗蒙羞，在面臨外姓侵犯時，為了整個宗族的生存著想，勢必得團結起來，一致對外，才能發揮最強的抵抗力。這無疑會加強族人間的情感和相互認同，即使對方是有姻親關係的親戚，在這種情況下，也可能變成仇敵。從「人人皆以為是」看來，風水、祖墳的重要性可見一斑，也可知對於宗族的認同，高於其他關係者。對那些不遵守宗族組織議決的人，則處以嚴厲的懲罰，如此一來，才不致因族人間的意見分歧和掣肘，使力量有所損耗，這也強化了宗族組織的權威性和穩固性。

由於風水之葬違反國家禮制和引起諸多社會問題，使中央和地方官府不得不加以重視，紛紛制定法律或告示，明令民間社會禁止因風水而延葬、遷葬、爭奪等行為。例如，明、清的國家律令都規定：「凡有喪之家，必須依禮安葬。若惑於風水及托故停柩在家，經年暴露不葬者，杖八十。」[2]《福建省例》也對福建爭墳的種種現象詳細描述並明令：

凡遇父母及親屬之喪，亟須覓地安葬，不可久停，不可火化。

1　《榮山李氏族譜》，《詳世系譜》，泉州歷史研究會編《泉州回族譜牒資料選編》，第80~81頁。
2　懷校鋒點校：《大明律》卷12《禮律二·儀制·喪葬》，北京：法律出版社，1998年，第96頁；田濤、鄭秦點校：《大清律例》卷17《禮律·儀制·喪葬》，北京：法律出版社，1999年，第296頁。

第六章　閩南宗族間資源的爭奪

203

其埋葬之處，如係官山，則當插定界址，而不可彼此侵越；如係買業，則當查明實係空地，而不可混動有主之墳。至於前後左右有人覓葬者，如非己界，聽其自便，不可以有礙風水，或恃強攔阻，或私行盜挖，以致纖毫無益於死者，而本身先於罪戾，後悔莫及。至於久葬之金罐，更不許擅行起挖。違者，地方官即行據實通詳，照例究擬。凡各屬寄寓地師，一切開金井、掛線定向，聽士民之便延請外，如有妄言某地上吉，可以謀葬，誘惑鄉民者，地方官即查拏重責，遞解回籍，毋許容留。[1]

不過，即使官府三申五令，明禁民間泥於風水，然而，因為風水關係一族的盛衰，加上「地方官知而不禁，或禁而不力，以致愚民陷於罪戾[2]」，因此，民間社會對於風水的爭奪，也就無法有效遏止，始終不斷上演。

注釋：

[1]姚啟聖所頒佈的告示文為：「為再申墟場抽稅之禁，以肅功令，以除民害事。照得設立墟場，私抽貨物，乃無恥小人藉為壟斷之術，本部院痛心疾首，此事久矣。故與撫院會商禁止，現在繕疏題請，並經頒示，通飭在案。詎意漳屬奸徒，潛不畏法，走死如鶩，百計鑽營，思圖復設。甚至地方官笑星思藉端，一味混請，殊可詫異。除批汀漳道嚴飭禁止外，合再出示申禁。為此示仰漳屬文武官吏士民人等知悉，除正供關稅及增定稅額解司充餉者，照則例徵解外，敢有

1 臺灣銀行經濟研究室編：《福建省例》，〈田宅例·嚴禁爭墳〉，第436~437頁。
2 臺灣銀行經濟研究室編：《福建省例》，〈田宅例·嚴禁爭墳〉，第436頁。

奸棍仍於要路墟場，借名受餉，擅執府縣牙帖，私行勒抽雜稅者，許爾商民徑赴本部院轅門喊稟，登時立拿處死。倘地方官擅給牙帖，及蒙混詳請，諸弊一經發覺，定行特疏指參。本部院執法為民，斷不姑狥，各宜凜遵，毋貽伊戚。」參見佚名編：《閩頌彙編（三）》，〈申禁墟場抽稅〉，《臺灣文獻彙刊》第2輯第3冊，第462~463頁。

[2]〔清〕鄭麗生：《閩廣記》卷6〈長泰十八命案〉，第15頁載：「乾隆五十九年四月初三日，長泰薛林兩姓，因在山重院地方，各有公田，天旱爭水起哄，發生械鬥，薛姓族大人多，林姓不敵，當場死者十六人，薛姓亦死一人。」

[3]如何丙仲編纂《廈門碑誌彙編》，《清‧陳宗凱夫妻合葬墓誌銘》，第617頁載：「風水之說，士夫弗信，然擇地葬親，古之孝子慈孫必三致意焉。」

[4]不可諱言，相較於一般人，傳統讀書人對風水的態度較為理性，然而並不否認風水的存在，只是不贊同有違倫理、孝道的部分。因此，李光地才會說：「總是風水一道，亦當以朱子為主。朱子只是講到土厚水深，山環水抱，地氣暖而止。發如何的人，如何的福，房分如何，朱子不言也。如今信者，遂拘陰陽。不信者，又一筆抹煞，竟將父母遺骸隨便瘞於朽壤，亦不可。」參見〔清〕李光地：《榕村續語錄》卷17〈理氣〉，第800頁。

[5]臺灣銀行經濟研究室編：《福建省例》，〈刑政例上‧禁謀穴盜葬〉，第885頁載：「閩省民間惑於風水之說……甚至有不肖子孫，不能保護松楸，竟敢於祖墓之旁，私行扒穴。喪心蔑祖，尤堪痛恨！」不過，官府是基於保護祖墳的環境以敬宗，與宗族避免風水遭到破壞有所不同。

[6]如莊景輝編校：晉江《陳埭丁氏回族宗譜》，〈丁煥新告莊滿觀莊為舊案催狀及批語〉，第302頁載：「催狀人丁煥新，催為囑沈官蘇占害愈慘事。新有葬祖山園在二十八都青陽崙頭處所，（乾隆）

第六章 閩南宗族間資源的爭奪

二十一年（1756年）間，慘遭豪莊滿觀、莊為等各占開築冥厝土堆及園，圖謀風水。」

[7]訴訟過程中的花費包括狀式錢、做狀錢、戳記錢、保家錢、抄批錢、草鞋錢、差禮錢、稟到錢、干證錢、歇家錢、鋪堂錢、甘結錢等，項目繁多。參見〔清〕程榮春：《泉州從政紀略》，〈勸民息訟示〉，第114~115頁。而訴訟費用之大，甚至到了只要捐錢就可以入祠配祭的情況。如廈門高林孫氏家廟所保存的〈僉約碑記〉中即記載：「思與頡頑費銀甚多，五房族長公議立約，有充銀付□□者，許身後入祠配祭。時有裔孫□、□二人首昌協力，如約□費與□□相控之資，此洵守成至意，身後可無愧□□□□歷年配享，誰曰不宜？嗣後或有繼此，如約再充銀□□公用者，亦依此為例。」參見鄭振滿、丁荷生編纂：《福建宗教碑銘彙編‧泉州府分冊》，〈僉約碑記〉，第1093頁；何丙仲編纂：《廈門碑誌彙編》，〈五通孫氏僉約碑記〉，第399頁，碑文略有出入。

[8]如晉江縣趙氏墳山示禁碑即記載該族之趙厝山「乾隆年間，遭黃姓盜葬，經趙元斌呈控。至嘉慶年間，復經趙虎續控，蒙斷遷還給示。道光、同治又被陳姓盜築虛堆，伊父子先後控，蒙差勘押劃，彭前縣示禁有案。」參見鄭振滿、丁荷生編纂：《福建宗教碑銘彙編‧泉州府分冊》，〈趙氏墳山示禁碑〉，第454頁。

[9]被侵佔者有時還得出錢幫侵佔者善後，如漳浦縣「林夔等有契買劉千齡祖山一座……緣乾隆二十一年（1756年）十月十八日，劉純等兄弟抬葬父柩侵越林夔界內，向較不理，粘契具控……查此山界分東西，歷掌無異，劉純等何得混占致啟訟端，本應究處，既據公親林大章處，令劉純扡葬己山界內，林夔情願幫貼銀兩……」參見王文徑編：〈漳浦歷代碑刻〉，〈運頭山碑〉，第90頁。

[10]類似的心態在《陳埭丁氏回族宗譜》的〈丁保告謝用魁等毀墳盜葬等情審語〉中有更生動的記述：「彼謝用魁、用泰等，雖非丁

206

宦之僕，然皆以看丁之祖墳而雇養百餘年者也。……魁等則以荔園與屋為世業，而不知有丁矣。……漸無忌憚，率其家之青衿，以枯骨瘞於拜臺下，而覆架以小屋。……魁賄丁族不肖子弟盜砍荔樹，丁告之府，究擬革逐改新。佃陳伯登居其祠宇，魁等因遷怒伯登，率泰瑞男詔範等，打入其家。蓋魁等但見已所素居之屋而登居之，已所素食之荔而登食之，謂其奪己所有，而不知出自丁也。」參見莊景輝編校：《陳埭丁氏回族宗譜》，第292頁。

[11]莊景輝編校：《陳埭丁氏回族宗譜》，〈東塘墳佃徐福招〉，第287頁載：「福住居東門外三十九都驛路鋪，與在官丁仲芳祖墳毗連。成化二十年（1484年），仲芳先存今故伯朝制招福先存今故父糞，與伊看守祖墳，將墳旁餘地及果木給福耕收為工資。福陸續於前地內栽種荔枝，今各成拱，因見仲芳一族家居隔遠，巡視不時，不合生心謀占為己業。弘治十一年（1498年）內，將己住居小屋，移蓋仲芳祖墳傍，周圍築牆，與福原住屋基混合為一。」

[12]如《福建省例》，〈田宅例‧禁墓佃毀墳盜賣〉，第447~448頁即批評：「閩省墳墓所有地土樹石，業主俱托賣地人代為看守，名為墓佃。每遇祭掃，饜以酒食，饋以花紅。至於尋常節序，亦有禮物相酬。在墓主則以先塋托其照看，千般委曲；而頑佃每藉他人不得占管，百計居奇。倘禮數稍疏，常則偶缺，即蓄意圖害，陰行踏躇。如墳主後裔隆盛，蒸嘗無缺，彼則猶居畏懼，不敢輕動。倘子孫式微，拜祭愆期，伊則肆無忌憚，恣意摧殘。始則盜砍墳樹、挖石拋磚，繼則洗鑿字跡、毀牌拔界，伺無動靜公然掘墳丟骨，或虛毀古塚，或假立窖堆，誑稱吉壤高價肥私。」

第七章　閩南宗族與國家的互動

　　在政權與族權的互動過程中，族權並不僅是被動地作為輔助政權，統治地方社會的附庸與工具。不可否認，宗族組織有維護政權穩固的一面，但深究其原，可以發現，其提倡、擁護國家政策的最終目的，還是為了確保族人的身家性命不致受到嚴重的威脅。事實上，從清朝國家與宗族的互動來看，宗族大多居於主動的地位，而國家被動地依據宗族組織所引起的事件和狀況，採取相對的因應措施。

　　由此看來，宗族於政權與族權的關係中，擁有較大的獨立性與自主性，亦即族權的建立，並非僅是依附於政權，而成為政權統治基層社會的附庸，更大程度上，是基於本身的利益。當有損於宗族的社會地位及榮譽時，為保障宗族的繁盛及延續，就可能不惜做出一些破壞政權、社會穩定的行為，亦即當政權與族權的利益衝突時，宗族所選擇維護的，仍是與切身利益較大關係的社會地位及名譽。族權之所以在平時選擇與政權保持一致的原則、理念，與其說，是為了輔助政權、穩固政權的統治，不如說，符合政權的統治思想，是為了族權本身的長治久安。如此一來，不但能獲取政權的保護與提倡，避免政權對族權的猜忌與壓抑，更能利用政權本身的權威和選拔途徑，鞏固族權的內聚力，並進入統治階層，以獲取在政治、經濟、社會地位等各方面的優勢與特權，確保宗族本身社會地位的穩固及興盛，並提高族

人的認同意識。因此，以宗族為主體，來看族權與政權的關係，才能看出，在其間的一致、衝突變化中，宗族不只是政權的附庸，更可能佔有主導的地位。政權與族權的互動關係，即政權對於族權是鼓勵或抑制，很大程度上，是基於族權對政權的合作或衝突，宗族則以是否有違本族利益為原則，處理與政權的關係。

第一節　傳統政治思想中國家與宗族的關係

在傳統的中國政治思想裡，認為國家的長治久安，必須建基在地方人民的相互和睦上，《尚書》即言：「克明俊德，以親九族，九族既睦，平章百姓，百姓昭明，協和萬邦。」[1] 在帝制中國之後，君臣關係成了父子關係的延伸，所謂的三綱五常，其出發點即是利用家庭倫理上的上尊下卑，來強調順從的觀念。這種對於家庭倫理的提倡，使其成為一切禮樂制度能否實行的基點。《禮記》提到：

> 自仁率親，等而上之至於祖。自義率祖，順而下之至於禰。是故，人道親親也，親親故尊祖，尊祖故敬宗，敬宗故收族，收族故宗廟嚴，宗廟嚴故重社稷，重社稷故愛百姓，愛百姓故刑罰中，刑罰中故庶民安，庶民安故財用足，財用足故百志成，百志成故禮俗刑，禮俗刑然後樂詩。[2]

必須實現人道中的親親、尊祖、敬宗，以至收族，才能進一步擴展為對國家、禮制的遵從，達到治國、平天下的最終目標。蘇軾更認

1　《尚書》卷1〈堯典第一〉，《四部叢刊初編》經部，臺北：商務印書館，1965年，第6頁。
2　《禮記》卷10〈大傳第十六〉，《四部叢刊初編》經部，第104頁。

為，秦漢以來，天下渙散，無法上比三代之制的原因，在於人民不能相互親睦：

夫民相與親睦者，王道之始也。昔三代之制，畫為井田，使其比閭族黨，各相親愛，有急相賙，有喜相慶，死喪相恤，疾病相養。是故，其民安居無事，則往來歡欣，而獄訟不生，有寇而戰，則同心並力，而緩急不離。自秦漢以來，法令峻急，使民離其親愛歡欣之心，而為鄰里告訐之俗。富人子壯則出居，貧人子壯則出贅。一國之俗，而家各有法，一家之法，而人各有心，紛紛乎散亂而不相屬。是以禮讓之風息，而爭鬥之獄繁。天下無事，則務為欺詐，相傾以自成，天下有變，則流徙渙散，相棄以自存。嗟夫！秦漢以下，天下何其多故而難治也？此無他，民不愛其身，故輕犯法，輕犯法，則王政不行。欲民之愛其身，則莫若使其父子親，兄弟和，而妻子相好。夫民仰以事父母，旁以睦兄弟，而俯以恤妻子，則其所賴於生者重，而不忍以其身輕犯法，三代之政，莫尚於此矣。今欲教民和親，則其道必始於宗族。[1]

蘇軾認為，人民相互親睦，是實行王道的開端，三代風俗的淳善，即在於人民比戶而居，其間相互親愛，並且在遇到事情時，能互相幫助、賑濟，促使地方社會秩序穩定，往來歡欣而無紛爭。即使在面臨外來勢力侵略時，也會同心協力，以排除威脅。秦漢以來，則與此相反，人心離異，相互告訐，使禮讓之風息，而爭鬥之獄繁，導致當地方社會秩序不穩定時，無法同仇敵愾，共同應付，只能流徙渙散，以求自保。不僅如此，天下多故而難治的原因，是由於人民不懂得愛護自己的生命，輕易觸犯法律。因此，要使王道得以實

---

1 〔宋〕蘇軾：《蘇東坡全集》卷36〈策別‧勸親睦〉，第151頁。

現，就必須先使人民愛惜自己的生命，不敢違法，這有賴於家庭的和睦與相助。

由此可知，國家的長治久安，是建立在宗族組織穩固與否的基礎上。清人張望更明白說，地方自治組織是縣令的耳目股肱，因此，要治理天下，就必須仰賴地方的族、里、鄉制度。其言曰：

天下之治始乎縣，縣之治本乎令。然而縣令成教化，一風俗，以聞於宰相天子，非其特立而孤行也。下有丞，又有尉，亦非丞與尉之輔而足也。此其故為縣令者，殆未有以明焉。朝廷垂意為縣矣，勤勤於必得其人。得人矣，又慮以一邑之大、民之眾，上與下不相屬，政令無與行，威惠無與遍，雖謹且廉，而其政不舉。於是，里有長、鄉有約、族有正，擇其賢而才者授之，然後縣令之耳目股肱備也。縣令勤於上，約與正與長奉於下，政令有與行矣，威惠有與遍矣。族之人有一善，則其正勸之一族矣；里之人有一善，則其長勸之一里矣；鄉之人有一善，則其約勸之一鄉矣。有一不善，則斥之一族矣、斥之一里矣、斥之一鄉矣。[1]

這就形成了一個從宗族到國家的等級秩序。換句話說，要治理國家，使上令下傳，民情上達，不僅要地方父母官選舉得人，更在於對地方自治組織的重視，使地方自治組織能成為縣令觸角的延伸，從小處做起，再進而匯合，以達到治理天下的目的。在這個等級秩序中，宗族是基礎，也最接近人民，關係到治理天下的成敗，亦即政權的鞏固，必須依附於族權之下。誠如馮桂芬（1809-1874）所言：「牧令之所不能治者，宗子能治之，牧令遠而宗子近也；父兄所不能教者，宗

---

1 〔清〕張望：〈鄉治〉，收入〔清〕賀長齡、魏源等編《清經世文編》卷23〈吏政・守令下〉，第36頁。

子能教之，父兄可以寬，而宗子可以嚴也。宗子實能彌乎牧令、父兄之隙者也。」「蓋君民以人合，宗族以天合，人合者，必藉天合以維繫之，而其合也彌固。[1]」君民與宗族的差別，在於君民關係是出於人為的創制，宗族關係則是出於自然的親情。因此，要鞏固政權，就要以族人間的親情，作為維繫人與人和民與君的關係及理論基礎。宗族之所以能成為維護天下秩序的關鍵，在於宗族並不像牧令一樣遠離人民，而是處於人民的周圍，與人民的生活息息相關，較清楚地方的實況，對於地方上所發生的事務，能明快且正確地處理，同時，也不會因為如父子間過濃的親情，而不忍予以懲罰。張海珊（1782-1819）亦說道：

夫天下固有自然之勢，而斯民亦有自然之情性，可以使之相維相繫，而不必以上之法與乎其間者，則在重宗族而已矣。……今者，強宗大姓，所在多有，山東西、江左右，以及閩、廣之間，其俗尤重聚居。多或萬餘家，少亦數百家。……凡族必有長，而又擇其齒德之優者，以為之副。凡勸道風化，以及戶婚田土爭競之事，其長與副先聽之，而事之大者，方許之官。國家賦稅、力役之征，亦先下之族長。族必有田以贍孤寡，有塾以訓子弟，有器械以巡徼盜賊，惟族長之以意經營，而官止為之申飭其間。……夫使民返其所自生，則忠愛出，因乎其同類，則維繫固，以族長率同族，則民不驚。……詎非其自然之勢，至簡之術乎？夫以鄉遂聚民者，聚於人也，以宗族聚民者，聚於天也。聚於人者，容或有散之日，聚於天者，固無得而散之矣。語曰：「百足之蟲，至死而不僵。」斯固民所以自衛之方，而即所以衛上之道也。[2]

---

1 〔清〕馮桂芬：《校邠廬抗議》下篇〈復宗法議〉，鄭州：中州古籍出版社，1998年，第166頁。
2 〔清〕張海珊：〈聚民論〉，第2~3頁。

第七章 閩南宗族與國家的互動

由於親情來自天性，不需要以外來的人為強制手段，就能使人民相維相繫，聚居而無散，不僅可以藉由族人間的相互幫助而求得生存，同時，也能從親情中衍生出對國家、君主的忠愛觀念，進一步鞏固政權的穩定性。再加上宋明以來，隨著宗族制度的興盛和發展，特別是地方士紳勢力與宗族勢力的結合，使宗族在地方政治、軍事、經濟各方面，發揮越來越重要的作用。而官府對於民間基層社會的統治和控制能力，在宗族勢力的不斷侵蝕之下，不能不有所下降[1]。這種情形，既然成為既定事實，如果不能加以收編、利用，以為輔助政治的工具，任其自由發展，勢必產生不利的影響。因此，張海珊認為，必須好好重視民間的宗族組織，並加以輔導，選擇良善之士作為宗族的領導人物，賦予部分的自治權，如戶婚、田土爭競之事，而不予以干涉。國家對人民賦稅、力役的徵收，也交由族長來辦理，使其能依照宗族內的情形，加以彈性調節，並藉由宗族組織在賑濟、教育、地方自衛等方面的功能，來彌足政府能力的不足。如此一來，可使地方社會秩序趨於穩定，以免威脅到政權的穩固性。也正出於上述的思想和事實，因此，清朝在開國之初，就非常重視對地方宗族組織的運用，進而制定了治理宗族的族正政策[1]。

第二節　康雍乾三朝的宗族政策

清朝在順治年間，仍然依循明太祖的《六諭》，將注意力擺在地方的鄉里制度方面，沒有對宗族組織加以利用[2]。這是因為宗族共同體支持亡明政權，敵視清朝政府，當然為新統治者所不容。後者在建立地方政權、鎮壓各種反清力量的過程中，也將各地不願臣服的宗族共同

1　陳支平：《近500年來福建的家族社會與文化》，第105頁。

體作為重點打擊的對象 [1]。然而，自明中葉以來，具有強烈自主性的宗族組織，已然根植於民間社會（特別是華中、華南），也由於帝制時期政府權威只及於縣的緣故，加上清朝初建，統治者不但無法消滅之，即使抑制效果也有限。況且，宗族組織著實有其穩定社會的一面，因此，與其採取對抗的態度，不如設法將民間的宗族組織收編，納為己用，透過適當的鼓勵與支援，以收穩固社會秩序之效。所以，到了康熙初年，正式引進「宗族」一詞，肯定宗族共同體作為一種結構性社會組織，在基層社會秩序的維持方面，具有重要作用 [2]。宗族作為一種結構性社會組織，正式得到國家的承認，並逐漸確立族長教訓子孫、主持族務、實行有限度的自治等權力 [3]。從康熙上諭十六條[3]可知，在一定程度上，標誌著國家統治者對宗族共同體在方針上，由清初的打擊、鎮壓，向肯定、重視，進而支持的轉變 [4]。

由於宗族組織具有二重性，宗族組織管理族人，一方面，要求其用儒家的倫理規範約束自己的行為，處理宗族內部的人際關係，奉公守法，具有維護宗族及所在地社會秩序的性質；另一方面，宗族具有血緣的凝聚力，宗族組織要求族人把宗族的利益放在首位，絕對服從祠堂、族長、族法的要求，有與其他宗族及集團發生矛盾，甚至違反國家規定的情形。有時宗族利益還會同政府發生衝突，具有控制和破壞地方社會秩序與違抗政權的性質。這兩方面，在不同的時間和地方，會有不同的側重與表現 [5]。清朝開國之初，民間社會的宗族組織經過明末清初的寇患，加上遷界的影響，尚待恢復元氣，較無力威脅到中央對地方社會的統治權，所引起的社會問題也不大，對統治者來

1　朱勇：《清代宗族法研究》，第153頁。
2　朱勇：《清代宗族法研究》，第156頁。
3　丁鋼主編：《近世中國經濟生活與宗族教育》，上海：上海教育出版社，1996年，第239頁。
4　朱勇：《清代宗族法研究》，156頁。
5　常建華：〈試論乾隆朝治理宗族的政策與實踐〉，第67頁。

說，還處在正面的階段。因此，康熙對宗族支持的態度，基本上，為雍正所延續。其在康熙上諭十六條廣訓中說，如果因為富貧、貴賤、貨財相競、意見偶乖等原因，使族人間失合，不僅不知雍睦，而且也有損於相互間的親情。且既然同出於祖宗一人之身，就應該視彼此為一體，不應該因為分家，而遺忘了其間血濃於水的關係。基於這種關係，族人間必須努力維持彼此感情的親厚，以及長幼之序和尊卑之分，並藉由家廟、家塾、義田、族譜等方式，來強化宗族組織的功能，以維繫情感，相互賑濟。如此一來，不僅可以穩定地方社會秩序，也可以保障國家的長治久安[4]。由此可知，康熙與雍正希望藉由對宗族組織的鼓勵與提倡，來淳化風俗，以作為輔助政權的工具。

不惟如此，雍正四年（1726年），更明文規定選任族正，以彌補保甲的不足，《大清律例》即言：「地方有堡子大村，聚族滿百人以上，保甲不能編查，選族中有品望者立為族正，若有匪類，令其舉報，倘徇情容隱，照保甲一體治罪。」[1] 宋代以後，宗族組織普遍建立，但均未以法律形式明確規定宗族作為輔助地方政權、維持地方秩序的一級組織，與保甲組織並行，雍正之設置族正，是未有先例的[2]。同年二月，福建巡撫毛文銓有鑒於閩省爭鬥之風不息而上奏言：

竊惟福建一省，民風土俗，大率喜爭鬥，好奢靡，此千百年來之習染，牢不能破也。……惟奢靡之漸，固不可驟除，而爭鬥之源，實不可不亟遏。查遏爭鬥，當始於大姓，次則遊手好閒者，蓋閩省大姓最多，類皆千萬丁為族，聚集而居，欺凌左右前後小姓，動輒鳴鑼列械，脅之以威。而為小姓者，受逼不堪，亦或糾約數姓合而為一。遇其相持之際，雖文武官員率領兵役前往押釋，亦所不能。臣現今通

1　田濤、鄭秦點校：《大清律例》卷25〈刑律‧賊盜下‧盜賊窩主〉條例，第416頁。
2　朱勇：《清代宗族法研究》，第158頁。

行各屬，細查一邑之中，大姓若干，令各造冊報臣。每一大姓，即著本族之中，公舉身家殷實、品行端方、為眾所敬服者各四人，命其名為鄉望，免其本身差徭。凡伊本族之人，聽伊約束，即與小族偶有微嫌，責令解紛。倘仍有列械相持，著落此四人協拘。三年之內，若無不法事由，鄉望即加優賫。如該族果能人人奉令，風俗稍移，即准於該族擇地建立仁里二字大坊。[1]

　　爭鬥的原因，大都是地方豪族依仗本身勢力的強大，欺凌壓制其他小姓，動輒以武力脅迫，小姓在不堪受逼下，聯合其他被壓迫的小姓反制所引起。毛文銓認為，要遏止地方械鬥，必須對勢家大族進行管理和控制。其方法是，將地方大姓造冊報官，並選舉族中身家殷實、品行端方、為眾所敬服之人，作為約束族人的領袖，和官方處理事情的聯絡人。為了提高和鼓勵其擔任的意願，毛文銓建議，免其本身徭役，以及在實施有成效之後，給予適當的獎賞。同時，也允許宗族建立牌坊，藉由宗族對榮譽感的追求，來誘使其遵守政府的法令。這種看法，得到雍正的認可，並在雍正五年（1727年），進一步賦予宗族審判族人的權力。《欽定大清會典事例》記載：

　　從來兇悍之人偷竊奸宄，怙惡不悛，以至伯叔兄弟等重受其累。其本人所犯之罪，在國法雖未至於死，而其尊長族人竄除兇惡，訓誡子弟，治以家法，至於身死，亦是懲惡防患之道，使不法之子弟，知所儆懼悛改，情非得已，不當按律擬以抵償。嗣後，凡遇兇悍不法之人，經官懲治，怙惡不悛，為合族之所共惡者，准族人鳴之於官，或將伊流徙遠方，以除宗族之害。或以家法處治，至於身死，免其抵

1　臺北故宮博物院編：《宮中檔雍正朝奏摺》第5輯，雍正四年二月初四日福建巡撫毛文銓奏摺，第583~584頁。

罪，著定議具奏。[1]

為了避免族中犯罪之人連累到其他族人，威脅宗族整體的榮譽和生存，宗族組織勢必對其進行某種程度的懲罰，甚至處死。雖然這種行為有違國家的法律，但雍正卻認為，宗族組織既然可以成為政權統治地方的輔助工具，而家法如同國法，都是為了懲惡防患，因此，為了使不法子弟有所謹惕，在不得已的情況下，即使越權，也是無可厚非之事，所以，不應該按照法律予以抵償。由此可見雍正對宗族的重視，並抱持肯定的態度，賦予其懲治族人的權力。此一權力在一定情形下，不受法律的約束，希冀將宗族組織納入國家治理地方社會的體制之內，藉此來穩固政權。不過，這種權力並不可以任意妄為，必須在先經官府處治，仍怙惡不悛時，宗族才可以依情況自行處理。雖然宗族依據家法處治族人，至於身死，免其抵罪的看法，在下刑部定議具奏時有所修正，但是，雍正支援宗族組織，利用宗族法加強族內治安管理，以達到族靖鄉寧、鞏固地方統治的目的，卻沒有改變[5]。

然而，政府對宗族組織支援的態度，非但沒有收到預期效果，反而使宗族組織依附在政權之下，利用國家所賦予的正式權力，以合法掩飾非法，謀求本身勢力的擴充，使社會問題愈演愈烈，進一步威脅到政權的穩定性。誠如朱勇所指出，宗族組織以宗法血緣關係為聯結紐帶，具有較強的凝聚力。任何事物在具有內聚性的同時，必然具有排外性，二者在程度上成正比例發展。隨著宗族組織自身力量的增長，其內聚力與排外力同步提高。宗族組織的排外性，不僅表現在對外姓民人、外姓宗族、外部其他組織的排斥，在某些方面，也表現為對國家政權，對整個社會的排斥。實際上，宗族組織從產生之日起，就具有這種排斥力，只是，由於在初期發展階段，宗族自身力量較

---

1 〔清〕昆岡等修、劉啟端等纂：《欽定大清會典事例》卷811〈刑部・刑律鬥毆〉，第2頁。

弱，與其相應的排外力，尚不足以對國家政權，對整個社會造成威
脅。一旦這種排外力超越國家所能容忍的限度，即宗族共同體在維護
國家統治，與破壞國家統治的程度測試天平上，後者超過前者，國家
政權就會毫不猶豫地施行鎮壓和抑制的職能[1]。因此，清代國家統治者
對宗族組織的態度，在乾隆年間有了些許的改變，雖然基本上，對於
宗族組織仍予以支援，不過，有鑒於宗族組織過分壯大所引起的宗族
械鬥等社會問題，和對政權威脅的情形，同時，也採取了限制家法、
毀散族產、削弱族長權力等一系列措施。早在乾隆即位第二年（1737
年），閩浙總督郝玉麟即曾就漳泉等處好鬥生事的情況上奏言：

閩省風俗強悍，泉漳等處尤為好鬥生事，請將為首起意、鳴鑼
聚眾之人，從重發遣，以靖地方。其不行阻止之族長、近鄰，一併連
坐。查凶徒聚眾傷人，照律定擬外，其有偶因細事，互相格鬥者，亦
照例將為首之人，杖一百，流三千里。至泉漳等處，大姓聚族而居，
多至數千餘丁，非鄉保所能稽察，是以族長之外，設立族正、房長，
官給印照，責令約束族丁，嗣後，請嚴行申飭，如有作奸犯科者，除
將本人定罪外，其族正、房長，予以連坐，至左右鄰免其拖累。[2]

宗族組織為了保障地位、維持榮譽及強化自身的凝聚力，不斷發
生族際間的械鬥，使本是口角小釁而升級為舉族參加的大會戰，嚴重
影響地方的社會治安。有鑒於以往的鼓勵政策，不但無法消彌好鬥生
事的風氣，反而愈益嚴重，因此，雖然仍設立官方性質的族正制度，
但態度已由原先免其差徭、給予獎賞的正面肯定措施，一轉而為強調
族人間的連坐懲罰，希冀宗族領導人因此而心生恐懼，切實達到政府

1　朱勇：《清代宗族法研究》，第頁162頁。
2　〔清〕勒德洪奉敕撰：《清高宗實錄》卷49，第17~18頁。

第七章　閩南宗族與國家的互動

的要求。對於郝玉麟的建議，乾隆深表認同，而批示：「得旨，著照卿所議行。」[1]

不僅如此，乾隆五年（1740年），更將雍正時期所下放給宗族對不法族人懲治的權力收回，以進一步加強國家的威權性和避免宗族的任意擅殺。與雍正所持宗族依據族法，將不法族人處死，乃是懲惡防患之道、情有可原的態度不同，乾隆更注重宗族之人捏稱怙惡、託名公憤，將族人毆斃者所引發的弊病，並且認為生殺乃屬於國家的權力，如果人民有什麼不法之事，應該交由國家的法律機關處理，不應該將此權力下放給宗族，以免產生流弊。因此，將雍正五年所制定的條例刪除，禁止宗族的私罰行為[6]。其後，更在乾隆二十九年（1764年），江西巡撫輔德（? -1765）上奏言禁江西祠宇流弊[2]，及乾隆三十一年（1766年），廣東巡撫王檢（? -1767）因廣東宗族的嘗租時常引起械鬥兇殺的流弊，發表了較為激烈的言論，並主張採取強硬的措施，以限制宗族產業的奏摺後[3]，又對民間祠堂、祠產進行整頓與抑制[4]。總之，乾隆對宗族的政策，以抑制為主，也有一定的支持和打擊。改變了雍正時期依靠支援宗族組織為主的政策，停止了其父所定致死族人免抵的法律，但仍承認和賦予宗族管理族人的部分司法權，表明了有限度支持宗族的主張[5]，但又防止宗族勢力的過分擴張以危害到社會、國家的安全，侵蝕專屬於國家統治者的權力。

誠如馮爾康所言，其實，族正制究竟是建立還是取消，事情不在於它本身。所以要建設，是因為它對政府有幫助；所以要取締它，也是由於它對政府有不利的一面。真正的原因是，宗族與政府間，有協

1　〔清〕勒德洪奉敕撰：《清高宗實錄》卷49，第18頁。

2　〔清〕輔德：〈奏禁江西祠宇流弊疏〉，收入琴川編輯：《皇清奏議》卷55，臺北：文海，1967年，第1~4頁。

3　〔清〕王檢：〈請除嘗租之錮弊以禁刁風〉，收入《皇清奏議》卷56，第30~32頁。

4　〔清〕昆岡等修、劉啟端等纂：《欽定大清會典事例》卷399〈禮部·風教〉，第12~14頁。

5　常建華：〈試論乾隆朝治理宗族的政策與實踐〉，第67頁。

調與不協調的兩面關係，而這又集中表現在族正身上[1]。不過，在清代宗族與國家的互動過程中，並非國家的宗族政策左右了民間宗族組織的發展，相反地，正由於民間宗族組織的發展情況，影響了國家對宗族態度的轉變。可以看出，宗族絕不甘於做政權的附庸，而是一種具有強烈自主性的組織。

第三節　宗族領導人的角色與態度

在清代政權與族權的互動和族正制中，宗族領導人和族正扮演了重要的角色，成為溝通、聯絡官府與地方民人的橋樑，「有事，則推族長為之主，有司有所推擇徵索，亦往往責成族長[2]」。如平和縣「為治，在萬山之中，民多聚族，喜囂競，官斯土者，咸委重責成於族正[3]」。這些領導人「皆系鄉紳土豪[4]」，一方面，宗族的內部權力，實際上歸他們掌握，他們是宗族利益的代言人；另一方面，他們是官僚階層的後續力量，和官府有著千絲萬縷的聯繫，有溝通的管道。弗里德曼認為，宗族內部權力集中在少數人手中，有利於把宗族成員彙聚成一個團體，使宗族不受強大鄰族的侵害，並使國家對地方的剝削減輕。宗族內部的權力分化，使富人和紳士可以充分發揮他們的政治經濟保護作用，窮人則可以發揮他們的武力。宗族內部精英分子的存在是國家與宗族並存的機制。雖然，傳統中國的政治體制是中央集權制，但是它充分允許了地方社區的自主性。從中央政府的觀點看，地方自主可以使中央減少它在行政上的負擔，同時，可以使農村

1　馮爾康：《18世紀以來中國家族的現代轉向》，上海：上海人民出版社，2005年，第58頁。

2　〔清〕陳壽祺：《左海文集》卷6〈安溪李氏續修族譜序〉，第64頁。

3　〔清〕蔡新：《緝齋文集》卷5〈張朝舉七十一壽序〉，第27頁。

4　〔清〕勒德洪奉敕撰：《清高宗實錄》卷1335，乾隆五十四年七月庚戌，第1098頁。

地區的社會獲得穩定，並置於中央政府的控制之下。不過，如果從地方社會的角度看，這卻造成地方宗族勢力的強化。處於中介地位的地方精英階級，使國家與地方處於並存狀態之中[1]。

由於中央的控制力，實際上，無法深入地方社會，到達每個人民的身上，而在宗族勢力強大的閩南地區，社會控制掌握在宗族領導人（幾乎是鄉紳或有力人士）手上，基於這種情況，政府希冀其能成為政權的輔助工具，間接達到控制地方社會的目的，也可以因此約束宗族組織。姚瑩說道：

夫為政不難，不得罪於巨室。巨室者，眾民之所取信也，州縣雖曰親民，而仁信未孚，愚眾豈能盡曉官之賢否？取於人士之論。若府道之尊，則去民益遠矣。蓋漳俗族姓，大小、強弱之分最明，小役大，弱役強，由來舊矣。縉紳之士強大者，多平素指揮其族人，弱小皆如奴隸，而性畏見官。有事，則深匿不出，或陰使其族人為諸不法。愚民不知畏官，惟畏若輩，莫不聽其驅使，苟失馭之，則上下之情不通，官雖甚惠愛，而民不知，民或甚冤抑，而官不察，此前人所以多敗也。誠能折節降禮，待以誠信，使縉紳士咸知感服，則所至達於措置，縉紳信官，民信縉紳，如此，則上下通，而政令可行矣。[2]

在日常生活作息中，官民極少接觸，無法確實得知彼此的實際情況，因此，必須倚賴地方鄉紳作為溝通的橋樑。一方面，地方官或賢或愚的印象，人民唯鄉紳是信；另一方面，鄉紳之士控制了地方社會事務，與人民生活息息相關，相對於官府而言，鄉紳與人民的關係更密切，導致人民不知畏官，惟畏若輩的情形，使上下之情能否通達，

1　王銘銘：《社會人類學與中國研究》，第75~76頁。
2　〔清〕姚瑩：《中復堂全集‧東溟文集》卷3〈復方漳州求言劄子〉，第19頁。

完全操縱在鄉紳手上。基於此，姚瑩認為，必須儘量籠絡鄉紳，使其臣服，才可以打通上下關節，使政令得以下達。其又在回復平和秀才曾大椿的書信中說道：

世家大族，言動好惡，足為齊民之所觀效也。今諸君子皆平和大族，又身儒冠而遊庠序，儼然為四民首，宵小之徒即無賴，莫不有加敬焉。誠願諸君平昔身為孝弟力田，敦品勵行，閭巷既習見之，而有所觀感，更不時剴切以敦孝弟、睦宗族、和鄉鄰、敦禮讓、息鬥爭、罷詞訟、崇勤儉、禁非為，凡鄙人平素所諄諄致告於君者，隨時隨人而勸導之。如此，助吏為治，則愚民雖無知，未必盡能聽從，然樂聞而願奉行之者，必不少矣。其或鄙人，政有不善，暨利有當興、害有當除者，可明白指陳，俾得裁度而行之，不惟瑩可藉此以求寡過，而地方之受益，豈淺鮮哉？ [1]

世家大族平日的一舉一動，都可能成為尋常老百姓效法的對象，因此，姚瑩認為，只要地方領導人行為舉止都能符合禮法，就可以收到風行草偃之效。而其目的，姚瑩說得很明白，就是為了助吏為治，使地方官吏與人民均得其利。由於歷任治理閩南地區的縣官，深知「為政不難，不得罪於巨室」的道理，明白勢族在這個地區的控制力大都賦予宗族組織某種程度的自治，使之作為地方官府的耳目和輔助治理、穩定地方秩序的幫手。薛凝度（嘉慶時曾任雲霄廳知）在治理雲霄時，即下諭禁曰：

今本分府到此，與爾眾紳士民人共議，每鄉僉舉設立族正一人、族副一人，飭令該族正、副每房設立房長一人，令族正、副約束各房

1　〔清〕姚瑩：《中復堂全集·東溟外集》卷2〈復曾秀才大椿書〉，第14~15頁。

長，令各房長約束各房子弟，將禁令各條開列於後。如各房子弟有不遵理法、干犯禁示者，即房長懲治之。如子弟不遵房長約束，即由房長稟知族正、副懲治之。如仍不遵族正、副約束，即族正、副督同房長縛送，稟明本分府懲治之。務使痛改前非，安分自守，一洗從前互鄉之名，無負本分府與人為善之意。如有扶同狗隱、袒縱不舉，以致控告到官，則本分府惟族正、副是問，令其將滋事之人縛送到官。如敢仍前抗違，本分府定不能稍事姑容，必痛行懲辦。本分府奉命分守是邦，爾等抗違本分府禁令，即干犯朝廷法紀，本分府會營親率兵役到地圍捕，滋事者既法無可貸，狗隱抗違者，亦情無可原。……本分府言出法隨，無謂不教而誅也。[1]

　　實際上，地方縣令與中央政府的族正制度，有些許的不同，如前所述，在國家的族正制度裡，雖然也賦予族正懲治族人的權力，但前提是必須先經官府處理，仍然不改者，宗族才能基於本身的生存考慮予以處治。與此不同，在地方治理者的族正制度裡，卻是賦予族正優先懲治族人的權力，在族人不遵守宗族的決議後，才縛送交由官府處理。其意義在於，雖然國家賦予族正一定的自治權，不過，仍然強調國家對人民的最高統治權，族權的行使，必須依附於政權之後。反之，地方的宗族政策並沒有這層顧慮，而是給予宗族第一時間處理族中子弟，實質上，更加倚重宗族組織，也相對提高其權力。

　　這種做法，也可見於姚瑩治理龍溪縣時，其言：「瑩昔在龍溪，時患盜賊之多，用集各社家長，予以條約教告，及族正、族副、家長信記，使各自注列名籍，不假胥役。……以族正、副統房長，以房長統家長，大小事以次關白。子弟不肖為慝者，得自治之，不率教，

1　〔清〕薛凝度：〈諭雲霄六十保一十三村族正族副〉，收入〔清〕薛凝度修、吳文林纂：嘉慶《雲霄廳志》卷3〈諭禁〉，第23~24頁。

然後縛送縣。」[1] 並與七百社家長立禁約四條，其中，在不得械鬥搶虜方面，「凡子弟有不甘心如上事者（指械鬥搶虜之故），不得擅自相爭，必先告爾本社之中，爾即理處之。如兩社，則彼此家長共議之。不決，則請鄰社家長議之。再不決，然後控訴。儻子弟不遵，則會集族眾，議於祠，共擒而解官懲治之[2]」。不過，雖然官方希望「紳衿父老果能人人皆識義理，則未鬥之先，當為和解。業已成鬥，當告官彈壓。既鬥之後，即將首犯、兇手捆縛送官，自不至有彼此讎殺之事」，然而實際上，卻是「此鄉之人，則必以其紳衿父老為不能覆芘族鄉，不復聽其指使，而紳衿父老亦死失其援助，未肯先事行之[3]」，為了保持在地方上的領導權，這些紳衿父老也只好以族鄉的利益為最高考慮了。

　　這些為政府所倚重，作為國家與基層人民仲介的鄉紳、宗族領袖，實際上，扮演兩種角色。一方面，他們努力入庠食餼，爭取進入國家與地方的統治階層，國家政權的盛衰與他們個人的榮辱有一定的聯繫。另一方面，他們又是鄉族的成員之一，他們的田產廬屋、經濟利益，又往往與鄉族的利益緊密聯繫在一起。這種雙層的身分和雙層的利益關係，導致這些地方領袖能夠在協調官府與鄉族之間關係方面發揮重大的作用，他們既不願使鄉族的利益，特別是他們的切身經濟利益，受到國家政府的侵蝕，同樣的，他們也不願意讓過分強大的地方鄉族勢力從根本上危及國家政權的安全[4]。因此，在族規中，時常規定族人平時必須遵守國家法令，特別是及早完成賦稅的交納。泉州《桃源莊氏族譜彙編》即記載：

1　〔清〕姚瑩：《中復堂全集・東溟文集》卷4〈與倪兵備論捕盜書〉，第13頁。
2　〔清〕姚瑩：《中復堂全集・東溟外集》卷4〈論七百社家長〉，第12頁。
3　臺北故宮博物院編：《宮中檔道光朝奏摺》第13輯，道光二十三年四月二十一日閩浙總督怡良奏摺，第810頁。
4　楊國楨、陳支平：《明清時代福建的土堡》，第156~157頁。

民不能自治，賴君以治之。凡衛民生，防民患，作民才，一切公用，胥賴錢糧。錢糧者，國課攸關，君上急應之急，亦臣下奉公之義。他事可緩，惟錢糧斷不可緩。故宜早早完清，以應奉銷。有等不肖子孫，田租收入，錢糧拖欠、挨延、致令悍吏急追，以追呼里胥，藉端以需索額外之費，轉浮於正額之供，甚而身罹法網，受辱受刑，而應納之糧，終不容貸。奈何不早完清，而受此無窮累辱也。[1]

不過，雖然及早完納錢糧表面上在奉公之義、應君之急，實際上，卻是為了避免因為錢糧的拖欠、挨延，導致吏胥借機需索，危害宗族的穩定及生存。潯海施氏族規中，即明白地說：「為庶人者，宜出賦稅以給公，上不可遺負拖欠，致累身家。」[2] 由此可知，宗族法中設立維護國家統治的條文，其直接的目的，在於要求族人安守本業，避免國法的追究，以維護宗族自身的生存和發展[3]。換句話說，宗族領導人雖然有維護傳統的社會秩序，對基層社會實行有效控制的功能，但主要在維護宗族本身的榮譽、社會地位，加強團結，進而保障宗族的延續。亦即族權的建立，並非僅僅只是依附於政權，而成為政權統治基層社會的附庸。更大程度上，是基於本身的利益，當有損於宗族的社會地位及榮譽時，為保障宗族本身的繁盛和延續，不惜做出一些破壞政權、社會穩定的行為。

第四節　族權與政權的衝突

閩南鄉族力量的產生，是受社會衝突影響而起，閩南人民也習

1　《桃源莊氏族譜彙編》，轉引蘇黎明《泉州家族文化》，第202頁。
2　〔清〕施德馨纂輯、施世綸等補輯：晉江《潯海施氏族譜》，〈施氏族約〉，第25頁。
3　朱勇：《清代宗族法研究》，第60頁。

慣用鄉族力量作為競爭的憑藉，所以，鄉族力量實際上具有與外力相抗的性質。對鄉族而言，官府控制力也是外力之一，尤其在鄉族力量膨脹後，常會企圖擴大對地方的影響力，並積極掌控地方利益，這往往使官府對地方的控制力受到威脅。官府為了維護對地方的控制，自會對此一行為加以節制，因此，對鄉族而言，官府控制力，常會阻礙鄉族進一步的發展，並成為鄉族對抗的對象[1]，這表現在族權對政權的抗官、抗糧等行為。這種共同抵抗外力侵掠的心態和對族人在經濟利益方面的保護，勢必進一步加強族人間的團結，促進宗族制度的強化和鞏固，而宗族組織又反過來成為族人逃避賦稅的依據。康熙十九年（1680年），姚啟聖在清釐漳州府冒蔭之弊時，就曾言：「漳屬龍溪、汀郡八縣風俗刁頑，恃強凌弱，一紳優免，通族抗差，一身當兵，闔戶冒蔭。故一保一隅有數百家不等，應夫者只有數家。一戶一族有數十餘丁不等，當差者竟無一人。甚至冒同姓為本支，認異姓為戚屬，全保全墩包蔭殆盡。」[2]雍正八年（1730年），福建布政使司潘體豐也上奏言：「閩省州縣冊載戶名，多屬老冊流傳，往往子孫產已鬮分，別責錢糧，仍掛本戶，未經另立的名。或一族而共立公戶，或一戶而包寄數戶，非以多事之生監出名認納，即以豪華棍徒為戶長，代比承催，因之私收侵蝕、逋逃抗欠、規避徭役，種種弊端，難以枚舉。」[3]可以看出，冒蔭以逃避賦役的問題一直存在。這些宗族利用地理位置偏遠，官方不利催繳及本身勢力強大等因素，巧計百出，漏稅拖糧。《李石渠先生治閩政略》曾記載嘉慶年間，漳、泉二郡的情形：

1　胡偉崟：《清代閩粵鄉族性衝突研究》，臺北：臺灣師範大學歷史研究所碩士論文，1996年，第306頁。

2　佚名編：《閩頌彙編（四）》，〈清釐冒蔭夫徭〉，第87頁。

3　中國第一歷史檔案館編：《雍正朝漢文朱批諭旨彙編》第12冊，雍正八年十一月具奏福建布政使司潘體豐奏摺，第546頁。

漳、泉二郡負山跨海，磽确之地，錢鑄難施，斥鹵之區，衝壓不常。既已限之於地利，兼之習俗尚氣，人情喜動。其大姓之曉事者，未嘗不循循規矩，而族姓子侄鮮克由禮，以抗糧為光榮，以把持為能事，以欺陵小姓為體面。聚族而居，一倡百和，呼應甚靈。串通訟師，起滅詞訟，飛灑詭寄，百弊叢生。巧者享無賦之田，拙者輸無田之賦。如泉之晉江、南安、同安、惠安，漳之龍溪、漳浦、長泰、南靖，奏銷完課，分數尤少。又二郡之民，族有家祠，祠有祭田，族人輪流，值年納賦。值年之人一經逃避，官差催問錢糧，族中互相推諉，緩之，則置之度外，急之，則滋生事端。昔之惡役魚肉小民，近年催差遇大姓巨鄉，竟或畏其群毆，裹足不前，必縣官親赴各鄉，婉詞勸諭，而後稍為輸納。[1]

勢家大族利用飛灑詭寄等手段，欺凌小姓，將應繳納的賦役，強制轉讓其上，使弱小他姓，即使沒有田產，也必須負擔額外的稅役。而其「以抗糧為光榮，以把持為能事，以欺陵小姓為體面」的舉動，不僅有關於實質的經濟利益，也反映出族人對宗族的認同感、榮譽心及宗族對地方社會的控制。此外，「凡有合族祭田錢糧，率皆互相推諉，催差畏其群毆，每多裹足[2]」，對於宗族祭田，則以應由值年之人納賦為理由，拒絕繳納，一旦官差催問，就互相推諉，不肯負責。由於其理由尚屬合理，官差如果因此接受而暫緩催繳，結果是族中之人置之不理，儘量拖延，希冀能不了了之。反之，如果官差依然如故，就使該宗族有藉口起來反抗，致生事端，如此一來，催差之人畏於宗族勢力的龐大，恐有性命之危，亦不敢前往催討。因此，不管是緩是

1 〔清〕黃貽楫輯：《李石渠先生治閩政略》，民國二十一年高陽李氏小詒硯齋重刊本，第32~34頁。
2 臺北故宮博物院編：《宮中檔嘉慶朝奏摺》第10輯，嘉慶六年九月十二日閩浙總督玉德奏摺，第261頁。

急，都造成了宗族得以逃避繳交賦稅的事實。雖然，事情最後以縣官親自前往勸諭，宗族因而妥協，答應繳納收場，不過，當官府的力量不足以完全壓制地方大族時，往往引發雙方的衝突與對峙。如同安縣馬巷廳：

> 馬巷向有抗糧惡習。近年鄉曲愚民，因同安、安溪〔咸豐〕二、三兩年錢糧均邀免徵，妄意馬巷壤地毗連，輒將緩徵膽黃，指為豁免，眾口哄傳，致各鄉盡懷觀望。[1]

> 抗欠錢糧也，則各鄉皆然。我朝（清朝）厚澤深仁，屢行蠲免，該民人習為固然，不特編戶小民群思覬覦，即殷富紳戶無不效尤，以國家寬恤之殊恩，成頑戶逋糧之惡習。奸黠者倡首把持，各花戶從而觀望，甚至一士在庠，則庇及合族，一丁入伍，則霸及通鄉。緩之，則任意拖延，急之，則鼓眾抗拒。[2]

表面上說是蠲免，實際上，卻是政府無力徵收的緣故，這使地方人民認為，即使抗欠錢糧，官府也莫可奈何，最後，依然能在蠲免的名義下，逃避繳納賦稅的責任，無形中鼓勵地方人民可以不履行義務。此外，宗族並利用國家對士人的優免政策，將田產詭寄在其名分之下，以逃避政府的徵收。一旦政府強制執行，地方宗族則憑藉在地方上的優勢，與官府對抗，不僅糾眾拒捕，甚至使用武力毆打差役，毫無忌憚。乾隆十八年（1753年），福建巡撫陳弘謀上奏言：

> 惠邑糧戶向稱疲頑……玉山鋪山尾一鄉，何姓二十餘戶，聚族而居，倚恃山海隔越，一二糧差至彼催拘，頑抗不理。隨於十月二十九

---

1 〔清〕程榮春：《泉州從政紀略》，〈上兩院到馬巷任辦理地方情形稟〉，第160頁。
2 〔清〕程榮春：《桐軒案牘》馬巷廳內案牘，〈署馬巷廳稟求卸事由〉，轉引陳支平《清代賦役制度演變新探》，廈門：廈門大學出版社，1988年，第153頁。

日，親赴該鄉催徵，乃何姓糧戶，竟敢執持扁挑、木棍、石塊，賓士上山。傳令族、房長理論，毫無忌憚。差役追拏，輒敢拋石持棍趕毆，以致差役李魁、曾海、林同、潘謹等，俱被毆傷、擲傷，並將石塊直向轎前打來，當場擒獲逞兇人犯何獻、何篤二名，眾始奔散。[1]

雖然何姓一族人數並不算多，不過，由於居住在深山僻壤，不僅官府的控制力極為薄弱，同時，也不利官兵下鄉執行公權力。「每當發票拘緝，若少差兵役，輒致拒捕，一經多派，又俱聞信先逃[2]」，因此，即使糧差進行催拘，由於人數遠少於何姓，使何姓可以憑藉優越的人數，置之不理，甚至使用暴力毆傷差役，公然向公權力挑戰。

宗族與國家間的衝突，更因為明中葉後，閩南地方的尚武之風和土堡的修築而普遍存在[7]。其「所以敢為械鬥不法者，恃其族大丁多，所居皆堅城築堡，槍牌火藥，器具悉備。兵役往捕，勢眾，則空室而逃，勢寡，則閉門拒捕[3]」。如果再加上所築土堡「濠溝深闊，堡外密佈釘筒竹簽，官兵不能進攻[4]」的話，那麼，即使官方「常臨以兵役數千，不能得一罪人[5]」。不但如此，在某些情形嚴重的地方，官方對於地方武力的不法行為也要敬畏三分，不敢輕舉妄動。如漳州府龍溪縣，據姚瑩說：

其民習於強悍，恃眾蔑法，為通省最。東萬松關、南九龍嶺，劫掠不已，行者戒途。北溪一路七十餘里，截河私徵者十數處。城內

1　臺北故宮博物院編：《宮中檔乾隆朝奏摺》第6輯，乾隆十八年十一月二十七日福建巡撫陳弘謀奏摺，第874~875頁。
2　臺北故宮博物院編：《宮中檔道光朝奏摺》第2輯，道光十七年正月二十二日閩浙總督鍾祥奏摺，第44頁。
3　〔清〕姚瑩：《中復堂全集‧東溟文集》卷3〈復方漳州求言劄子〉，第20頁。
4　〔清〕王家勤編：《王懿德年譜》，第435頁。
5　〔清〕姚瑩：《中復堂全集‧東溟文集》卷4〈與倪兵備論捕盜書〉，第12頁。

外文武兵役，通夜巡防，如備大敵。至於各鄉大小一千有八社，積怨深仇，蔓延滋鬥，視殺人如草芥，以虜劫為故常。一日之中，或十餘命，一歲之內，伏屍盈千，剖腹刳腸，莫形凶慘。四郊近地，皆為戰場，豈復知有法令哉？[1]

這些地方的人民，依恃人多勢眾及強悍的性格，藐視王法，從事非法的行為。而這股力量的強大，也使官兵僅能防守自衛，不敢進一步剿滅。各鄉村之人也相互聯結成大大小小的團結組織，以作為在爭鬥中獲取優勢的依恃，這無疑使互鬥之人更為有恃無恐，不但無法解決事端，甚且導致怨仇的深化，擴大爭端的範圍。其目的，已不在有效解決問題，而是屬於意氣用事，以消滅對方、贏得勝利為最終目標。因此，極盡殘忍之能事，並且無視國法的存在，也難怪會被視為形同戰場。

閩南地區人民所從事的非法行為，不僅存在於宗族械鬥中，甚至是為盜、為匪，肆行搶劫，如詔安縣西岸下河村後厝地方，「有何姓數十戶，素有出洋為匪之人[2]」；晉江縣太沖鄉，「均係陳姓聚族而居，戶口繁多，類皆頑梗不法，非僅差役拘攝所能得手」、「該處陳姓匪徒，始恃族大丁強，乘間搶擄[3]」。這些宗族憑恃地理之便，以及族人分佈於官衙、軍中的有利條件，從事於搶劫的不法勾當。清人程榮春曾談及馬巷廳：

濱海等鄉，向為盜賊淵藪，父子世習其業，商賈咸受其殃。如地

1　〔清〕姚瑩：《中復堂全集‧東溟文集》卷4〈謝周漳州書〉，第168頁。
2　臺北故宮博物院編：《宮中檔嘉慶朝奏摺》第15輯，嘉慶七年八月二十六日，閩浙總督玉德奏摺，第558頁。
3　臺北故宮博物院編：《宮中檔咸豐朝奏摺》第6輯，咸豐二年十一月初七日閩浙總督季芝昌奏摺，臺北：臺北故宮博物院，1990年，第192頁。

第七章 閩南宗族與國家的互動

方官親赴嚴挐，則丁壯航海，女稚應門。官之輿從甫旋，而匪徒已歸巢穴。即或會同營弁水陸圍捕，而該鄉之入伍者，仕至偏裨有人，仕至將領有人。該盜匪非其宗族，即其婣婭，大義滅親，古今有幾？一人捕之，而百人縱之，此盜賊之難治也。[1]

柏頭、陳頭、何厝、蔡厝等數十鄉，濱臨海澨，族大丁多，向為盜賊淵藪，貧者糾夥出劫，富者接水消贓，擾害商民，歷有年所。因其地僻人蠻，差役不敢過問。迨地方官親臨拿辦，而該匪等挈眷航海，逃避一空。且該鄉民人，散在水師各營，食糧充兵者，指不勝屈。卒伍偏裨，與該匪非親即族，雖不敢得賄縱容，亦難免狥情袒庇。故歷次會營剿捕，而著名積匪，從無一名獲辦。[2]

當官府下鄉拏拿人犯時，這些犯法之人便航海遠遁，這不僅是因為地理上的優勢，更由於在軍中當官、當兵的親人，基於彼此間的親密關係，往往睜一隻眼，閉一隻眼，甚至幫他們逃走，以至於地方官總是無功而返。這也是閩南宗族世習盜賊，肆無忌憚的原因。

閩南的盜賊並非僅是宗族中少數族人的行為，往往是同一宗族之人結夥搶劫。如嘉慶元年（1796年），龍溪縣民林懷起意行劫，與林講和、林萼、林瑞、林塗、林秋、康同商允，一共7人，林懷攜帶竹銃，林講和、林萼各帶小刀，林瑞、林塗分攜木棍，餘俱徒手，搶劫不識姓名客船[3]。再如道光二十年（1840年）十二月十四日，晉江縣仕林鄉：

1 〔清〕程榮春：《泉州從政紀略》，〈上慶中丞歷陳馬巷為難情形並請遴員接署稟〉，第162~163頁。
2 〔清〕程榮春：《泉州從政紀略》，〈上兩院到馬巷任辦理地方情形稟〉，第158~159頁。
3 臺北故宮博物院編：《宮中檔嘉慶朝奏摺》第6輯，嘉慶三年六月二十三日閩浙總督魁倫奏摺，第561~562頁。

蔡路探知浯垵鄉郭全家道殷實，起意行劫，與蔡猴、蔡賞、蔡肯、蔡抱商允。蔡路又添在逃之蔡貫、蔡鑼、蔡概、蔡懇，並被官兵格斃之蔡埔、蔡坪、蔡山入夥，一共十二人，是夜三更，齊抵郭全家門首。……二十一年（1841年）二月二十日，蔡路又起意行劫湖格鄉楊追家，糾邀蔡猴、蔡賞，在逃之蔡貫、蔡鑼、蔡概、蔡回，並被官兵格斃之蔡埔、蔡紫入夥，一共九人，是夜四更，齊抵楊追家門首。……蔡路一犯，又自十五歲起，蔡猴一犯，亦自十四歲起，各搶奪過路人錢物，不記次數、贓數。蔡賞一犯，另犯搶奪過路不識姓名人錢物三次。蔡肯、蔡抱二犯，各另犯搶奪五次……[1]

從上可知，蔡姓族人不僅是偶而為之，根本是習慣性搶劫。這些人在面臨官兵追捕時，不僅本身，連同其他沒有參與行劫的族人，都會幫忙起而抗官拒捕：

蔡路起意拒捕，糾同蔡猴、蔡賞，及在逃之蔡貫、蔡鑼、蔡概、蔡懇、蔡回、蔡九、蔡樓、蔡同、蔡汝、蔡貯、蔡信、蔡閣、蔡鑾、蔡圓、蔡耽、蔡深、蔡凝、蔡曹、蔡網、蔡岸、蔡陣、蔡執、蔡茶，格斃之蔡埔、蔡紫、蔡秤、蔡山，一共三十人，分執銃械逃至山上，開放竹銃拒捕，致傷鄉勇李捷堆左臂膊、黃勝宜左腮脥……[2]

可以看出，這些人根本不在乎王法，也不管是非對錯，對他們來說，族人間的情誼更甚於對王法的遵守，因此，時常發生同族之人共同抗官拒捕的現象。這種情形，同樣也發生在上舉晉江縣太沖鄉陳姓

---

1 臺北故宮博物院編：《宮中檔道光朝奏摺》第10輯，道光二十二年正月二十八日閩浙總督怡良奏摺，第138~139頁。

2 臺北故宮博物院編：《宮中檔道光朝奏摺》第10輯，道光二十二年正月二十八日閩浙總督怡良奏摺，第139頁。

第七章 閩南宗族與國家的互動

族人當中，其「經該管文武往拏獲犯，復敢聚眾奪犯，逞兇拒捕，致斃兵役多命[1]」。漳浦縣古竹社蔡姓，則是「族大凶而狡，兵至佯散，留老弱受撫，兵去則蜂屯。守備李光生，縣令陸友仁進剿，雨甚退入賊伏，光生戰死，家丁陳喜殉之，友仁同時遇害[2]」。

在這種藐視王法的情況下，原本作為保衛地方免於受侵擾的土堡，反而成為盜賊搶劫的根據地，如詔安梅洲吳氏城池，本為防禦盜賊所建，雲霄《陵海吳氏族譜》言：

> 正德初，海寇竊發，歲無寧時，乃□與呈於官，蒸土為磚而築之，不期年，而城功告成。嗣是以來，雄視屹立，山海群寇，不逞之徒，皆斂足而不敢犯。間有倭夷入寇，所在頻遭鋒刃，吾鄉亦恃以無虞，而遠近投生奔命、云湊蝟集者，又不知幾千萬眾矣。……辛卯年（萬曆十九年，1591年）夏，忽有倭夷警報，眾思身家所係，共懇廷槐仍舊為城長，別立功璿、志方以副之。時城磚散逸，家收戶用無半片存者，急扶靈神立誓章，遍室而挖，盡人而矢，不日城磚四出，幾與城齊。於是，募工齊築，垛子森羅，整如列障矣。又每產百金起銀二錢，高築四門樓，多設金湯器械，以防不測。是雖不得與府縣比雄較壯，亦我吳氏護衛鴻基，而詔中無兩者也。他日，即有嘯聚之警，鳴吠突鬥之聲，我知吾鄉可長無事矣。[3]

然而，到了清代，梅洲吳氏城池卻演變成盜賊的巢穴。嘉慶《雲霄廳志》記載：

---

1 臺北故宮博物院編：《宮中檔咸豐朝奏摺》第6輯，咸豐二年十一月初七日閩浙總督季芝昌奏摺，第192頁。
2 〔清〕王家勤編：《王懿德年譜》，第418頁。
3 〔清〕吳鏞編：雲霄《陵海吳氏族譜》卷4〈里居‧梅洲城池記〉，第21~22頁。

梅洲向有城寨，在雲、詔交界，居民四千餘戶，一萬餘丁，係吳姓聚族而居。族大丁強，賢奸雜處，匪徒或出洋行劫，或登岸搶擄不一。[1]

其利用位處於官府權威和控制力較弱的交界地帶，並依恃本身宗族的強大勢力，從事搶劫等不法勾當，儼然成為一個盜賊家族，無怪乎會被官府視同土匪。左宗棠（1812-1885）也曾上奏言：

現令馳赴泉州一帶，會同委署福建陸路提督羅大春勘辦泉屬匪徒。其永定縣小瀘溪地方，界連平和、南靖，岩穴阻深，土匪恃險抗糧，為二百年來逋逃之藪，屢次拒敵官兵，從未受創。二品頂帶福建補用道朱明亮，督同補用副將、署龍岩營遊擊賴長，代理永定縣知縣周德至，馳往剿辦。該匪躆堡放槍，抵死抗拒，朱明亮所部後旗閩浙補用總兵何德明、哨長袁先福，均被槍子傷顱，弁勇受傷者二十一名。朱明亮見勢不可已，揮眾猛攻，連破五堡，斃匪百餘名，獲其槍炮數百件、旗幟百餘件，生擒陳阿揚、陳阿良、陳三樂、陳阿海、陳孔昭、陳學孔、陳二嵩、陳拔萃、陳白毛、陳阿遙、陳阿鼓、陳阿華、陳阿田、陳阿得、陳阿建等十五犯，均係持械抗鬥稔惡匪犯，並捕獲河口、漳汀司等處著匪陳有能、曾阿理、陳風、陳丹清、陳婿等五犯，先後訊明正法。匪首陳天庇之子陳連，據匪供，在土堡內被炮轟斃。[2]

從官府所擒獲的匪犯姓名可知，其屬於同一族姓無疑。此族姓依

1 〔清〕薛凝度修、吳文林纂：嘉慶《雲霄廳志》卷8〈弭盜・同知薛凝度酌議弭盜情形詳文〉，第19頁。
2 〔清〕左宗棠：《左宗棠全集》，〈奏稿・續辦上下府各屬土匪情形折〉，長沙：嶽麓書社，1989-1992年，第48~49頁。

第七章 閩南宗族與國家的互動

恃土堡的堅固及火力的強大，據地為王，恃險抗糧，拒敵官兵，長達200年之久，並在官府剿辦時，肆無忌憚，槍傷官兵，無怪乎被視為土匪。這不但嚴重影響國家稅收，還威脅到國家的公權力，使國家對該地的控制力大為降低。基於此，政權不得不採取強硬的措施，戮力肅清，彈壓地方豪族，以絕後患。

在漳泉「民風蠻野，縣役緝犯，村民恃其族大人多，輒負嶼抗拒，遇有要犯，不得不會營往拏[1]」的情況下，雖然官方採取強力鎮壓，可以收到立竿見影之效，但是，畢竟要付出的社會成本過多，同時，也需動員龐大的經費、人力來支持軍事行動，[8]從而造成地方的動盪與不安。因此，除非特殊狀況，在多一事不如少一事的心態下，通常治理者會採取其他較為和平的手段，以求得地方社會的安寧和強化國家對地方的控制力。這些手段除了重復強調因勢利導，責成族長約束族人外，還會將行政區域的歸屬重新設定，使地方官能就近管理，以免鞭長莫及。雍正十年（1732年），福建總督郝玉麟即上奏言：

福建漳、泉地方多有巨姓，自恃族大丁繁，往往以強欺弱，抗糧毆差，械鬥匿犯，種種不法，官吏坐受處分，鞭長莫及。……民居近縣者，日睹官長，時聞教化，尚知禮義王法。其離縣窵遠，深山窮谷之處，類多頑梗不馴，相習成性，強橫一方。……平和縣南勝、五寨、阪仔、洋頭等處，大姓聚族，環居到處，每因小事，動輒黨眾，列械互鬥，殺人竟同兒戲。……南靖縣車田地方離縣甚遠……近雖有司設立族長，遇事著落跟要，始終抗匿不出，差役寡不敵眾，會營協拿又非輕易，現在設法緝捕。前經卑府審度風土情形，議將本府同知移駐南勝彈壓，其南靖之車田，割歸漳浦縣管轄，通詳在案等因。……查漳州知府張嗣昌通詳原案內稱：平和縣南勝地方，離縣

---

1 〔清〕張師誠：《一西自撰年譜》，第159頁。

一百五十里。附近五寨、洋頭、阪仔、管溪、山隔、黃井、翠微、三坪、透龍等處，民居稠密，楊、林、胡、賴、葉、陳、張、李、蔡、黃諸姓環列聚居。且墟場雜遝，歷來逋糧、械鬥、毆差、匿犯，迭迭有案，議撥漳州府同知分駐彈壓其地。又稱南靖縣車田地方共一十五保，離縣一百五十里，東至漳浦縣城止一十五里，其兇惡刁悍，無異平和、南勝等鄉，議將車田十五保之田園、丁口、錢糧等項，割歸漳浦縣就近管轄。[1]

為了解決因地方官吏鞭長莫及所引起的種種不法情事，因此，他建議將地方軍事機構部分移駐當地，就近彈壓，以收時效，同時，也可以使人民有所畏懼，而不敢輕舉妄動。並將地方區域的歸屬作一整理，將距離該隸屬縣治較遠、地方官府不易控制的區域，改歸其他與之距離較近的縣治管理，如此，才不會因為路途過於遙遠而莫可奈何。郝玉麟的建議基本上獲得雍正的認可，並且提醒移駐同知，須得人方有益。

注釋：

[1]明朝開國之初，宗族勢力並不興盛，沒有受到政府的注意，這可從朱元璋所頒佈的聖諭六條（孝順父母，恭敬長上，和睦鄉里，教訓子孫，各安生理，無作非為）中看出。其所強調者，在於家庭的倫理關係及鄉里人民間的和睦相處，並沒有涉及宗族的言論。而事實上，明代民間宗族組織的再興，要到正德、嘉靖之後。不過，由於社

1　中國第一歷史檔案館編：《雍正朝漢文諭旨彙編》第22冊，雍正十年閏五月二十四日具奏福建總督郝玉麟奏摺，第563頁；臺北故宮博物院編：《宮中檔雍正朝奏摺》第19輯，雍正十年閏五月二十四日福建總督郝玉麟奏摺，第902~904頁。

第七章　閩南宗族與國家的互動

會的動盪不安，政治腐敗，導致政府對社會的控制力大幅削弱。因此，明中葉以後，也無力制定相關的宗族政策。大抵而言，明政府對民間的宗族組織，是采鼓勵的放任、自由發展態度。朱勇也認為：宋明時期，宗族組織處於發展前期，其自身力量較弱，引起國家統治者重視的程度不足。一方面，對於宗族組織，只是給予一般意義上的鼓勵、提倡，並沒有通過立法形式肯定宗族組織作為一種自治性組織，享有一定限度的自治權。另一方面，宗族組織尚沒有形成對國家統治的不良影響，因此，國家統治者對宗族組織，基本上，保持肯定和支持的態度。見朱勇：《清代宗族法研究》，第151頁。

[2]〔清〕昆岡等修、劉啟端等纂：《欽定大清會典事例》卷397〈禮部·風教〉，上海：上海古籍出版社，1995年，第1~2頁提到，順治九年（1652年）下詔言：「六諭文曰：『孝順父母，恭敬長上，和睦鄉里，教訓子孫，各安生理，無作非為。』……欽頒六諭原文，本明白易曉，仍據舊本講解。其鄉約正副，不應以土豪僕隸奸胥蠹役充數，應會合鄉人，公舉六十以上，業經告給衣頂、行履無過、德業素著之生員統攝。若無生員，即以素有德望六七十歲以上之平民統攝。每遇朔望，申明誠諭，並旌別善惡實行，登記簿冊，使之共相鼓舞。」

[3]所謂康熙上諭十六條指的是：「敦孝弟以重人倫，篤宗族以昭雍睦，和鄉黨以息爭訟，重農桑以足衣食，尚節儉以惜財用，隆學校以端士習，黜異端以崇正學，講法律以儆愚頑，明禮讓以厚風俗，務本業以定民志，訓子弟以禁非為，息誣告以全善良，誡匿逃以免株連，完錢糧以省催科，聯保甲以弭盜賊，解仇忿以重身命」。參見〔清〕昆岡等修、劉啟端等纂：《欽定大清會典事例》卷397〈禮部·風教〉，第2~3頁。

[4]〔清〕昆岡等修、〔清〕劉啟端等纂：《欽定大清會典事例》卷397〈禮部·風教〉，第7~9頁載：「大抵宗族所以不篤者，或富者

多吝，而無解推之德；或貧者多求，而生觖望之思；或以貴陵賤，而勢利汩其天親；或以賤驕人，而忿傲施於骨肉；或貨財相競，不念袒免之情；或意見偶乖，頓失宗親之義；或偏聽妻孥之淺識；或誤中讒慝之虛詞，因而訐訐傾排，無所不至，非惟不知雍睦，抑且忘為宗族矣。爾兵民獨不思子姓之眾，皆出祖宗一人之身，奈何以一人之身，分為子姓，遽相視為途人而不顧哉。……凡屬一家一姓，當念乃祖乃宗，寧厚毋薄，寧親毋疏，長幼必以序相洽，尊卑必以分相聯。喜則相慶以結其綢繆，戚則相憐以通其緩急。立家廟以薦烝嘗，設家塾以課子弟，置義田以贍貧乏，修族譜以聯疏遠。……爾兵民其交相勸勵，共體祖宗慈愛之心，常切水木本源之念，將見親睦之俗，成於一鄉一邑，雍和之氣，達於薄海內外。諸福咸臻，太平有象，胥在是矣。」

[5]〔清〕昆岡等修、劉啟端等纂：《欽定大清會典事例》卷811〈刑部·刑律鬥毆〉，第1頁載：「凡同族之中，果有兇悍不法、偷竊奸宄之人，許族人呈明地方官，照所犯本罪，依律科斷，詳記檔案。若經官懲治之後，尚復怙惡不悛，准族人公同鳴官，查明從前過犯實跡，將該犯流三千里安置，不許潛回原籍生事為匪。儻族人不法，事起一時，合族公憤，不及鳴官，處以家法，以致身死，隨即報官者，該地方官審明死者所犯劣跡，確有實據，取具里保甲長公結。若實有應死之罪，將為首者，照罪人應死擅殺律，杖一百。若罪不至死，但素行為通族之所共惡，將為首者，照應得之罪減一等，免其擬抵。儻宗族之人，捏稱怙惡、託名公憤，將族人毆斃者，該地方官審明致死實情，仍照本律科斷。」

[6]〔清〕昆岡等修、劉啟端等纂：《欽定大清會典事例》卷811〈刑部·刑律鬥毆〉，第2頁載：「同族之中，果有兇悍不法之徒，族人自應鳴官治罪。乃向例有『事起一時，合族公憤，處以家法致死，審明罪人應死不應死，將為首者，分別擬杖與減等免抵』等語，雖屬

第七章 閩南宗族與國家的互動

懲創兇悍，體順人情之意，但族大人眾，賢愚難辨，或以富吝而招眾怨；或以剛直而致同仇，或一人煽誘，群相附和；或共挾微嫌，輒圖報復，架詞串害，往往有之。儻地方官未能深察，難保無冤抑之情。況生殺乃朝廷之大權，如有不法，自應明正刑章，不宜假手族人，以開其隙。所有此條舊例，應請刪除。」

[7] 〔清〕謝金鑾：《二勿齋文集》卷2〈與陳明府書〉，《臺灣文獻彙刊》第4輯第13冊，第101~102頁載：「漳泉之俗，素稱頑悍，抗官拒捕，所在多有，非德教至久，不能以化。」

[8] 如姚瑩即言：「緝捕之難……非懸賞購獲，即須會帶弁兵勇役，多者千人，少亦數百。駐社圍捕，動以旬日，兵費輒百千計。又四路險要處所，除設兵防汛，必須擇選家丁，委任壯役巡邏。搶虜此等捕費，皆不能少動官錢，必須捐備，而漳屬府縣素無贏餘，資將何出？」參見〔清〕姚瑩：《中復堂全集·東溟文集》卷3〈復方漳州求言劄子〉，第19頁。

第八章　結論

（一）

　　明中葉以後的福建，由於聚族而居的傳統、自然地理、社會環境、山海經濟發達等因素，加強了人們內部的切身需要，加上外部條件的允許，宗族組織逐漸興盛，並持續發展。雖然宗族組織一度曾因為朝代的鼎革，以及清王朝為防堵明鄭所實行的海禁政禁而遭受破壞，不過，大體而言，明清兩代，宗族在社會的勢力呈現上漲的趨勢，只要一有力量，就會想盡辦法建立宗族組織。其中又以漳、泉兩府尤其，如泉州府「百人之族，一命之官，即謀置祠宇、祭田，霜露歲時，非豐不潔不薦。下至市井小民，家設主龕，凡廳事位置必先祖而後神 [1]」。漳州府南靖縣「自郡邑至村落，輒數十家為一社，建立祖祠以祀其先。又立各祠，春祈秋報，亦猶行古之道 [2]」。

　　宗族的機能，主要在於祭祀祖先及收宗睦族。宗族結合的心理基礎乃是同祖、兄弟意識，亦即血親意識。為喚起且培植這種意識，宗族常用的手段有兩種：造祠堂與修族譜 [3]。這是因為，依血緣所產

1　〔清〕陳壽祺等纂：同治《福建通志》卷56〈風俗〉，第2頁。
2　〔清〕陳壽祺等纂：同治《福建通志》卷56〈風俗〉，第25頁。
3　戴炎輝：《中國法制史》，第192頁。

第八章　結論

生的親親之情，總是無法避免因世代的繁衍而導致血緣關係淡化和距離感的擴大，即如方孝孺所云：「家之為患，常始於乖爭。而乖忤之端，在乎不知其本。兄弟之於父，其為本近也，其情親而易感也。至於孫之於祖，則稍遠矣。由孫而至於曾玄，則愈遠矣，而況由曾玄而至於十世，至於無窮者乎？」[1] 也因為血緣關係的淡化和距離感的擴大，使族人間的衝突不斷發生，甚至不相往來，相視如途人。雍正時人周靜甫曾言及這些狀況而有所感歎：

　　有勢利泊其天親者矣，有忿傲施於骨肉者矣。或好利相競，不念祖免之情者有矣；或意見偶乖，頓失宗親之誼者有矣；或偏聽妻孥之淺識，或誤中讒慝之虛詞，因而相傾相軋者有矣。獨不思子侄之眾，皆出祖宗一身，奈何以一人之身分，而子侄遽相視為途人耶？[2]

　　他認為一族之人，皆是祖宗分身，不應該不帶念彼此間的親屬關係，而有富欺貧的現象。或者因為利益的爭奪，甚至只是意見不和，就破壞了彼此間的感情。更不應該輕信閨房婦人之見以及謠言，導致相互傾軋。為了避免這些情形的產生，「非統之以祭祀，而合之以譜圖，安能使之然哉。是知家之有廟，族之有譜，善為家者之所當先也[3]」。這種想法，普遍存在一般人的觀念裡，如明末周秀峰亦認為：

　　吾宗之孫子折處星落，喜有今日之會聚者，以有吾祖在而昭穆不溷，恍似雁行，又以有吾譜在也。[4]

1　〔明〕方孝孺：《遜志齋集》卷13〈童氏世譜序〉，第417頁。
2　〔清〕周錫齡修：安溪《重修清溪周氏族譜》，〈重修周氏族譜記〉，福建省圖書館據光緒九年抄本復印，第33~34頁。
3　〔明〕方孝孺：《遜志齋集》卷13〈童氏世譜序〉，第417頁。
4　〔清〕周錫齡修：安溪《重修清溪周氏族譜》，〈重修周氏族譜記〉，第25頁。

利用祠堂的建立，作為宗族祖先的象徵與代表，並透過一連串的儀式，來塑造和強化同族之人共同擁有的先祖歷史記憶。這些儀式的舉行內容與程序，宗族的世系和歷史記憶等等，都必須利用族譜的編纂，始能保存下來。《龍山湧口吳氏家譜》說明了宗祠和族譜的功能：

　　嘗謂木由根生，水本源流。凡物之在天地間，未有不由本以生，況於人為萬物之靈乎？是故，古之人，懼其續於後，而遺其始也，必於正寢之東而立祠堂，使後之子孫以時祭祀，而常懷孝思之心。慮其傳於後，而失其序也，必立族譜以記其事，使後之子孫有所稽考，而常知序次之別。是譜者，正天經彝之端，保族宜家之要也。故凡所以紀其蹤跡，由一世至於千百世，尊卑長幼，所行實事，生卒日時，與夫家之要法，莫不畢舉。然其中必於善者而揚之，於惡者而諱之，亦獨何哉？蓋揚其善，使為子孫者，知其祖之善，而思所以效之；諱其惡，使為子孫者，羞其祖之德不彰，思所以灑之正名定序。獎善懲惡，寔於譜有深賴焉。[1]

　　由於萬物皆有其本，為了怕後代遺忘自身繁衍的來源，所以，需要某些具體的事物，作為建構和喚起記憶的象徵，其中，最直接和最具代表性的，莫過於祀奉祖先神主的祠堂。利用後代子孫對先人的祭祀，來加強特定的歷史記憶，再生族人心中因原始血緣關係所形成的親親之情。並透過族譜中的記載，將歷代的世系依序分列，制定一套遵守的準則，使族人不會因為世系的混亂而無所適從，進而破壞了宗族制度所強調的尊卑、長幼之序。此外，族譜尚運用了「隱惡揚善」之法，將先人的善跡一一記載下來。之如以所此，乃是冀望藉由先人

1　〔清〕吳三辰修：《龍山湧口吳氏家譜》，〈萬曆元年吳氏重修族譜序〉，無頁碼。

第八章 結論

的善跡，以提高族人的社會地位與榮譽感，及作為所掌控的地方資源的來源依據，宣示其合法性。相對來說，如果先人的行為，有損於整個宗族組織，甚至使族人蒙羞，那麼，將使宗族的社會地位下降，減少族人對宗族的認同感與內聚力。因此，為了使宗族能夠持續生存，就必須選擇性失憶，將對宗族不利的記憶抹滅，避免宗族組織的崩潰與離散。這種目的，有賴於宗祠和族譜所產生的作用。李光地曾言：

夫家替於暌、隆於聚，宗與譜所以聚其暌，而使之有統也。夫是以入廟者、觀譜者，識長長之義，則知所以尊祖焉；識貴貴之義，則知所以尊王焉；識賢賢之義，則知所以尊聖焉。夫能尊祖、尊王、尊聖而其材不蕃，其家不大者，未之前聞。[1]

為了避免因為離散所造成的衰敗，需要有號召族人聚集的象徵和記憶。因此，利用族人在進入宗祠、觀看族譜的機會，使其能「聯於世系」、「崇本而反始[2]」，加強族人的歷史共同記憶，使不忘本源。並藉由宗祠、族譜裡對於倫理道德的規定和勸解，來形成長長、貴貴、賢賢的意識，從根本的尊祖，擴大到對統治者的順服，效法古代賢人的行為與德行。如此一來，對內能加強族人間的凝聚力，並避免因為反抗政權而帶來災禍，培養良好的德性，不至使個人的行為，變成整個宗族的困擾，維持宗族的繁衍與興盛。

不管宗祠的建立，或者是族譜的編纂，基本目的雖然都在敘世系、明尊卑、別親疏，然而，更實際的目的，是提高宗族本身的社會地位、聲望和榮譽，以保持既得利益，並在資源的競爭上，能夠取得更有利的環境，使宗族得以永久繁衍和興盛。當血緣的追溯，無法達

1　〔清〕李光地：《榕村全集》卷11〈家譜序〉，第20頁。
2　〔清〕施德馨纂輯、施世綸等補輯：晉江《潯海施氏族譜》卷1〈六世祖彥仁公傳〉，第13頁。

到宗族的目的時，通常宗族會傾向於對賢貴的崇拜，亦即採取以賢貴之人為宗族領導人、優遇擁有功名的族人，及族譜中的攀附現象。因此，雖然祠堂、族譜的原始目的，在敬宗收族，但是當敬宗（血緣）無法完全達到收族（宗族繁盛）的效果時，基於收族的考慮，敬宗的原則，時常會被修正或忽視。可以看出，宗族的任何行為，都是以確保宗族的生存為最高指導原則。

（二）

明清時期，閩南地方社會獨特的歷史背景，成為宗族組織發展的有利條件，人們藉由宗族意識的建構，將生活在周遭的同姓之人集結起來，形成一個命運共同體，以應付外界的威脅，避免個人渺小的生命淹沒在變化無常的時勢中。這些外部的威脅，主要是外姓對生活資源的佔領。外力的入侵與資源的爭奪，強化了族人彼此間的認同意識，加上閩南地區特殊的社會發展，使得該地的宗族械鬥頻頻發生，嚴重影響了地方秩序的穩定。

閩南地區宗族械鬥興起的原因與明中葉以後該地區社會秩序的不穩定所引發的築堡運動、尚武之風、宗族組織勢力發展，以及地方官吏在面對宗族械鬥時所持的態度有很大的關係。明朝中期以來，沿海經濟的發展與性質的改變、政治的腐敗，削弱了政府對社會的控制力，引發各種寇患，導致生活環境瀰漫著一股不安的氣息。到了清朝前期，閩南地區又經歷了易代之戰、鄭氏的反清復明、遷界和三藩之亂，人民的生活更加朝不保夕。統治者為了穩定社會除了組織團練、強化保甲制度外，也鼓勵地方自行修築堡寨，防止盜賊入侵，保家衛族。在這種環境氛圍中，為了確保生存條件，閩南地區的宗族紛紛自我武裝、建立堡寨，因而引起當地的築

堡運動及習武之風。

　　閩南地區土堡的修築，不僅使該地的社會型態更趨向於聚居，加強了宗族組織的鞏固和宗族意識的凝結，同時，也強化了閩南地區的尚武風氣和好勇鬥狠的性格，導致明末以後的閩南社會，在遇到糾紛時，往往依恃強大的宗族組織與武裝力量，作為解決恩怨的手段，激化了宗族間的械鬥。

　　沿海經濟的發展和社會的動盪不安，促使閩南的宗族組織勢力日益形發展。閩南宗族組織的興起，原本是為了應付外在環境的挑戰，使族人在變化無常的世界中，能安身立命。然而，由於閩南地區先天上資源的不足，生活競爭激烈，人與人間的摩擦也更多。強烈宗族認同意識所形成的一體感，使族人在面對個人糾紛時，不論事情的起源如何，對錯與否，都視同對整個宗族的挑釁，導致單純的事件往往演變為族與族間的對抗，擴大了械鬥的規模和程度。在械鬥的過程中，如何壓制對方，以顯現己方勢力的強大，成為最重要的指導原則。由於目的不在解決爭議，使雙方的間隙更加擴大，造成械鬥不已的局面。

　　造成閩南地區宗族械鬥不已的原因，除了習武之風與宗族勢力的強盛外，也和地方官吏的態度有關。地方政治機構的建立，主要是為了輔助中央穩固社會秩序，而社會秩序的穩固，則有賴於社會問題和民間糾紛的解決。在面對械鬥時，如果官府能秉公處理，使雙方心服口服，當能有效降低械鬥的頻率和減小規模。然而，事與願違，地方官吏不但沒有秉公處理，還玩法弄權，趁機漁利，將地方械鬥視為獲得私利的淵藪。當民眾因發生衝突而對簿公堂時，官府不是坐視不管，任由事情擴大，就是借機勒索、接受賄賂，對行兇之人和主謀首禍者多方袒護、掩飾。這使受委屈的人有理難伸，對官方的處理能力和公信力產生懷疑和不信任，造成官民間的矛盾和衝突。另一方面，行賄者則認為，只要透過錢財，就能得到官方

的偏袒，不會受到任何處罰，更加肆無忌憚。結果是，受欺壓者認為，既然官府無法提供保護，只好以械鬥來洩恨。而欺壓者仗著勢力強大，且無任何顧忌，也樂於以械鬥來迫使對方就範。這種私下解決的心態，導致械鬥的風氣益發擴大不止。

由於攸關生存，資源的爭奪與佔有，深化了宗族組織的危機感，成為在面對外部威脅時最關注的事務之一，不但使宗族意識更加強化，也使宗族間的械鬥日益複雜。資源的擁有是生命存在的基本條件之一，宗族如果不能控制足夠的資源，不但沒有辦法建構宗族意識，獲得族人認同，更可能造成整個宗族的滅亡。基於此，閩南地方社會，總是汲汲於保護既得利益和擴大佔領生活領域中的各項資源，這表現在對水利設施的控制、關卡及墟場的私設和埭田、海塗的獨佔等方面。

在爭奪資源的過程中，免不了會發生衝突，如果雙方的勢力不均等，強者通常會仗著本身勢力的強大及和官府的良好關係來迫使對方就範，以獲得勝利及對資源的控制權。處於弱勢的一方，也會因為不堪被剝削，向官府控告，希冀藉由官府的公權力，使剝削者有所警惕，確保自己的生存權利。不過，如果雙方勢均力敵，或者是小族無法藉由公權力獲得生存的保障時，在爭奪或維持已有資源的過程中，糾紛往往會進一步演變為宗族間的械鬥。對當事者來說，資源既然無法完全滿足所有的人，為了確保能在當地生存，使宗族能夠永續發展，不至於衰弱、滅亡，競爭在所難免。當雙方相持不下，或者是有一方不甘心受壓迫而憤恨難平時，由於閩南人民好勇鬥狠的性格、宗族組織的興盛，加上官府無法有效處理紛爭，宗族間的集體械鬥，成了最有效、最直接，也最能發洩憤恨的方法，使閩南地區的宗族械鬥時常發生。

閩南社會的資源爭奪，除了有形的物質外，還有風水。由於風水的功利性，使當地民眾極為重視堪輿之術，而風水信仰也滲透

到民眾生活中的各個領域。在民眾的觀念裡，風水的好壞、有無，會影響往後的運勢和發展，因此，汲汲於風水的追求。閩南人民深信風水之說的結果，不僅形成久殯不葬、遷葬等有違倫理道德的行為，而且在人們的觀念裡，風水既牽涉到後世子孫的命運，又與宗族能否繁衍興盛有很大的關係。在面對這種無形的資源時，必然會引起另一波的爭奪戰，以至於雙方發生衝突，進而訴訟、械鬥不斷。風水信仰導致了國家禮制的破壞和引起諸多社會問題，使官府為了維護禮制、穩定社會秩序，制定法律或告示，明令民間社會禁止惑於風水。不過，由於風水關係一族的盛衰，即使官府三申五令，民間社會對於風水的爭奪，始終不斷上演。

從明清時期宗族組織的發展歷史來看，社會（宗族組織的演變）是走在國家（宗族政策的制定）之前的。換句話說，在國家與宗族的互動中，宗族大多居於主動的地位，而國家被動地依據宗族組織所引起的事件和狀況，採取相對的因應措施。

明朝開國之初，宗族組織並不興盛，沒有受到政府的注意，因此，在政府所制定的社會制度中，並不包括對宗族組織的利用，這使民間的宗族組織得以依照本身的需求自行發展，並擁有較大的獨立性和自主性。到了清朝，宗族勢力的強大，使統治者不得不面對，並加以收編，因而制定了族正制度，企圖將民間宗族組織導向為輔助政府統治地方社會的工具，不過，這種意圖並沒有達成。宗族組織發展的目的，是為了確保生存，以本身利益為行事原則，因此，當宗族組織的發展受到阻礙時，為了保障本族的繁衍與興盛，就可能不惜做出一些破壞社會穩定的行為，這必然引起公權力的干預。民間宗族組織的發展，雖然有利於穩定社會秩序，卻也引起了許多的社會問題，在這種矛盾中，國家對民間宗族組織的態度，只能隨之起舞，因而搖擺不定。

當有外力威脅到整個宗族組織的生存與發展時，會使其同時產

生內聚力和排外的心理。閩南宗族組織的排外性，不僅表現在對外姓的排斥，在某些方面，也表現為對國家政權的排斥，這主要是宗族的抗官、抗糧等行為。面對這種情形，統治者為了確保國家的稅收，避免公權力遭受挑戰，除了反復強調因勢利導，責成族長約束族人外，有時也不得不採取強硬的措施，戮力肅清，彈壓地方豪族，以絕後患。

（三）

透過本書的討論可以看出，為了因應歷史的發展和社會的變遷，閩南社會選擇了發展宗族組織來保障個人的生存，藉由祠堂的設立與族譜的編纂，建構了宗族內部的認同意識，而在外部環境的威脅下，宗族意識也得到了強化。由於宗族組織是建立在血緣關係的基礎上，尊祖敬宗成了最根本的核心思想，在一般的想法裡，必須先尊祖敬宗，使族人因為水源木本、同出一脈的關係，進而觸動內心的親親之情，以達到睦族、收族的最終目的。然而，由於環境的改變，古代的宗法制度無法完全複製到當代，使得敬宗與收族間產生了矛盾，敬宗並不一定能收族。面對這種情況，閩南地區在建構宗族意識的過程中，因時、因地作了某些取捨和調整。這些基於現實所作的改變，主要表現為宗祠祭祀的賢貴傾向和族譜編纂的攀援附會。

宗祠祭祀的理想功能在於敬宗收族，然而，依據血緣關係所設立的敬宗原則，並不必然能達到收族的目的。為了使宗族組織能夠長久繁衍和興盛，宗祠祭祀的內容和實施情形產生了若干的發展，在祭祀的物件、儀式的主持、宗族的領導人、祖先入祀宗祠的資格和參加祭祖與領胙的資格等方面，都與傳統禮制有所不

同，或是在強調血緣的原則下，採取補救的措施，或是直接拋棄血緣原則，轉而傾向強調賢貴。

祭祀對象的討論，主要的爭議集中在庶民祭祀祖先的代數範圍。程頤認為，基於水源木本的觀念，既然同為一族的祖先，不可以因為血緣較遠的關係，就捨棄不予祭祀，因此，他贊同民間祭祀始祖和先祖的習俗。朱熹則礙於古代的禮法思想，認為祭祀四代以上的祖先，是僭越禮法的行為，應該予以禁止。不過，就宋以後宗族組織的祭祀物件來看，朱子的觀念，並沒有被認同和採用，絕大多數的宗族組織所採用的，仍然是程頤的做法。這是因為朱子所主張的祭祀止於高祖，其收族範圍較始祖、先祖之祭遠為狹小，並不能符合收族的期望與現實的情況。對於宗族而言，平常接觸和共同生活的人，必然遠超過五服的範圍，甚至袒免之親的數量，可能更大於服制內的人數，因此，收族的範圍不可能只限於五服之內的族人，這與宗族的現實需求並不符合。基於宗族的生存，程頤的主張自然比朱熹的想法更能獲得宗族的贊同。

在祠堂祭祀的主持人和宗族組織的領導人方面，也產生了些許的變化。由於宋以後的社會不同於古代封建社會，以嫡長子作為宗子的設計，實際上是很難實行的。閩南宗族對於宗子問題所實行的因應措施，一般來說，可以分為兩種途徑：其一，雖然仍以嫡長子為宗子，但是為了顧及現實，有的設置輔助之人，有的將祭祀與實質性事務分離，依照不同的標準設定領導人；其二則是直接捨棄嫡長子繼承制，而以族中賢貴之人作為宗族的領導人。可以看出，閩南宗族組織具有強烈的功利傾向，以宗族的繁盛為最高指導原則，這種意向，也存在於祖先入祀宗祠的資格限定和祭祖與領胙在身分上的限制中。

不管是入祀宗祠，還是祭祖、領胙，並非所有族人都可以參與，閩南宗族在這些方面都有身分上的限制，除了百世不祧的祖先

和宗族領導人外，原則上，必須要擁有功名，或是對宗族有貢獻的族人，才能進入宗祠配享，或是參加祭祖儀式。這樣規定的用意，除了誇耀宗族的社會地位和聲望外，主要還是為了藉由對有功名和社會地位者的重視，促使宗族成員能夠因羨慕之心，為了取得資格而奮發向上，以增加或維持宗族既有的社會地位，使宗族立於不敗之地。

　　閩南宗族組織的功利傾向，還可以從族譜的編纂中看出。族譜理想上的功能，是藉由保留對祖先的共同記憶，作為凝聚的力量，來強化族人間因共同的歷史記憶所產生的相互認同感。族譜的編纂，雖然在於敘世系、明尊卑、別親疏，不過，更實際的目的，則是提高宗族的社會地位、聲望和榮譽，以保持既得利益，並在資源的競爭上，能夠取得更有利的條件，使宗族能夠永久繁衍。基於此，族譜的編纂原則，除了長長之外，也在於貴貴和賢賢。同宗祠一樣，宗族的功利傾向，使族譜的編纂在某些方面違背了初衷，誇耀門楣的虛榮心有時會壓過對於世系源流的正確追溯和對血緣純正的重視，其中，最明顯的現象就是對名人的攀引附會和光州固始情結。

　　如果沒有外力的威脅，即使存在著宗族意識，也只是隱性的。換句話說，宗族意識的強烈表現常常發生在外部環境對整個宗族組織生存產生威脅時，為了面對外力的侵掠和競爭，必須強化和鞏固宗族組織，也因此產生了「非我族類，其心必異」的排外心理和休戚與共的一體感。閩南宗族組織的外在威脅，莫過於外姓對地方資源的佔領，而資源的爭奪，必然會引發雙方的衝突，結果往往是造成宗族間的械鬥。

　　造成閩南社會宗族械鬥的根本原因，主要是明代中期以後，社會寇患不斷的氛圍使當地形成了好勇鬥狠的個性，以至於出現糾紛時，動不動就以武力解決。加上宗族組織的發展所形成的一體感，

251

常常使個人間的衝突演變為族與族的對抗，如果地方官吏又不能秉公評斷，只知趁機勒索和接受賄賂以中飽私囊，造成人民的不信任而私下處理，往往會使衝突一發不可收拾，最後導致宗族械鬥。

閩南宗族間的資源爭奪，可以分成兩個方面討論：有形資源和無形資源。在有形資源的爭奪方面，主要集中在對水利設施的控制、關卡及墟場的私設、埭田和海塗的獨佔等方面。由於資源的有無，攸關宗族的生存，而宗族組織對地方社會的控制，也取決於資源佔領的多寡，沒有資源，其餘免談。因此，在這場資源的爭奪戰中，沒有人會願意眼睜睜看著自己的權益受損，這就造成了彼此間的衝突。當一方無法以絕對優勢壓制另一方時，衝突會一直持續，最後演變成械鬥事件。

所謂無形的資源，指的就是風水。自古以來，風水在中國人的心裡佔有很大的分量，也因此演繹出許多豐富的理論與流派。不管信或不信，是出於孝道還是現實利益，風水滲進了中國政治、社會等各層面的行動中，大如都城的建置，小至人民的立宅、喪葬等，都或多或少運用了堪輿之術。

姑且不論風水是否屬於迷信，毋庸置疑，對於青烏的重視及運用，已成為中國文化的內涵之一，而其盛行，也可說是中國社會有別於西方文化所形塑出來的特有產物。近代以來，在理性主義科學觀和西方中心論的影響下，作為傳統中國獨有特色的風水觀，雖然遭受強烈的質疑和批判，卻仍然無損於其在中國社會的地位，可見其在中國人生活中的重要性，以至於部分學者，試圖從環境保護的角度論證出風水的合理性，來反駁或修正對堪輿之術的負面印象。

不過，筆者並不想為風水作辯論或平反，也與此無關。很顯然地，迷信也好，理性也罷，無論對風水的批判如何激烈，信者恒信，青烏之說依然盛行，這意味著自古以來，反對風水的理由，不但無法深中其要，也非相信風水之人所關切的核心。他們真正在

意的，是風水所帶來的趨吉避凶、福禍報應等現實利益，而這種神秘力量並非屬於科學能解釋的範疇。這種情形，同樣也存在於傳統理學家基於禮制對風水的批評上。更何況風水和孝道，並不總是涇渭分明，完全衝突。兩者在觀念上有共通之處，以至於理學家有關風水的言論常被引為佐證，而使民間的青烏之術有了更合理化的依據。簡言之，不管是理性主義或儒家禮制，都無法破除人民對未知世界的崇敬和畏懼心理，這使得世人在寧可信其有，不可信其無的心態下，進而求助於未知的神秘力量，以避免災難的降臨，並期望從中獲得好處。這種具有現實利益的功能，正是風水能廣泛流傳於中國社會的原因。

由於風水的現實利益維繫著宗族的興衰存亡，致使宗族組織盛行的閩南社會，對於堪輿之術的運用更加重視，而圍繞風水問題所產生的爭奪和糾紛，也因此更為激烈和複雜，其主要表現在對具有良好風水之地的追求與佔有上。這種對良穴的渴望，不僅存在於富室之家，即使一般貧民亦復如是。緣此之故，只要聽聞某處有良好的風水，不管是否屬於他人，都會等待時機，並想盡辦法，利用各種手段予以攘奪以為己有。

在這種深信堪輿的意念下，如果異姓的行為有危害到本族風水的疑慮時，往往會被視為是一種威脅，進而使得在風水的爭奪中，動輒引起激烈的衝突，甚至演變為械鬥。而在閩南地區的械鬥中，當人們受到外力威脅，且本身力量不足以抵抗時，最先尋求的援助物件，即是在概念上屬於同一淵源的同姓團體。這種共同對抗外敵的情感，無疑會加強彼此的團結和認同感，同時，也更強化宗族組織的穩固性。由此觀之，不僅宗族意識的建構，促進了閩南社會對風水的重視，反過來說，堪輿之術的盛行同樣也有助於宗族組織的發展。

在明清兩代族權和政權的互動過程中，族權並不僅是被動地作

為輔助政權統治地方社會的附庸與工具，實際上，宗族是擁有較大獨立性和自立性的，可基於本身的利益行事。明朝開國之初，在明太祖穩定社會秩序的措施中，並未涉及宋以來理學之士所宣導的宗族組織，不但捨棄了程頤祭祀始祖的看法，對於朱熹祠堂制度的設計，也僅限於品官廟制內，有意抑制民間庶人宗族組織的發展。然而，這種態度卻更強化了民間宗族組織的自發性。到了清初，基本上也繼承了這種態度，這使清朝統治者在面對民間宗族組織時喪失了主導的地位，只能隨著民間宗族組織所引發的社會問題採取不同的措施。

閩南宗族組織對國家政權的排斥，主要表現在抗官、抗糧等方面。由於遠離政治中心（包括中央和地方），天高皇帝遠，加上地理環境的因素，不僅官府的控制力薄弱，也不利於官兵下鄉執行公權力，使得某些閩南宗族仗著人多勢眾和堅強的防禦工事，藐視王法，從事非法的活動。這種對公權力的挑戰和破壞社會秩序的行為，自然不為統治者所容，勢必會遭到緝捕。然而，在官方緝捕的過程中，這些犯法之人憑藉在地方上的優勢與官府對抗，不僅糾眾拒捕，甚至使用武力槍殺官兵，毫無忌憚，逼得統治者只好採取更強硬的措施來彈壓地方豪族，以絕後患。當然，就閩南所有的宗族組織而言，宗族與國家的對抗應屬少數，畢竟宗族勢力再怎麼強大，跟國家力量比起來，簡直是小巫見大巫，因此，一般來說，宗族組織還是會儘量配合國家政策，避免因為政權的介入，導致整個宗族的滅亡。

附錄一　明清閩南族產建置表

姓名	建置年代	身分	事蹟	出處
陳邁質	約明嘉靖萬曆	商人	置田若干畝以充先祀，族有祭田自邁質始。	道光《廈門志》卷12
林起鳳	清康熙	監生	獨建祖祠。	道光《廈門志》卷12
陳迪元	清乾隆	平民	建祖廟，修遠代祖墳，置祭田周族戚之不足者。	道光《廈門志》卷12
陳應清	清	平民	承父志倡新海澄陳氏大宗祠，置祀田。	道光《廈門志》卷12
林嵩	明末	邑庠生	明末苦海氛，舉族流逋，祖墳失守，祠亦傾圮，至嵩皆復其舊。	道光《廈門志》卷12
許名揚	清	平民	建義田以贍族孤寡，又立家塾、置義田。	道光《廈門志》卷13
沈遑	明正統	平民	置租千石以贍族人。	康熙《漳浦縣志》卷16、乾隆《福建通志》卷49、同治《福建通志》卷242
沈同尚（沈遑子）	約明正統至成化	平民	置祀田若干。	康熙《漳浦縣志》卷16
沈胄	明	平民	立書以田20畝助弟姪之為庠士者。	萬曆《漳州府志》卷29、康熙《漳浦縣志》卷16
林琛	清康熙	進士	尊祖睦族，復祀田，修大小宗祠。	康熙《漳浦縣志》卷22、光緒《漳州府志》卷32

附錄一　明清閩南族產建置表

续表				
姓名	建置年代	身分	事蹟	出處
蔡新	清乾隆	大學士	設義學，待族人之無力從師，實書田為族中之鄉會試資助。	康熙《漳浦縣志》卷22
戴以讓	明萬曆	進士	建宗祠、置祀田。	乾隆《龍溪縣志》卷16、光緒《漳州府志》卷31
李能梁	明萬曆	明經	建祠宇,立蒸嘗,倡義田。	康熙《平和縣志》卷9
張濂	明	早肄學宮	置義田為族賦役費。	《閩書》卷130、康熙《平和縣志》卷9、乾隆《福建通志》卷49、光緒《漳州府志》卷31
林崇用	明	早肄學宮	捐貲立祠堂、祭田，為族眾蒸嘗。	康熙《平和縣志》卷9
李能棟	明萬曆	補弟子員	捐私租充祖祠祀事，買山以為義塚。	康熙《平和縣志》卷9、光緒《漳州府志》卷31
李光裔	明	邑諸生	置祭田且設義塚數十畝。	康熙《平和縣志》卷9、乾隆《福建通志》卷49
賴廷揚	明	平民	置祭田以祀其先。	康熙《平和縣志》卷9、光緒《漳州府志》卷31
方家禎	明	入泮	祭田於宗祠,買糧田於鄉族。	康熙《平和縣志》卷9
謝弘凱	清	平民	置祠堂、義田、學租以遺後。	康熙《平和縣志》卷9
李元錄	清	平民	嘗充私居屋為宗祠，且創祀田以供祭費。	康熙《平和縣志》卷9
柯鳳翔	明萬曆	進士	斥五百金置始祖祠及祭田。	民國《同安縣志》卷28
黃其晟	明天啟	進士	初祖祀田不足，置產業充之。	民國《同安縣志》卷28
黃朝緒	約明嘉靖至隆慶	平民	割己業若干以為祭田，又規畫祠堂規制以遺後人。	民國《同安縣志》卷32

姓名	建置年代	身分	事蹟	出處
蘇商	約明隆慶至萬曆	諸生	族祠毀，倡首更新。	民國《同安縣志》卷32
蔣芳鏞	明中葉後	登第	建祖祠，葺先塋。	民國《同安縣志》卷32
黃蘭芳（黃其晟之父）	明萬曆	平民	質私田充族祀田。	民國《同安縣志》卷32
蔡秀鍾	約明萬曆至天啟	掾吏	大小宗祠圯毀，修葺不遺餘力。	民國《同安縣志》卷33
楊瑄	明	以諸生入太學	族配戍安陸衛軍，距家4000餘里，艱苦特甚，置田以資裝費，諸戍者賴之。族姓繁多業儒者，鄉會試艱於資斧，置田散給。	同治《福建通志》卷222、光緒《漳州府志》卷32
楊維垣（楊瑄之子）	明	光祿監事	設義田以贍貧乏人。	同治《福建通志》卷222
世瑤	清乾隆	平民	建宗祠祭掃之資。	同治《福建通志》卷242
曾華文	清乾隆	平民	建宗聖祠及大小宗祠各置祀田。	同治《福建通志》卷242
蔡廷魁	清康熙	由監生遞捐員外郎刑部郎中	建大小宗祠並家塾備膏火，族中婚娶喪葬不能舉者，輒助之以貲，置五世祀田600石。	乾隆《泉州府志》卷51、乾隆《晉江縣志》卷10、同治《福建通志》卷242、民國《南安縣志》卷27
傅奏功	清乾隆	監生	修祖祠。	同治《福建通志》卷242
李正煜	清乾隆	平民	修祖塋，新祖祠。	同治《福建通志》卷242、民國《南安縣志》卷34
黃錫明	清康熙	海商	建宗祠。	同治《福建通志》卷242
高育茂	清雍正	監生	建宗祠、修譜系。	同治《福建通志》卷242

附錄一 明清閩南族產建置表

续表				
姓名	建置年代	身分	事蹟	出處
蘇天池	清乾隆	平民	修建始祖祠及貞岱大宗祠。	同治《福建通志》卷242
林文煌	清乾隆	捐職同知	建造小宗祠。	同治《福建通志》卷242
陳秉義	清乾隆	平民	建支祠、辟書室、置書田。	同治《福建通志》卷242
陳玉春	清乾隆	監生	建祠置產。	同治《福建通志》卷242
周廷梁	清乾隆	平民	獨力修建祖祠，族姓貧乏者存恤之。	同治《福建通志》卷242
黃錫時	清乾隆	平民	捐千金置田於宗祠以資族之讀書者、孤寡無所賴者。	同治《福建通志》卷242
潘振承	清乾隆	海商，三品銜	營大小宗祠，置祭田。	同治《福建通志》卷242
杜鴻猷	清	附貢生	建宗祠，置祭田。	同治《福建通志》卷242
黃中祉	清順治	舉人	置祀田。	同治《福建通志》卷242
葉方榮	清順治	邑諸生	倡修祠宇，營祀業。	同治《福建通志》卷242
林德尹	清康熙	平民	修葺宗祠。	同治《福建通志》卷242
陳杓	清乾隆	進士	定祭儀，置祀田。	同治《福建通志》卷242、光緒《漳州府志》卷33
蔡長瀜	清乾隆	平民	營大小宗祠，釐祭田。	同治《福建通志》卷242
李長茂	清康熙	平民	建宗祠，置祀田，立義塾，復捐貲居積以待族中之不能婚喪葬者。	乾隆《福建通志》卷49、同治《福建通志》卷242、光緒《漳州府志》卷32
王天德	清	平民	修宗祠，置義田以供祭祀。	同治《福建通志》卷242
吳元和	清	平民	建祖祠創祀田。	同治《福建通志》卷242

姓名	建置年代	身分	事蹟	出處
王天華	清康熙	平民	置祀田。	同治《福建通志》卷242
謝宏凱	明	平民	置祠堂、義田、學租以遺後。	嘉慶《雲霄廳志》卷14
方家正	明	入泮	設祭田於宗祠，置糧田於鄉族，買園山為義塚。	嘉慶《雲霄廳志》卷14，光緒《漳州府志》卷31
林浩	明正德	鄉薦，歷官遼府長史	立祭田以公族人，給其貧乏不能婚葬者。	萬曆《漳州府志》卷30，崇禎《海澄縣志》卷10，乾隆《福建通志》卷49，光緒《漳州府志》卷31
林同	明弘治	進士	自出貲作大宗祠以合族人。	光緒《漳州府志》卷30
陳令	明正德	舉人	修墳墓，建祭田，立大小宗祠以祀祖先，設義學以訓鄉之子弟。	光緒《漳州府志》卷30
蔡烈	約明成化至弘治	廩生	立宗祠。	光緒《漳州府志》卷30
吳霞	明	邑弟子員	立祠堂以祀先。	萬曆《漳州府志》卷30、光緒《漳州府志》卷31
趙德茂	明隆慶	舉人	經營大小宗祠，置祭田。	光緒《漳州府志》卷31
黃可潤	清乾隆	進士	費千金置祖祀田，次及小宗。	光緒《漳州府志》卷32
黃性震	清康熙	太常寺卿	立大小祠，建義塾，窮嫠孤子皆有餼。	光緒《漳州府志》卷32
葉封侯	清	諸生，以子貴贈文林郎	建宗祠，置祀田。	光緒《漳州府志》卷33
葉晃章	清	海商，以子貴贈中書舍人	建祠置田。	光緒《漳州府志》卷33
葉茂春	清雍正	平民	獨力興建祖祠，置祀田，整祭器，修譜系。	光緒《漳州府志》卷49

附錄一 明清閩南族產建置表

259

續表				
姓名	建置年代	身分	事蹟	出處
劉上舍	清雍正	平民	建祠置祀田 40 石施於族黨。	光緒《漳州府志》卷 49
林光天	清雍正	國學生	建祖祠置祀產與書田。	光緒《漳州府志》卷 49
林一奇	明萬曆	鄉薦	置義田百畝代闔族丁徭。	乾隆《福建通志》卷 49
富鴻基	清康熙	禮部右侍郎兼翰林學士	構家祠。	乾隆《福建通志》卷 73
林同	明弘治	舉人	構祠堂、修譜牒。	萬曆《泉州府志》卷 19、乾隆《泉州府志》卷 42
莊應禎	明嘉靖	進士	捐建先祠。	乾隆《泉州府志》卷 43
黃襄	明嘉靖	進士	增拓祀田以追崇始祖,即族人婚娶喪葬咸取給焉。	萬曆《泉州府志》卷 20、乾隆《泉州府志》卷 43、民國《南安縣志》卷 24
陳允錫	清康熙	官至平湖令	買田百畝以充先祀。	乾隆《泉州府志》卷 45
黃志璋	清康熙	諸生,以蔭入監授職	置義田,修宗譜。	乾隆《泉州府志》卷 45、道光《晉江縣志》卷 39
陳大玠	清雍正	進士	修族譜,營家廟,置祀田。	乾隆《泉州府志》卷 45
陳高翔	清雍正	進士	建祠宇,置祀田。	乾隆《泉州府志》卷 45、道光《晉江縣志》卷 39
莊楷	明天順	卒業南雍	建祀田。	乾隆《泉州府志》卷 47
王鏌	明弘治	進士	建祠祀始祖至高祖,充田 80 石以供祭費。	乾隆《泉州府志》卷 47
蔣孔煬	明正德	進士	建祠堂而大宗、小宗皆立祀田,與旁派子姓輪收。	萬曆《泉州府志》卷 19、乾隆《泉州府志》卷 47

姓名	建置年代	身分	事蹟	出處
張志選	明嘉靖	進士	治墳塋，置祀田。	乾隆《泉州府志》卷47
呂文緯	明嘉靖	舉人	置祀田30畝以奉祖先。	乾隆《泉州府志》卷47
翁堯英	明嘉靖	舉人	構祠宇，置祭田。	乾隆《泉州府志》卷48
蘇宗璽	明嘉靖	舉人	飭祠宇，修墳塋。	乾隆《泉州府志》卷48
李瀾	明嘉靖	舉人	割私田以充公祀。	《閩書》卷90、乾隆《泉州府志》卷48、乾隆《安溪縣志》卷7
李道先	明嘉靖	舉人	肇建宗祠。	乾隆《泉州府志》卷48
金志行	明嘉靖	海南衛經歷	修先塋，葺祠宇，虔秩祀，創宗牒。	乾隆《泉州府志》卷48
王以佐	明嘉靖	知府副使	捐百金以建祠宇。	乾隆《泉州府志》卷48
王居瓚	明萬曆	鄉薦	廣祖父祀田。	乾隆《泉州府志》卷49
蘇希栻	明萬曆	進士	修族譜，置義倉，建祖祠。	乾隆《泉州府志》卷49、民國《南安縣志》卷24
黃師顏	明萬曆	進士	捐充祀田。	康熙《南安縣志》卷14、乾隆《泉州府志》卷49
朱天應	明萬曆	進士	立祀田於家廟。	乾隆《泉州府志》卷49
金時舒	明萬曆	進士	修祠墓，置祀田，買地附祖墓傍為義地以待族之貧不能葬者。	乾隆《泉州府志》卷49
李伯元	明萬曆	舉人	建家廟，增祭田。	乾隆《泉州府志》卷49
何夢駿	明萬曆	舉人	建小宗祠，分撥己田以充祖父及叔祀田。	乾隆《泉州府志》卷49
陳秉正	明萬曆	舉人	置祀田。	乾隆《泉州府志》卷49

附錄一　明清閩南族產建置表

			续表	
姓名	建置年代	身分	事蹟	出處
黃翼	約明萬曆至天啟	舉人	修譜系，立家禮，捐祀田。	乾隆《泉州府志》卷49
陳應堂	明萬曆	進士	增創大宗祠。	乾隆《泉州府志》卷49
陳觀泰	明末清初	舉人	建祠宇，置儒租 60 餘石。	乾隆《泉州府志》卷50、道光《金門志》卷9
何芳騰	清順治	進士	分己田以充祀業。	乾隆《泉州府志》卷50
黃志弼	清雍正	舉人	建祖祠，置祀田，修譜牒。	乾隆《泉州府志》卷51
施奕簪	清康熙	舉人	拓先祠，置祀田。	乾隆《泉州府志》卷51
林逢春	清康熙	由例貢生捐部主事	葺祖墳，增祀田，營曆世窀穸。	乾隆《泉州府志》卷51
楊舜	明弘治	邑椽	建祠宇，置祭田。	《閩書》卷 125、乾隆《泉州府志》卷 52、光緒《馬巷廳志》卷 15
朱鼎昌	明天啟	舉人	建祖祠，捐家財以充祀。	乾隆《泉州府志》卷52、乾隆《晉江縣志》卷 10、道光《晉江縣志》卷 50
黃中	清順治	歲貢	建祠宇，置祀田。	乾隆《泉州府志》卷52
吳九美	清康熙	舉人	構祖祠，充祀田，修族譜。	乾隆《泉州府志》卷53
洪科捷	清乾隆	進士	葺先墳，建宗祠。	乾隆《泉州府志》卷55、民國《南安縣志》卷30
陳敦豫	明	弟子員	葺祖祠，修先塋，立祀田，修家譜。	乾隆《泉州府志》卷55
蘇存淑	明	諸生	充拓祀田。	乾隆《泉州府志》卷55
陳會	明嘉靖	進士	創祖祠，置祀田。	乾隆《泉州府志》卷58

姓名	建置年代	身分	事蹟	出處
莊以瑞	明萬曆	諸生	捐己田以充春秋之祀。	乾隆《泉州府志》卷58
林肅	明	平民	建宗祠。	乾隆《泉州府志》卷58、乾隆《晉江縣志》卷10
許晚芳	約明萬曆到天啟	平民	立義田以祀先。	乾隆《泉州府志》卷58
李兆慶	清康熙	鄉貢，以子光地貴，贈吏部尚書，文淵閣大學士	修宗祠，定春秋祭期。	乾隆《泉州府志》卷58、乾隆《安溪縣志》卷7
蔡璿孕	清順治	恩貢	割己田百石充父祀產，修族譜，建宗祠。	乾隆《泉州府志》卷58
林起鳳	清	監生	獨力建祖祠。	乾隆《泉州府志》卷58
王忠輔	清	捐貢生	由父母而上至祖先，咸修祠祀。	乾隆《泉州府志》卷58、乾隆《安溪縣志》卷8
曾訓	明洪武至永樂	平民	捐資竭力葺治先世祠宇。	乾隆《泉州府志》卷59、乾隆《晉江縣志》卷12、道光《晉江縣志》卷52
朱璿	明天順	正七品官	承事郎建祖祠，置祀田，構書院延師教子孫。	乾隆《泉州府志》卷59、乾隆《晉江縣志》卷12、道光《晉江縣志》卷52
丁懌	約明正德至嘉靖	平民，以子自申貴封承德郎南京工部主事	族中議建始祖祠宇，出己貲以充估費之半，復捐田數畝充祭墳資。	乾隆《泉州府志》卷59、乾隆《晉江縣志》卷12、道光《晉江縣志》卷52
陳啟文	明	商人	自置祀田、塾田各若干畝。	乾隆《泉州府志》卷59、道光《晉江縣志》卷52
林可棟	明嘉靖	舉人	置田以均族人。	乾隆《泉州府志》卷59

附錄一 明清閩南族產建置表

姓名	建置年代	身分	事蹟	出處
			续表	
林尚新	明	文學諸生	修葺祠廟。	乾隆《泉州府志》卷59、乾隆《晉江縣志》卷12、道光《晉江縣志》卷52
柯揚	約明嘉靖至萬曆	平民	修葺宗祠。	乾隆《泉州府志》卷59
黃懷	明	諸生	曆世祖先，各置祀田。	乾隆《泉州府志》卷60、乾隆《晉江縣志》卷12、道光《晉江縣志》卷52
林豫宗	明	平民	置族義田。	乾隆《泉州府志》卷60
黃中祉	清順治	舉人	置祀田。	乾隆《泉州府志》卷60、乾隆《晉江縣志》卷12
黃端虞	清順治	商人	新曆世祠宇，置祀田。	乾隆《泉州府志》卷60、乾隆《晉江縣志》卷12、道光《晉江縣志》卷52
蔡錫蕃	約清順治至康熙	平民，以子廷魁貴，晉贈朝議大夫刑部湖廣司郎中	建祠宇，構家塾，置義田，俾族姓肆力弦誦，冠婚喪祭皆有所資。	乾隆《泉州府志》卷60
林德謙	清	平民	建祠睦族。	乾隆《泉州府志》卷60
薛石山	清	平民	捐建祠宇以祀列祖。	乾隆《泉州府志》卷60
侯文驥	清	國子生	獨力創築祖祠。	乾隆《泉州府志》卷60、民國《南安縣志》卷33
王世科	清	監生	修先世祠宇，置祀田。	乾隆《泉州府志》卷60
杜士顯	清	平民	營構先祠宇。	乾隆《泉州府志》卷60、乾隆《晉江縣志》卷12、道光《晉江縣志》卷52

姓名	建置年代	身分	事蹟	出處
何元選	明嘉靖	鄉薦	置祭田，營祀屋，建鄉塾。	乾隆《泉州府志》卷61
李朝俊	清	平民	置田於宗祠，迎父祀焉。	乾隆《泉州府志》卷61
曾邦慶	清	商人	議建祖祠，為族人倡，修葺遠代祖塋。	乾隆《泉州府志》卷61
吳錫璉	清	商人，以子澤民職銜勑封承德郎	修建宗祠、祀田、祖塋。	乾隆《泉州府志》卷61、民國《南安縣志》卷34
陳王春	清	監生	建祖祠，置祀業。	乾隆《泉州府志》卷61
陳文輝	約清雍正至乾隆	捐職州同	治祠宇，充祀田，修譜牒。	乾隆《泉州府志》卷61
周廷梁	約清雍正至乾隆	舉應鄉賓贈中憲大夫	獨力修建祖祠。	乾隆《泉州府志》卷61
莊用賓	明嘉靖	進士	纂譜牒，新宗祠。	萬曆《泉州府志》卷20
蔡一桂	明	平民	構宗祠，置祀田。	乾隆《晉江縣志》卷10、道光《晉江縣志》卷50
蔡璿	清順治	平民	自割己田百石充父祀。	乾隆《晉江縣志》卷10、道光《晉江縣志》卷50
李鍾聲	清	郡諸生	輸金重建祖祠，廣置祀田。	乾隆《晉江縣志》卷10、道光《晉江縣志》卷50
張方高	清	歲貢	鼎建大宗，鼎新小宗。	乾隆《晉江縣志》卷11、道光《晉江縣志》卷46
莊偁（道光《晉江縣志》作「稱」）	明	平民	鼎建宗祠。	乾隆《晉江縣志》卷12、道光《晉江縣志》卷52

附錄一　明清閩南族產建置表

续表				
姓名	建置年代	身分	事蹟	出處
莊廷璉	明	諸生	倡首鳩工重新小宗祠。	乾隆《晉江縣志》卷12、道光《晉江縣志》卷52
柯毓高	明	郡諸生	修葺祖祠。	乾隆《晉江縣志》卷12
黃維瓊	明	平民	割己田充曾祖祀事。	乾隆《晉江縣志》卷12
陳鳴周	明	邑諸生	建祠墓側。	乾隆《晉江縣志》卷12
陳明升	清	平民	建祖廟，置祀田。	乾隆《晉江縣志》卷12、道光《晉江縣志》卷52
薛石山	清	平民	建祖祠。	乾隆《晉江縣志》卷12
周銓	清	平民	建祀田，給蒸嘗。	乾隆《晉江縣志》卷12、道光《晉江縣志》卷52
蕭銘	明成化	平民	建祠宇，置祭田。	乾隆《晉江縣志》卷13
李梯	明嘉靖	平民	捐己地建祖祠。	乾隆《晉江縣志》卷13、民國《南安縣志》卷32
蕭元琛	清	鄉賓	葺先墳，建祠堂。	乾隆《晉江縣志》卷13
王世科	清	平民	修祠宇，置祀田睭族。	乾隆《晉江縣志》卷13
沈俊華	清乾隆	平民	興建祖祠。	乾隆《晉江縣志》卷13
洪晢	明正德	鄉薦	修宗譜，增祭田。	萬曆《漳州府志》卷17
鄭衷	明正德	鄉薦	建祠堂以祀祖先。	萬曆《漳州府志》卷17
陳亶	明成化	進士	飭先祠，市祭田，修書院。	萬曆《漳州府志》卷20
林謙	明成化	鄉薦	立祠堂，置祭田以奉祖先。	萬曆《漳州府志》卷30

姓名	建置年代	身分	事蹟	出處
黃郁宰	明	平民	獨立捐建祖宇。	民國《南安縣志》卷18
陳應堂	明萬曆	進士	增創大宗祠。	民國《南安縣志》卷24
徐永泰	明崇禎	武舉	拓祠宇，充祀業。	民國《南安縣志》卷25
黃師顏	明萬曆	進士	捐充祀田。	民國《南安縣志》卷26
林岱	清康熙	登拔俊科	拓充祖先祀田。	民國《南安縣志》卷27
蘇祉	清	貢生加捐授建平令	建宗祠，葺先墳，修族譜。	民國《南安縣志》卷27
許拱	明嘉靖	歲貢	修祖塋及宗祠。	民國《南安縣志》卷29
陳學潛	明萬曆	郡諸生	葺祖塋，修祠宇。	民國《南安縣志》卷31
王虞昌	清康熙	平民	修祖祠，置祭田。	民國《南安縣志》卷32
陳珊	明	平民	建沖門宗祠。	民國《南安縣志》卷33
李子錫	明	平民	充祖宗祀業，置子孫書田。	民國《南安縣志》卷33
洪士亮	清康熙	平民	獨創置祖先祀田。	民國《南安縣志》卷33
潘從龍	清乾隆	國學生	倡修祖祠及五世小宗祠。	民國《南安縣志》卷33
吳冠世	清乾隆	商人	出資重建支祖新原公祠，並置祭器、祀田。	民國《南安縣志》卷34
吳毓僖	清乾隆	平民	建宗祠、置祀業。	民國《南安縣志》卷34
李聞略	清	平民	新築小宗祠。	民國《南安縣志》卷34
王國琛	清	平民	舍己財以充祖宗祀業，置厚產以為子孫書田。	民國《南安縣志》卷34

附錄一　明清閩南族產建置表

			续表	
姓名	建置年代	身分	事蹟	出處
洪文光	清乾隆	平民	倡義捐修祖宇，充祀田為烝嘗費。	民國《南安縣志》卷34
戴定國	清	貢生，以子希朱貴，贈奉政大夫內閣中書	置田以豐二親祭祀。	民國《南安縣志》卷34
黃士鳳	清同治	弟子員	董修開元始祖祠、安邑支祖祠。	民國《南安縣志》卷34
張回春	清光緒	商人	葺歷代祖墳、祠宇。	民國《南安縣志》卷34
黃位中	清咸豐	商人	興修開元始祖祠、安溪支祖祠，獨力重建鄉之大小宗祠，充祭費3000多兩。	民國《南安縣志》卷34
潘思忠	清	守備	創廟宇以妥祖宗，積贏置產以祀之，重纂族譜，置書田，俾子孫之無力就傅者得以取給。	民國《南安縣志》卷34
戴叔明	清末	諮議院議員	倡修始祖祠。	民國《南安縣志》卷34
李黃坤	清	乾隆	恩貢捐置祀田。	乾隆《安溪縣志》卷8
林德尹	清	康熙	平民修葺宗祠。	乾隆《安溪縣志》卷8
陳肇恭	清	平民	捐租以資祀祖祠。	乾隆《安溪縣志》卷8
許隆遠	清康熙	賢書	建祠宇，置祀田。	乾隆《南靖縣志》卷6
許福	明嘉靖	進士	建祖祠，拓祭田，續修族譜。	道光《金門志》卷8
陳希銓	明	掾吏	捐貲倡建宗祠。	道光《金門志》卷8
洪家玉	清	郡諸生	擘畫祀田，捐橐金為胕蚤費。	道光《金門志》卷8
鄭崇和	清道光	太學生	建立祖祠，充祭費。	道光《金門志》卷8
呂文緯	明嘉靖	舉人	置祀田30畝。	道光《金門志》卷9
陳光求	清道光	總兵	葺祖祠，置祀田。	民國《金門縣志》卷18
陳士欽	明	平民	鳩族拮据建祠宇。	道光《晉江縣志》卷52

附錄二　明代閩南寇患表

時間	內容	出處
洪武元年	惠安縣陳同作亂。	同治《福建通志》卷267
洪武三年六月乙酉	泉州府惠安縣民陳同作亂，寇永春、德化、安溪三縣。	《太祖實錄》卷53
洪武三年六月	倭寇泉州。	乾隆《泉州府志》卷73、乾隆《晉江縣志》卷15、道光《晉江縣志》卷18
洪武五年十一月壬申	同安縣吳毛秋聚眾劫掠，據縣治。	《太祖實錄》卷76
洪武十年四月乙亥	泉州民任鈞顯等作亂，寇安溪縣，奪縣印而去。	《太祖實錄》卷111
洪武十四年十月丙辰	漳州府南靖縣民為亂。	《太祖實錄》卷139
洪武十四年十二月乙卯	漳州府龍岩縣民作亂，自立官屬，侵掠龍溪縣。	《太祖實錄》卷140
永樂十五年八月己酉	福建沙縣賊陳添保等聚眾作亂，燒劫龍溪銀場，殺中官及土民30餘人。	《太宗實錄》卷192
宣德五年八月癸巳	漳州府龍溪縣海寇登岸，殺人掠財。	《宣宗實錄》卷69
宣德九年三月辛丑	漳州府龍溪縣有強賊60餘人，往來龍溪、南靖兩縣，殺人劫財。	《宣宗實錄》卷109
正統十年	龍溪縣賊池四海等400人四出剽掠。	《閩書》卷149、同治《福建通志》卷267

	续表	
時間	內容	出處
正統十一年	饒賊千餘人流劫入漳，四月十九日突至月港，焚掠甚熾。	崇禎《海澄縣志》卷14、乾隆《龍溪縣志》卷20、同治《福建通志》卷267、光緒《漳州府志》卷47
正統十二年閏四月辛未	漳州府龍溪縣強賊池四海等數百人，四出抄掠。	《英宗實錄》卷153
正統十三年正月	沙尤賊入積善里。	民國《同安縣志》卷3
正統十三年冬十月	鄧茂七遣党吳都總犯安溪縣。	同治《福建通志》卷267
正統十四年二月	沙尤寇陳敬德陷同安。	乾隆《泉州府志》卷73、同治《福建通志》卷267、民國《同安縣志》卷3
正統十四年三月癸巳	海賊駕船10餘艘迫福建鎮海衛玄鍾千戶所，攻圍城池。	《英宗實錄》卷176
正統十四年	海賊張秉彝攻中左、高浦二所。	道光《廈門志》卷16、同治《福建通志》卷267、民國《同安縣志》卷3
正統十四年三月	沙寇鄧茂七餘黨張福榮（光緒《漳州府志》、乾隆《福建通志》卷65作「楊福」）等陷漳浦、南靖、長泰、龍岩，圍漳城。	萬曆《漳州府志》卷20、康熙《漳浦縣志》卷11、乾隆《龍溪縣志》卷20、同治《福建通志》卷267、光緒《漳州府志》卷47
正統十四年	沙寇鄧茂七作亂，分黨掠郡境，縣民被害。	乾隆《安溪縣志》卷10
景泰三年閏九月戊辰	泉州、漳州、延平、邵武強賊復聚，掠鄉村。	《英宗實錄》卷221
成化十四年十二月辛丑	長泰縣民朱如批等7人為妖言，揭榜聚眾謀叛。	《憲宗實錄》卷185
成化十六年七月甲午	福建海寇劫掠漳、泉、福州等境。	《憲宗實錄》卷205
弘治四年九月丁酉	漳州府強賊溫文進，聚徒300餘人，進陷長泰，流劫安溪縣，復陷南安。	《孝宗實錄》卷55、《閩書》卷149、萬曆《泉州府志》卷24、萬曆《漳州府志》卷24、康熙《福建通志》卷63、光緒《漳州府志》卷47、乾隆《福建通志》卷65、乾隆《泉州府志》卷73、乾隆《晉江縣志》卷15、乾隆《安溪縣志》卷10、道光《晉江縣志》卷18、同治《福建通志》卷267、民國《南安縣志》卷49

時間	內容	出處
弘治七年	漳州北溪賊黃日金倡亂。	《閩書》卷149、同治《福建通志》卷267
弘治九年	山賊劫雲霄。	嘉慶《雲霄廳志》卷19
弘治十五年	倭陷永凝（寧？），前迭圍不克，至是年陷，大肆焚掠。	道光《晉江縣志》卷18
弘治十六年	山寇殺掠雲霄，居民盡竄。	嘉慶《雲霄廳志》卷19
弘治十七年冬十月	有賊百餘人詐稱公使，入南詔城，擄70人以去。	同治《福建通志》卷267、光緒《漳州府志》卷47
弘治十八年二月乙酉	廣東流賊200餘人，攻劫福建漳浦縣南詔城驛庫，放遣囚徒，肆掠居民貨物。	《孝宗實錄》卷221
正德元年	廣東賊寇漳州。遂寇南靖、長泰、安溪諸縣，長泰被害尤甚。所至俘質男女，索金帛，官兵不能禦。	萬曆《泉州府志》卷24、萬曆《漳州府志》卷12、乾隆《泉州府志》卷73、乾隆《安溪縣志》卷10、乾隆《龍溪縣志》卷20、同治《福建通志》卷267、光緒《漳州府志》卷47
正德二年	漳浦縣山寇朱廷瑛流劫雲霄、漳浦等處。	康熙《漳浦縣志》卷11、嘉慶《雲霄廳志》卷19、同治《福建通志》卷267、光緒《漳州府志》卷47
正德二年	廣東盜犯南安縣，至晉江縣，大掠而去。	萬曆《泉州府志》卷24、乾隆《泉州府志》卷73、乾隆《晉江縣志》卷15、道光《晉江縣志》卷18、同治《福建通志》卷267、民國《南安縣志》卷49
正德三年	廣東盜復寇安溪、南安二縣，所至焚掠，不能禦。	萬曆《泉州府志》卷24、乾隆《泉州府志》卷73、同治《福建通志》卷267、民國《南安縣志》卷49
正德五年	廣東盜復寇安溪、南安、晉江諸縣，肆掠甚慘。	萬曆《泉州府志》卷24、康熙《福建通志》卷63、乾隆《福建通志》卷65、乾隆《泉州府志》卷73、乾隆《晉江縣志》卷15、同治《福建通志》卷267、道光《晉江縣志》卷18、民國《南安縣志》卷49

附錄二 明代閩南寇患表

271

续表		
時間	內容	出處
正德八年	南靖縣蘆溪箭管賊反。	萬曆《漳州府志》卷12、康熙《平和縣志》卷12、乾隆《福建通志》卷65、光緒《漳州府志》卷47
正德九年	汀漳盜流劫安溪、南安諸縣，肆掠而去。	萬曆《泉州府志》卷24、乾隆《泉州府志》卷73、乾隆《晉江縣志》卷15、同治《福建通志》卷267、民國《南安縣志》卷49
正德十一年七月戊申	漳、泉二府及浦城縣盜賊充斥。	《武宗實錄》卷139
嘉靖元年	廣東及汀漳盜掠南安、安溪諸縣。	萬曆《泉州府志》卷24、乾隆《泉州府志》卷73、乾隆《晉江縣志》卷15、乾隆《安溪縣志》卷10、同治《福建通志》卷267、民國《南安縣志》卷49
嘉靖二年春正月	廣東流賊申大德等寇漳泉二府。	萬曆《漳州府志》卷12、同治《福建通志》卷267
嘉靖二年十月戊申	福建流賊劫掠長泰、安溪、仙遊等縣。	《世宗實錄》卷32
嘉靖三年冬十月	汀漳盜起。	萬曆《漳州府志》卷12、民國《同安縣志》卷3
嘉靖七年	北溪妖賊黃日金倡亂。	萬曆《漳州府志》卷12、光緒《漳州府志》卷47
嘉靖十一年	海寇沖突圍頭。	乾隆《泉州府志》卷73、乾隆《晉江縣志》卷15、道光《晉江縣志》卷18
嘉靖十二年	山寇掠漳泉二府。	崇禎《海澄縣志》卷14、同治《福建通志》卷267、光緒《漳州府志》卷47
嘉靖十二年秋八月五日	永定賊犯安溪長泰里，又犯崇信里，又犯新康里，殺掠甚慘。	萬曆《泉州府志》卷24、乾隆《泉州府志》卷73、同治《福建通志》卷267
嘉靖十七年冬十月	永定賊犯安溪感化、龍興等里。	萬曆《泉州府志》卷24、乾隆《泉州府志》卷73、乾隆《安溪縣志》卷10、同治《福建通志》卷267
嘉靖二十四年春	海寇掠中左所。	道光《廈門志》卷16、民國《同安縣志》卷3

時間	內容	出處
嘉靖二十五年	詔安縣白葉洞賊陳榮玉、劉文養寇閩、粵。	《閩書》卷149、萬曆《漳州府志》卷12、康熙《平和縣志》卷12、光緒《漳州府志》卷47
嘉靖二十六年十一月	覆鼎山賊400餘人，出劫同安、漳平、詔安等縣。	《世宗實錄》卷336
嘉靖二十六年冬	安溪縣賊陳日輝作亂，據安溪覆鼎山大小尖白葉阪諸峒，不時出掠。突至同安郭外，劫質男女挾贖，屯20里弗去。	《閩書》卷149、萬曆《泉州府志》卷24、乾隆《泉州府志》卷73、乾隆《安溪縣志》卷10、同治《福建通志》卷267
嘉靖二十六年	佛郎機犯漳洲月港、浯嶼。	萬曆《漳州府志》卷30、同治《福建通志》卷267、光緒《漳州府志》卷47
嘉靖二十七年六月	賊沖大擔外嶼。海寇阮其實、四師老、林剪毛等掠小嶝，犯同安、惠安、晉江諸縣。	乾隆《泉州府志》卷73、乾隆《晉江縣志》卷15、道光《廈門志》卷16、道光《晉江縣志》卷18、同治《福建通志》卷267、民國《同安縣志》卷3、民國《南安縣志》卷49
嘉靖二十八年	倭寇犯月港。	乾隆《龍溪縣志》卷20、同治《福建通志》卷267、光緒《漳州府志》卷47
嘉靖二十八年己未二月	有倭寇數千，自潮州來詔安、雲霄、南靖，殺掠無數；八月由龍溪天寶市入南靖；九月屯永豐竹員，所過焚劫，既而至平和清寧里。	康熙《平和縣志》卷12
嘉靖二十八年春三月	佛郎機犯詔安縣。	同治《福建通志》卷267
嘉靖二十九年	贛州峒寇李文彪等作亂，犯漳州。	萬曆《漳州府志》卷12、乾隆《龍溪縣志》卷20、同治《福建通志》卷267
嘉靖二十九年	倭自仙遊、永春突犯安溪。	乾隆《安溪縣志》卷10
嘉靖三十三年	倭泊浯嶼掠同安。	民國《同安縣志》卷3

273

附錄二 明代閩南寇患表

续表		
時間	內容	出處
嘉靖三十三年春二月五日	漳州府獄囚吳天祿反，焚府堂及縣廨。經歷照磨檢校官房六房科卷宗悉毀。	萬曆《漳州府志》卷12、同治《福建通志》卷267、光緒《漳州府志》卷47
嘉靖三十四年冬十一月庚申	倭犯泉州。	乾隆《晉江縣志》卷15、道光《晉江縣志》卷18、同治《福建通志》卷267
嘉靖三十四年	海寇吳平據梅嶺掠雲霄等處。	嘉慶《雲霄廳志》卷19
嘉靖三十五年春正月	倭自福清海口鎮寇泉州。	萬曆《泉州府志》卷24、乾隆《泉州府志》卷73、乾隆《晉江縣志》卷15、道光《晉江縣志》卷18、同治《福建通志》卷267
嘉靖三十五年十月	倭賊80餘人，自雲霄登岸，屯住六都後江頭土城，燒毀房屋，殺掠男婦無計。流劫詔安縣城官庫。	《世宗實錄》卷445、萬曆《漳州府志》卷12、嘉慶《雲霄廳志》卷19、同治《福建通志》卷267、光緒《漳州府志》卷47
嘉靖三十五年	海寇謝老犯漳州月港。	同治《福建通志》卷267
嘉靖三十六年六月二十五日	海寇許老、謝策等犯漳州月港。登岸焚燒千有餘家，殺擄無數。	萬曆《漳州府志》卷12、同治《福建通志》卷267、光緒《漳州府志》卷47
嘉靖三十六年十一月	倭泊泉州浯嶼，分掠同安、惠安、南安諸縣。	乾隆《泉州府志》卷73、道光《廈門志》卷16、同治《福建通志》卷267、民國《南安縣志》卷49
嘉靖三十六年十二月	倭船泊浯嶼，尋出潮州澄海界，登岸襲陷黃岡土城，劫掠詔安。	萬曆《漳州府志》卷12、光緒《漳州府志》卷47
嘉靖三十六年	倭寇六都。	康熙《漳浦縣志》卷11
嘉靖三十七年三月	倭寇自潮州突至詔安，劫三都徑尾。	光緒《漳州府志》卷47
嘉靖三十七年四月	倭400餘人從郡境長坑頭登岸，由龜湖突至安平市，殺掠數日乃去。	道光《晉江縣志》卷18

時間	內容	出處
嘉靖三十七年四月辛巳	新倭大至，犯浙江臺、溫等府，樂清、臨海、象山等縣，及福建福州、興化、泉州、福清等沿海郡邑，同時登岸焚劫。	《世宗實錄》卷458
嘉靖三十七年四月癸卯	倭千餘攻福建惠安縣。	《世宗實錄》卷458、同治《福建通志》卷267
嘉靖三十七年五月戊申	倭入福建南安縣，縱火焚焦樓及官民廨舍。	《世宗實錄》卷459
嘉靖三十七年五月	倭寇劫五都東坑口土樓，遂寇漳浦盤陀長橋。	康熙《漳浦縣志》卷11、光緒《漳州府志》卷47
嘉靖三十七年五月	賊舶有由滄泉奄至月港者，焚九都，室廬殆盡，奪舟出海。	光緒《漳州府志》卷47
嘉靖三十七年五月	倭攻縣城。	民國《同安縣志》卷3
嘉靖三十七年六月丙申	倭寇分犯福建興、漳、泉諸府，攻福清、南安二縣，破之。	《世宗實錄》卷460
嘉靖三十七年冬十月	倭復寇詔安、漳浦二縣。上至漳浦六都埔尾土圍，下至詔安城外，惟東坑番一帶焚劫尤慘。漳州月港民張維等作亂。	同治《福建通志》卷267、光緒《漳州府志》卷47
嘉靖三十七年	倭寇千餘突劫平和縣新安六都，破竹塔土樓，進攻埔尾土圍。	萬曆《漳州府志》卷28
嘉靖三十八年春正月	倭寇由島尾渡浮宮，直抵漳州府月港，奪舡散劫八九都珠浦及官嶼等處，復歸浯嶼。	萬曆《漳州府志》卷12、同治《福建通志》卷267、光緒《漳州府志》卷47
嘉靖三十八年二月	倭數千自潮州寇詔安縣，遂掠漳浦縣雲霄鎮。	萬曆《漳州府志》卷12、同治《福建通志》卷267、光緒《漳州府志》卷47
嘉靖三十八年三月	倭寇泉州府，至石笱橋，燔民居，轉攻同安縣。	萬曆《泉州府志》卷24、乾隆《泉州府志》卷73、乾隆《晉江縣志》卷15、道光《晉江縣志》卷18、同治《福建通志》卷267

附錄二 明代閩南寇患表

续表		
時間	內容	出處
嘉靖三十八年三月	倭寇由東厝嶺抵月港八九都，轉石碼福滸東洲水頭，奪舟流劫，隨至長泰善化里地方焚劫。	萬曆《漳州府志》卷24、光緒《漳州府志》卷47
嘉靖三十八年夏四月	倭寇長泰縣。	同治《福建通志》卷267
嘉靖三十八年夏	倭寇犯泉州，掠同安、惠安等縣，突走於漳州，分投流劫，民受荼毒。三月，倭由東厝嶺抵月港八九都，轉石碼、福滸、東洲、水頭，奪舟流劫。五月，掠大嶝。八月，復由龍溪天寶市入南靖，所過焚掠一空。	《世宗實錄》卷476、乾隆《龍溪縣志》卷20、民國《同安縣志》卷3
嘉靖三十八年九月	倭寇2000餘由龍溪樂仁鋪突劫平和縣清寧里。	萬曆《漳州府志》卷28、同治《福建通志》卷267
嘉靖三十九年春正月	倭寇南安英山、詩山等處，一支由潯美登岸焚劫，仍至車橋；一支由法石登岸焚劫，亦至南門城下而去。	萬曆《泉州府志》卷24、乾隆《泉州府志》卷73、乾隆《晉江縣志》卷15、道光《晉江縣志》卷18、同治《福建通志》卷267、民國《南安縣志》卷49
嘉靖三十九年二月	倭寇流劫豐田、漳浦、佛潭、橋峰山、溪南等處。	萬曆《漳州府志》卷12、光緒《漳州府志》卷47
嘉靖三十九年三月	倭寇千餘突入長泰縣高安等地方焚劫。	萬曆《漳州府志》卷24、同治《福建通志》卷267、光緒《漳州府志》卷47
嘉靖三十九年	潮州敗倭自福建還入詔安大城，海夫劉伍等及上底東界客兵因挾之為亂。十二月，乘除夕城中無備，體等先襲入城，群倭繼之。	《世宗實錄》卷499
嘉靖三十九年四月	倭陷泉州崇武堡，據城40餘日，燔軍民居，大掠而去。乾隆《泉州府志》卷73、同治《福建通志》卷267	

276

時間	內容	出處
嘉靖三十九年四月	倭駐峰山，縱掠溪南。	康熙《漳浦縣志》卷11
嘉靖三十九年四月	漳賊謝萬貫率十二舟，自浯嶼引倭陷浯州，大掠。	道光《廈門志》卷16、民國《同安縣志》卷3
嘉靖三十九年四月	倭寇突至平和縣高坑村。	萬曆《漳州府志》卷28
嘉靖三十九年五月甲午	福建山賊、倭夷並起，攻掠平和、詔安等縣，破崇武所城。	《世宗實錄》卷484
嘉靖三十九年五月	饒寇張璉僭稱偽號，眾2000餘襲陷雲霄城，城中為墟。	萬曆《漳州府志》卷12、康熙《漳浦縣志》卷11、嘉慶《雲霄廳志》卷19、同治《福建通志》卷267、光緒《漳州府志》卷47
嘉靖三十九年五月	倭寇同安縣。	乾隆《泉州府志》卷73、同治《福建通志》卷267
嘉靖三十九年五月	倭屯於海澄八都港口。	萬曆《漳州府志》卷30
嘉靖三十九年六月	詔安縣三都溪東村民鍾宗桓等作亂。	同治《福建通志》卷267、光緒《漳州府志》卷47
嘉靖三十九年六月	倭復由南安詩山入塔口隘。	乾隆《泉州府志》卷73
嘉靖三十九年七月二十一日	倭數千掠入安溪，屯40日，公署民房燒毀殆盡。	萬曆《泉州府志》卷24、乾隆《泉州府志》卷73、乾隆《安溪縣志》卷10
嘉靖三十九年九月	饒賊陷詔安縣二都赤嶺寨。	同治《福建通志》卷267、光緒《漳州府志》卷47
嘉靖三十九年冬	饒賊陳紹祿犯縣。	康熙《平和縣志》卷12
嘉靖三十九年冬十月	倭掠縣東濱海。	民國《同安縣志》卷3
嘉靖三十九年冬十一月	饒賊蕭雲峰犯南靖縣。	同治《福建通志》卷267、光緒《漳州府志》卷47
嘉靖四十年春正月	倭自漳州掠同安，寇晉江嶼頭、沙塘、陳坑、石菌等處。尋至吳店市新橋南頭燒房殺人，又至臨漳城外燒房擄人。	萬曆《泉州府志》卷24、乾隆《泉州府志》卷73、乾隆《晉江縣志》卷15、道光《晉江縣志》卷18、同治《福建通志》卷267、民國《南安縣志》卷49、民國《同安縣志》卷3

附錄二 明代閩南寇患表

277

续表		
時間	內容	出處
嘉靖四十年正月	月港二十四將反。	萬曆《漳州府志》卷12、光緒《漳州府志》卷47
嘉靖四十年二月	饒賊犯詔安縣。	同治《福建通志》卷267、光緒《漳州府志》卷47
嘉靖四十年二月	倭寇屯詔安溪東三都土橋等處。	光緒《漳州府志》卷47
嘉靖四十年三月	倭寇2000人入長泰縣人和里、董溪、頭溪園等地方焚劫。	萬曆《漳州府志》卷24、同治《福建通志》卷267
嘉靖四十年三月	流賊數千人突至漳浦縣七都烏石等地方，擄劫人民無數。	萬曆《漳州府志》卷20
嘉靖四十年夏四月	倭寇晉江嶺後、南安爐內等處，遍焚民屋。	萬曆《泉州府志》卷24、乾隆《泉州府志》卷73、道光《晉江縣志》卷18、同治《福建通志》卷267
嘉靖四十年五月	倭賊至長泰縣人和里，鄉兵戰死者20餘人。又攻張欽翼土樓。	萬曆《漳州府志》卷24
嘉靖四十年五月	張璉陷漳浦縣二十八都檺潯土城，連日打劫長橋等地方，殺死男婦無計。	萬曆《漳州府志》卷20、康熙《漳浦縣志》卷11、光緒《漳州府志》卷47
嘉靖四十年五月	南安縣民褚鐸作亂。南靖賊林汝忠等犯漳浦縣八都。倭寇漳浦縣。	萬曆《漳州府志》卷20、康熙《漳浦縣志》卷11、同治《福建通志》卷267、光緒《漳州府志》卷47、民國《南安縣志》卷49
嘉靖四十年五月	張璉流劫平和大坪社，破下寨及大溪寨、翠微社，殺傷人物難計。	萬曆《漳州府志》卷28
嘉靖四十年閏五月十二日夜	饒寇張璉襲陷漳州鎮海衛城，殺掠官軍男婦無數。	萬曆《漳州府志》卷12、康熙《漳浦縣志》卷11、同治《福建通志》卷267、光緒《漳州府志》卷47
嘉靖四十年夏六月	倭党馬三岱掠東界。	同治《福建通志》卷267、民國《同安縣志》卷3
嘉靖四十年六月	海寇同橫洋賊聚眾數千，犯長泰縣。倭寇安溪縣。	萬曆《漳州府志》卷24、同治《福建通志》卷267、光緒《漳州府志》卷47

時間	內容	出處
嘉靖四十年六月二十日夜	南靖奸民王叔統等潛引饒賊攻城。	光緒《漳州府志》卷47
嘉靖四十年秋八月二十三日夜	饒賊張璉襲陷南靖縣，執攝縣事龍溪縣丞金璧。	萬曆《漳州府志》卷12、同治《福建通志》卷267、光緒《漳州府志》卷47
嘉靖四十年九月戊子	廣西［東］三饒山賊張璉等，襲攻福建南靖縣城，陷之，燒縣學倉庫，執縣丞金璧等去。	《世宗實錄》卷501
嘉靖四十年十二月	倭寇同安縣。	同治《福建通志》卷267
嘉靖四十年秋	倭寇合賊江一峰、謝愛夫等入安溪肆掠，擄人口數百而去。饒州土賊屢犯同安。	萬曆《泉州府志》卷24、乾隆《泉州府志》卷73
嘉靖四十一年春正月	饒賊犯漳州。	同治《福建通志》卷267、光緒《漳州府志》卷47
嘉靖四十一年二月壬戌	福建同安倭寇夜襲，破永寧衛城，大掠數日而去。惠安、南安、同安諸縣各被新舊倭寇抄掠。	《世宗實錄》卷506、《世宗實錄》卷509、萬曆《泉州府志》卷24、乾隆《泉州府志》卷73、乾隆《晉江縣志》卷15、道光《晉江縣志》卷18、同治《福建通志》卷267、民國《同安縣志》卷3、民國《南安縣志》卷49
嘉靖四十一年二月	張璉率倭寇入掠漳浦縣郊，賊發城外塚，掘骸勒索，焚掠無算。	萬曆《漳州府志》卷20、康熙《漳浦縣志》卷11、同治《福建通志》卷267、光緒《漳州府志》卷47
嘉靖四十一年三月	廣東三饒賊張璉，率眾攻福建平和縣城。	《世宗實錄》卷514
嘉靖四十一年三月	寇復陷永寧衛，軍民殺傷幾盡。饒賊張璉陷南靖縣，散劫村堡。施思備等寇南安，高老、李五官等寇晉江，江一峰等寇雙溪口，江清老等寇英林、潘逕，曾老等寇安溪，劫掠無寧日，擄人及發墓中屍勒索。	萬曆《泉州府志》卷24、乾隆《泉州府志》卷73、乾隆《晉江縣志》卷15、道光《晉江縣志》卷18、同治《福建通志》卷267、光緒《漳州府志》卷47、民國《南安縣志》卷49

附錄二 明代閩南寇患表

續表		
時間	內容	出處
嘉靖四十一年六月	海寇許朝光犯漳州懸鍾、陸鰲二所。	同治《福建通志》卷267、光緒《漳州府志》卷47
嘉靖四十一年六月	白礁寨民王出匯倡亂。	同治《福建通志》卷267、民國《同安縣志》卷3
嘉靖四十一年冬十月二十二日	倭寇詔安縣。海賊吳平襲陷懸鍾所。	萬曆《漳州府志》卷12、同治《福建通志》卷267
嘉靖四十一年十二月	程鄉賊陳紹祿寇平和、漳平諸縣。	同治《福建通志》卷267、光緒《漳州府志》卷47
嘉靖四十二年六月	海寇許朝光自銅山登岸，犯詔安縣畲案堡，殺擄600餘人。	同治《福建通志》卷267、光緒《漳州府志》卷47
嘉靖四十二年十一月	倭寇晉江、惠安等澳。	同治《福建通志》卷267
嘉靖四十三年正月	倭賊入泉州郡境潯埕、湖美等處，殺掠男女而去。	萬曆《泉州府志》卷24、乾隆《泉州府志》卷73、乾隆《晉江縣志》卷15、道光《晉江縣志》卷18、民國《南安縣志》卷49
嘉靖四十三年二月	倭入八都、湯坑、蔡陂。	康熙《漳浦縣志》卷11、康熙《平和縣志》卷12
嘉靖四十三年春二月	廣東賊藍松山寇漳浦縣。	同治《福建通志》卷267
嘉靖四十三年五月	潮賊吳平假以招撫為名，入據詔安縣梅嶺堡。	萬曆《漳州府志》卷12
嘉靖四十四年四月己丑	詔安賊首吳平先行劫詔安、漳浦等處。	《世宗實錄》卷545、康熙《平和縣志》卷12
嘉靖四十四年夏六月	海賊吳平復犯漳州。	同治《福建通志》卷267
嘉靖四十五年春	泉州降賊謝愛夫復叛。	乾隆《泉州府志》卷73、同治《福建通志》卷267
嘉靖四十五年夏五月	海寇林道幹自走馬溪登岸，寇詔安縣。	同治《福建通志》卷267、光緒《漳州府志》卷47
嘉靖四十五年	有倭航百餘徒突至永寧。	道光《晉江縣志》卷18
隆慶元年春三月	倭犯南澳。	同治《福建通志》卷267

時間	內容	出處
隆慶元年夏四月	倭犯崇武澳。	同治《福建通志》卷267
隆慶元年九月（光緒《漳州府志》、萬曆《漳州府志》作「二年」）	吳平夥党賊首曾一本駕船百餘隻，自泊浦澳登岸，犯詔安等縣。	萬曆《漳州府志》卷12、同治《福建通志》卷267、光緒《漳州府志》卷47
隆慶三年四月	倭200餘入同安，為指揮張奇峰斬俘無遺，倭始絕跡。	萬曆《泉州府志》卷24、乾隆《泉州府志》卷73、乾隆《晉江縣志》卷15、道光《晉江縣志》卷18、同治《福建通志》卷267、民國《同安縣志》卷3、民國《南安縣志》卷49
隆慶五年夏六月	廣東海賊楊老等犯南澳。	同治《福建通志》卷267、光緒《漳州府志》卷47
萬曆十七年十一月	翠薇賊首張戒吾集夥千餘人，就地豎旗。	康熙《平和縣志》卷12
萬曆十八年夏四月	漳州府饑民作亂。	同治《福建通志》卷267
萬曆二十年春二月	長泰縣民蔡揚中等作亂。	同治《福建通志》卷267
萬曆二十五年	海賊無齒老寇漳浦縣古雷澳。	康熙《漳浦縣志》卷11、同治《福建通志》卷267、光緒《漳州府志》卷47
萬曆三十二年	海賊週四老作亂詔安。	光緒《漳州府志》卷47
萬曆四十六年	海賊袁八老寇詔安縣沿海村落。	同治《福建通志》卷267、光緒《漳州府志》卷47
天啟二年	紅毛夷據澎湖犯中左所，由鷺門逼圭嶼，沿海居民望風逃竄。	崇禎《海澄縣志》卷14、道光《廈門志》卷16、光緒《漳州府志》卷47、民國《同安縣志》卷3
天啟三年	紅夷復入中左所曾家澳。	道光《廈門志》卷16、民國《同安縣志》卷3
天啟三年（光緒《漳州府志》作「四年」）	詔安烏山賊麥有章、沈金目寇縣城。	同治《福建通志》卷267

续表		
時間	內容	出處
天啟三年秋	紅夷犯鼓浪嶼。	道光《廈門志》卷16、民國《同安縣志》卷3
天啟六年春	海寇鄭芝龍犯廈門。	道光《廈門志》卷16、民國《同安縣志》卷3
天啟六年春三月	海寇鄭芝龍自龍井登岸，掩襲漳浦舊鎮。	康熙《漳浦縣志》卷11、同治《福建通志》卷267、光緒《漳州府志》卷47
天啟六年夏四月	鄭芝龍犯海澄縣。	同治《福建通志》卷267、光緒《漳州府志》卷47
天啟七年夏六月	芝龍自舊鎮犯中左所。	道光《廈門志》卷16
崇禎元年春	芝龍由中左所攻銅山。	道光《廈門志》卷16、光緒《漳州府志》卷47、民國《同安縣志》卷3
崇禎元年五月	海賊週三老由卸石灣犯懸鍾所，城堅守不下，遂流劫內港象頭等處，所過村落，屠戮無遺。	同治《福建通志》卷267、光緒《漳州府志》卷47
崇禎元年	海寇楊六、楊七等百餘艘散劫懸鍾、勝澳、卸石灣等處，焚兵船民舍，殺戮不計。	光緒《漳州府志》卷47
崇禎二年夏	海寇李魁奇復叛，攻陷金門後浦，死者百餘人。	乾隆《泉州府志》卷73、同治《福建通志》卷267
崇禎二年六月	李魁奇寇海澄縣。	同治《福建通志》卷267、光緒《漳州府志》卷47
崇禎二年秋八月	李魁奇寇龍溪縣。海賊褚彩犯南日澳。	同治《福建通志》卷267
崇禎二年九月	海賊犯海澄、漳浦二縣。	同治《福建通志》卷267
崇禎三年	紅毛犯中左所。	道光《廈門志》卷16、民國《同安縣志》卷3
崇禎三年	廣賊葉老婆攻城縱火延燒。	康熙《平和縣志》卷12
崇禎四年	賊首陳剪二聚夥數百，據老虎耳山，連攻破土城。	康熙《平和縣志》卷12

時間	內容	出處
崇禎五年夏四月二十日	海賊劉香老泊舟石井，夜出肆掠，犯南安、同安、海澄諸縣。	乾隆《泉州府志》卷73、乾隆《晉江縣志》卷15、道光《晉江縣志》卷18、同治《福建通志》卷267、民國《南安縣志》卷49
崇禎六年	紅毛突入中左所。	道光《廈門志》卷16、民國《同安縣志》卷3
崇禎六年	賊首李芒、白虎、將秀豺等時出劫掠。	康熙《平和縣志》卷12
崇禎六年	劉香沿劫詔安諸村落，十月由卸石灣登岸，沿江焚殺，宜至懸鍾北城下。	光緒《漳州府志》卷47
崇禎六年秋	和蘭陷廈門。海賊劉香寇詔安縣。	同治《福建通志》卷267
崇禎七年	和蘭寇詔安縣，焚劫甚慘。	同治《福建通志》卷267、光緒《漳州府志》卷47
崇禎十年丁丑	蘆溪山寇湯耀廷等作亂。	康熙《平和縣志》卷12
崇禎十五年正月（乾隆《福建通志》卷65作「十七年」）	平和小溪賊梁良率賊乘夜抵郡城南門，搶掠平和縣居民。	康熙《平和縣志》卷12、乾隆《龍溪縣志》卷20、同治《福建通志》卷267、光緒《漳州府志》卷47
崇禎十五年	南安縣民張六角、林隆又、吳少子、戴厚等倡亂，眾各數百，號曰青巾，破三洋寨，殺戮甚慘。	乾隆《泉州府志》卷73、乾隆《安溪縣志》卷10、同治《福建通志》卷267
崇禎十六年四月十八日	漳浦山賊陳鸞、邱緝等寇掠東山。	康熙《漳浦縣志》卷11、同治《福建通志》卷267、光緒《漳州府志》卷47
崇禎十六年夏四月冬	賊崔馬武犯詔安縣。詔安縣山賊余五姐掠四都。	同治《福建通志》卷267、光緒《漳州府志》卷47
崇禎十七年	流賊葉積犯詔安縣。	同治《福建通志》卷267

附錄二　明代閩南寇患表

283

附錄三　閩南民間土堡表

所在縣	土堡名	建置時間	備註
漳浦縣	赤湖城	元季築、正德重修	元季山寇竊發，鄉人曾仁禮等築，明正德間曾澤遠等重修
	趙家堡	不詳	宋閩沖郡王之後居之，副使趙範重建
	湖西堡	康熙二十七年	鄉紳黃性震建
	洋下堡		方姓
平和縣	田心堡		朱姓所築
	粗溪堡		朱姓所築
	蘇洋堡		曾姓所築
	黃竹坑堡		其堡不一，姓亦不一
	承坑堡		林姓所築
	古瀨堡		陳姓所築
	崎嶺堡		為堡不一，姓亦不一
	彭溪堡		陳何二姓
	溝盾堡		不一姓
	嚴坑堡		不一姓
	後樓堡		吳姓所築

所在縣	土堡名	建置時間	備註
平和縣	高坑堡		其堡不一，陳姓居多
	水寨堡		不一姓
	河角堡		林宗仁里
	銅壺堡		林姓所築
	石鼓堡		蘇大臣明里居
	深田堡		賴姓所築
	內洋堡		李志甫里居
	溪洲堡		蔡姓
	銅鼓堡		張、黃二姓所築
	五寨堡		林姓
	廣坑堡		莊姓
	後市堡		林姓
	頭堡		陳姓
	龍潭堡		黃姓
	雲寮堡		陳姓
	崎路堡		楊姓
	發花堡		林姓
	前山堡		胡姓
	河倉堡		藍姓
	後巷堡		林姓
	寧福堡		陳姓
	管溪堡		張姓
	寶善堡		不一姓

附錄三 閩南民間土堡表

续表			
所在縣	土堡名	建置時間	備註
平和縣	西山堡		李姓
	溪口堡		
	東垅堡		葉姓
	舊縣堡		黃姓
	圓窗堡		不一姓
	上阪堡		蔡姓
	高磜堡		楊姓
	烏石堡		吳姓
	路邊堡		林姓
	蒲荊堡		黃姓
	後坑堡		江姓
	龍圭堡		不一姓
	龍慶堡		蔡姓
	下埔堡		林姓
	塔尾堡		陳姓
	寶峰堡		不一姓
	林邊堡		林姓
	洪厝埔堡		林姓
	文峰堡		林姓
	透龍堡		張姓
	翠薇堡		不一姓
	新庵堡		
	北塘堡		洪姓

所在縣	土堡名	建置時間	備註
平和縣	豆行堡		不一姓
	長盧堡		陳姓
	豐埔堡		不一姓
	小坪堡		盧姓
	塘化堡		陳姓
	溫厝堡		溫姓
	大坪堡		共 20 餘處，黃姓居多
	霞寨堡		周姓
	嚴嶺堡		莊姓
	黃莊堡		黃姓
	高山堡		不一姓
	銅場堡		不一姓
	黃田堡		曾姓
	陳坑堡		曾姓
	卜坪堡		朱姓
	下坪堡		楊姓
	大豐堡		不一姓
	小溪尾堡		不一姓
	莊上堡		葉姓
	卓塋堡		高、江二姓所築
	江寨堡		江姓
	范寨堡		范姓
	店前堡		陳姓

附錄三 閩南民間土堡表

		续表	
所在縣	土堡名	建置時間	備註
平和縣	下村堡		陳姓
	檺林堡		葉姓
	楊梅潭堡		不一姓
	山角堡		陳姓
	曹祠堡		朱姓
	虞古堡		陳姓
	峰山堡		不一姓
	後嗣堡		吳姓
	大徑堡		黃姓
	五鬥埔堡		不一姓
	馬堂堡		張姓
	蓮塘堡		賴姓
	庵後堡		賴姓
	下徑堡		不一姓
	河仔堡		高姓
	員田堡		不一姓
	吳坑堡		曹姓
	雞啼嶺堡		郭姓
	熨斗堡		陳姓
	上下埔堡		不一姓
	河地堡		何姓共有十餘堡
	半地堡		張姓
	山布堡		張姓

所在縣	土堡名	建置時間	備註
平和縣	霄嶺堡		黃姓
	十二排堡		不一姓，亦不一堡
	馬鋪堡		賴姓
	下洞堡		黃姓
	龍坑堡		林姓
	後山堡		黃姓
	龍豐堡		林姓
	上下河堡		蔡姓
	陳旗堡		羅姓
	和尚塘堡		黃姓
	菜埔堡		張姓
	西林堡		不一姓
	大坑堡		方姓
	鶴坑堡		朱姓
	辰富堡		不　姓
	大豐堡		不一姓
	秀峰堡		遊姓
	坪堡		黃姓
	龍嶺堡		不一姓
	留恩堡		張姓
	山岡堡		不一姓
	象湖堡		李姓居多
	豐頭阪堡		葉姓

附錄三　閩南民間土堡表

		续表	
所在縣	土堡名	建置時間	備註
平和縣	爐下堡		葉姓
	楓香域堡		葉姓
	曹充堡		不一姓
	鄭陂墩堡		不一姓
	後壟堡		翁姓
	小蘆溪堡		陳姓
	銅皮堡		陳姓
	桑坑堡		鄭姓
	葛竹堡		賴姓
雲霄廳	莆美堡	正德、弘治間	張姓
	洋下堡		方姓
	下阪土圍		張姓
	西林堡		一羅姓、一葉姓
詔安縣	梅洲堡	萬曆	吳姓
海澄縣	何山堡		鄉人何伯崗所築
龍溪縣	福滸城	天啟	居民所築
	玉洲城	嘉靖	居民郭鷹昴等築城防倭
	果堂寨	天啟	鄉人陳天峰等所築
	福河土堡		里民築土成之
	長橋土城		尚書林士章砌石私築家焉

資料來源：康熙《漳浦縣志》、康熙《平和縣志》、嘉慶《雲霄廳志》、光緒《漳州府志》、崇禎《海澄縣志》。

附錄四　清代閩南宗族械鬥表

地點	時間	糾紛事由	出處
平和縣	雍正十年閏五月二十四日具奏	楊、林二姓爭田爭口。	《雍正朝朱批諭旨彙編》第22冊，第563頁。
	雍正十年閏五月二十四日具奏	胡、葉二姓角口碎屋互鬥。	《雍正朝朱批諭旨彙編》第22冊，第563頁。
	雍正十二年八月	南勝鄉楊、林二姓伐柴起爭。	《雍正朝朱批諭旨彙編》第27冊，第191頁。
	嘉慶七年六月八日具奏	林姓砍柴堆放陳姓墳上遭責。	《宮中檔嘉慶朝奏摺》第21冊，第353頁。
	道光元年九月二十四日奉旨	曾步雲以朱姓霸佃田畝、族長糾眾搶割、毆斃其兄、書役受賄案不辦等情京控。	《外紀檔》，道光元年九月—十四日奉旨，玉麟等奏摺。
	道光八年四月十三日具奏	陳姓牧牛踐食廖姓園麥，廖姓牽牛索賠起釁。陳姓盜砍廖姓松木為廖姓銃斃。	《軍機處檔·月折包》060034號。
	道光十四年六月二十六日奉朱批	賴姓因索欠起爭，為李姓銃斃。賴姓行路誤撞李姓，彼此爭毆，致生命案。	《軍機處檔·月折包》068755號。
詔安縣	乾隆二十一年九月十二日具奏	鍾姓田園相近許姓田畝，因填築園岸起爭。	《宮中檔乾隆朝奏摺》第15輯，第347頁。

续表			
地點	時間	糾紛事由	出處
詔安縣	道光九年九月八日奉旨	楊樹京控許姓迭劫銃斃、賄差包凶等情。	《外紀檔》，道光九年九月十九日奉旨，那清安奏摺。
	道光二十五年十月二十一日具奏	廖姓以葉姓糾眾搶牛、割麥，致斃三命，葉姓武生賄串書差等情京控。	《軍機處檔·月折包》075806 號。
南靖縣	雍正十年閏五月二十四日具奏	吳姓族人劫殺林姓二命。	《雍正朝朱批諭旨彙編》第 22 冊，第 561 頁。
	乾隆五十四年十一月二十七日具奏	阮姓修築水壩，劉姓往阻。	《軍機處檔·月折包》042756 號。
	道光二年九月二十九日具奏	廖姓族人造墳，林姓恐礙祖墳風水，往阻被斥。	《外紀檔》，道光二年十一月十一日奉朱批，葉世倬奏摺。
	道光十三年十二月二十四日具奏	林姓失火延燒，鄭姓疑林姓狹嫌縱火。	《軍機處檔·月折包》066871 號。
漳浦縣	乾隆五四年十一月二十七日具奏	相鄰不同宗之陳姓，因一方孩童拾取另方灰嗀玩耍，遭牽牛不還。	《軍機處檔·月折包》042756 號。
	嘉慶十四年六月十三日具奏	戴姓碰壞楊姓魚網。	《宮中檔嘉慶朝奏摺》第 37 冊，第 66 頁。
	嘉慶二十一年十二月二十六日具奏	王、蔡兩姓口角起爭，王姓糾約族眾，蔡姓糾結雜姓互鬥。	《軍機處檔·月折包》050453 號
	嘉慶二十五年二月四日奉朱批	林水疑鄰村不同宗之林姓族人盜伐其屋後樹木，彼此起爭，林水及侄被銃斃。	《外紀檔》，嘉慶二十五年二月四日奉朱批，董教增奏摺。
	道光七年一月十二日具奏	林姓與塗姓。	《軍機處檔·月折包》054719 號。
	道光七年八月二十四日具奏	黃姓牧牛踐食藍姓瓜藤起爭。黃姓疑藍姓牧牛越界，彼此爭鬧，傷斃 1 人。黃、藍兩姓山場相連，界址不清，因砍伐墳木起釁。	《軍機處檔·月折包》057001 號。

地點	時間	糾紛事由	出處
漳浦縣	道光七年八月二十四日具奏	黃、楊兩姓有夙嫌，楊姓向黃姓攔索欠銀彼此起釁。	《軍機處檔·月折包》057001號。
	道光二十六年一月二日具奏	黃、蔡因事有嫌，兩姓族人路遇口角起爭。	《軍機處檔·月折包》077633號。
	道光二十七年五月二日具奏	黃姓欲築圍防水，為楊、莊二姓所阻，謀邀蔡姓同往理論。蔡姓不允，彼此有嫌，兩姓路遇口角起爭，銃斃蔡姓一人，黃姓毀屍滅跡。黃姓造墳，蔡姓疑有越界占葬。	《軍機處檔·月折包》077633號。
雲霄廳	道光二年九月二十九日具奏	林雪牧牛踩壞周翌田禾，周翌索賠起爭。周錫聚允向族派銀捐修海岸，因遲延未給，林姓向催索，彼此起爭。	《外紀檔》，道光二年十一月十一日奉朱批，葉世倬奏摺。
	道光二年九月二十九日具奏	張順田畝相鄰吳凌雲祖墳，吳凌雲因墳前水池被汙，疑張順田畝之故。	《外紀檔》，道光二年十一月十一日奉朱批，葉世倬奏摺。
	道光二十七年九月一日具奏	方姓以張姓迭殺五命，匿屍不還，蠹差舞弊等情京控。	《軍機處檔·月折包》078712號。
長泰縣	嘉慶七年二月二十八日具奏	葉達向陳苑索欠起爭。	《宮中檔嘉慶朝奏摺》第18冊，第709頁。
	道光十六年十二月二十五日奉朱批	盧姓田地向佃吳、蘇等姓耕種，曾有訟嫌。盧姓踐毀吳、蘇等姓田禾。盧姓催討欠租，致被吳姓銃斃。	《外紀檔》，道光十六年十二月二十五日奉朱批，魏元烺奏摺。
	道光二十四年十月十八日奉旨	張訓以林姓革生勒派不遂，糾眾殺斃張、蔡兩姓多命等情京控。	《外紀檔》，道光二十四年十月十八日奉旨，文慶等奏摺。
	道光二十五年九月三十日具奏	葉姓欲打醮祈雨，以林姓有田在葉姓村中，欲林姓共同出資，林姓不允，彼此有嫌。林姓路遇葉姓，彼此口角，致斃林姓二人。	《道光朝宮中檔》008288號。

附錄四　清代閩南宗族械鬥表

		续表	
地點	時間	糾紛事由	出處
海澄縣	道光二年九月二十九日具奏	李姓族人與蔡姓族人蚶埕相連,蔡姓踏壞李姓埕岸。	《外紀檔》,道光二年十一月十一日奉朱批,葉世倬奏摺。
龍溪縣	龍溪縣乾隆五十四年二月三日具奏	林姓祖墳相連丁姓田園,丁姓在墳後挖土築塍。	《軍機處檔·月折包》039747號。
南安縣	嘉慶元年五月九日具奏	李姓不許鄰村不同宗之李姓在該村外海埔拾蚶。	《宮中檔嘉慶朝奏摺》第50冊,第46頁。
	嘉慶元年十一月三十日具奏	黃姓族人索討欠租,混罵陳姓族眾。	《宮中檔嘉慶朝奏摺》第4冊,第306頁。
	嘉慶二年五月十日具奏	林姓佃耕李姓族田,李姓強押魚擔抵償欠租。	《宮中檔嘉慶朝奏摺》第6冊,第459頁。
	嘉慶二十一年八月二十四日具奏	林、梁二姓田園相連,林姓瓜田被竊,遷怒梁姓未能相互照應,兩姓爭鬧互鬥。	《軍機處檔·月折包》049245號。
	道光元年九月二十四日奉旨	謝乞以葉姓劫殺三命,葉姓紳耆申賄衙役蒙混案等情京控。	《外紀檔》,道光一月九月二十四日奉怕,那清安奏摺。
	道光四年九月二十一日奉朱批	陳姓、周姓爭買田地糾眾鬥毆,致斃周姓一人,陳姓藏屍滅跡。周姓越界砍柴,陳姓阻責被毆,挾忿服毒自盡。	《外紀檔》,道光四年九月二十一日奉朱批,趙慎畛等奏摺。
	道光六年十一月十八日具奏	呂姓京控陳姓糾眾抄搶、殺斃呂姓人命、府縣任聽胥役舞弊。	《軍機處檔·月折包》057476號。
	道光八年七月十四日具奏	傅閏京控王姓強佔祖墳、糾眾抄搶、攻斃傅姓二命等情。	《軍機處檔·月折包》060635號
	道光十三年一月十三日具奏	王姓赴山打獸,誤銃梁姓致死,所允償銀欲悔欠不給,梁姓屢向索討,王姓起意擄勒梁姓泄忿。	《軍機處檔·月折包》062516號。
	道光二十年十二月五日奉朱批	陳、高兩姓因索欠起佃致釁。	《外紀檔》,道光二十年十二月五日奉朱批,祁寯藻等奉折。

294

地點	時間	糾紛事由	出處
南安縣	道光二十一年十月二十六日具奏	李姓取用林姓堤石，被林姓疑為盜拆，彼此起爭，致斃林姓二人。兩姓船隻互碰起爭，致斃林姓一人。	《道光朝宮中檔》004398號。
馬巷廳	嘉慶二十一年七月十七日具奏	陳挑地瓜田屢被李姓竊挖，心懷不甘，糾約族眾掘毀李姓瓜田洩忿。	《軍機處檔·月折包》048976號。
	道光十四年四月二十五日具奏	蘇、王二姓因索欠起爭，傷斃蘇姓，蘇姓牽告王姓多人，王姓強扣蘇姓船隻逼和。蘇姓疑王姓挾嫌拔毀蘇姓穀物。	《軍機處檔·月折包》088161號。
	道光二十七年十一月十七日具奏	葉姓生員以黃姓糾匪劫殺、差役舞弊等情京控。	《軍機處檔·月折包》079814號。
	道光二十八年十月二十六日奉旨	陳姓與不同宗陳姓。	《外紀檔》，道光二十八年十月二十六日奉旨，成剛奏摺。
安溪縣	嘉慶二十三年十二月二十五日奉朱批	許姓監生築墳，呂姓爭阻不成。	《外紀檔》，嘉慶二十五年十二月二十五日奉朱批，史致光奏摺。
	嘉慶二十五年五月二十三日奉朱批	蕭姓牧牛踐食沈姓田禾，沈姓牽牛索賠起爭。沈姓族人竊挖蕭姓地瓜被捉。蕭、沈二姓又因爭墳山有嫌。	《外紀檔》，嘉慶二十五年五月二十三日奉朱批，韓克均奏摺。
	嘉慶二十五年十月三日奉旨	楊姓以余姓強族盜伐蔭木被阻，挾嫌擄勒斃滅楊姓族人等情京控。	《外紀檔》，嘉慶二十五年十月三日奉旨，普恭奏摺。
	嘉慶二十五年十二月五日奉朱批 道光二年九月二十九日具奏	詹、葉二姓爭山起釁，詹姓擄禁葉姓族人致斃二命，葉姓忿糾族眾尋鬥，殺斃詹姓一命。兩姓族人又因爭道起釁，葉姓混罵詹姓祖先被詹姓銃斃。	《外紀檔》，嘉慶二十五年十二月五日奉朱批，韓克均奏摺；《外紀檔》，道光二年十一月十一日奉朱批，葉世倬奏摺。

附錄四 清代閩南宗族械鬥表

		续表	
地點	時間	糾紛事由	出處
安溪縣	道光元年十月二十六日奉朱批	李姓族人圖賴王姓築屋傷墳，藉以索詐錢銀不得，遂糾族眾拆屋泄忿，被王姓族眾殺斃三人。	《外紀檔》，道光一年十月二十六日奉朱批，顏檢奏摺。
	道光四年十一月二十一日奉朱批	易、許兩姓互爭墳山，許姓銃斃易姓二人。	《外紀檔》，道光四年十二月二十一日奉朱批，趙慎畛等奏摺。
	道光八年十月十六日奉旨	朱姓京控楊姓迭劫殺命，知縣延不緝凶。	《外紀檔》，道光八年十月十六日奉旨，耆英等奏摺。
	道光二十四年五月九日奉旨	易姓以黃姓監生挾阻砍己山草木之嫌，迭次糾眾焚搶，銃殺多命等情京控。	《外紀檔》，道光二十四年五月九日奉旨，文慶等奏摺。
	道光二十四年十一月十六日奉旨	蕭姓以沈姓劫牛殺命、書役賄縱等情京控。	《外紀檔》，道光二十五年十一月十六日奉旨，普恭等奏摺。
	道光二十四年十二月十九日具奏	林姓客民向蕭姓賒帳買板，逾期無償，蕭姓欲搬板另賣，彼此起爭，毆斃林姓一人。	《軍機處檔·月折包》072617號。
	道光二十五年十月二十七日奉朱批	吳姓擄禁許姓勒銀逼息，許姓糾眾尋救，毀祠泄忿，兩姓起爭，致斃吳姓一人。吳、許兩姓因山場割草起爭，致斃吳姓一人。	《外紀檔》，道光二十五年十月二十七日奉朱批，韓克均奏摺。
晉江縣	道光六年十月二十六日具奏	林姓牛只誤食洪姓作物，洪姓欲牽牛作抵，雙方互鬥致傷人命。林姓向洪姓跟凶，再起爭釁。	《軍機處檔·月折包》057001號。
	道光十三年六月十八日具奏	王姓與洪姓，因爭挑貨擔鬥毆，致死洪姓，埋屍減跡。	《軍機處檔·月折包》064488號。
	道光十三年八月二十九日奉旨	郭進京控蔡姓攬管田畝未遂，將伊堂叔殺斃滅屍等情。	《外紀檔》，道光十三年八月二十九日奉旨，恩桂等奏摺。
	道光十四年三月三十日具奏	許、林兩姓因割稻口角爭毆有嫌，林姓誤端許姓圍籬被毆，林姓糾眾擄禁殺傷許姓多人。	《軍機處檔·月折包》067958號。

地點	時間	糾紛事由	出處
晉江縣	道光十四年十一月十九日具奏	賴時竊放吳姓田水，致相爭鬧，吳姓銃斃賴時，埋屍滅跡。	《外紀檔》，道光十五年一月四日奉朱批，程祖洛等奏摺。
	道光十八年一月十八日具奏	蘇、許、陳、李等姓，誤砍楊姓果樹。許姓誤踩楊姓地瓜，彼此起爭，楊姓為許、蘇兩姓殺斃一人。陳姓牧牛誤踐楊姓田地，彼此起爭。	《道光朝宮中檔》001161 號。
	道光十八年一月十八日具奏	陳姓打獸誤斃楊姓。	《道光朝宮中檔》001161 號。
	道光十九年五月十六日具奏	林、黃二姓因索欠爭毆有嫌，又因路遇挾嫌爭鬥，致斃黃姓一人。	《道光朝宮中檔》002853 號。
	道光二十五年七月二十九日具奏	許、楊兩姓爭用田水，致斃許姓一人。許姓牛只誤踐楊姓田地，楊姓牽牛抵欠。	《道光朝宮中檔》007977 號。
	咸豐元年七月一日具奏	陳、董兩姓因爭用井水互毆，銃斃陳姓一命。董姓在田開溝，陳姓恐礙風水彼此起爭鬥毆，致斃陳姓一人。	《宮中檔咸豐朝奏摺》第 3 冊，第 399 頁。
	咸豐二年十月二日具奏	黃姓以蔡姓擄贖斃命、霸產、夥劫等情京控。	《軍機處檔·月折包》086598 號。
惠安縣	道光十九年十月四日奉朱批	郭姓向江姓索討聘銀，致斃江姓一人，且扣江姓船貨抵銀。江姓誤碰郭姓油擔，遭索賠銀。	《外紀檔》，道光十九年十月四日奉朱批，魏元烺奏摺。
	道光二十四年十月十日奉旨	王姓牛只誤食曾姓麥苗，曾姓牽牛作抵彼此起爭。曾姓誤踩王姓田禾，彼此起爭，致斃曾姓三人。	《外紀檔》，道光二十四年十月十日奉朱批，劉韻珂等奏摺。
	咸豐二年七月二十八日具奏	蘇、黃兩姓因采蟶起爭，致斃黃姓一人。	《軍機處檔·月折包》086205 號。
	咸豐三年十月八日具奏	何姓以有礙行路，拆毀程姓蓄水防潮之斗門，彼此爭訟有嫌。兩姓族人路遇，彼此挾嫌口角，程姓是夜遭賊失火，疑何姓所為，遂告官究辦。何姓路遇程姓，挾控官之嫌彼此起爭，何姓銃斃相勸之周姓一人。	《宮中檔咸豐朝奏摺》第 15 冊，第 699 頁。

附錄四　清代閩南宗族械鬥表

续表			
地點	時間	糾紛事由	出處
同安縣	嘉慶二十三年九月十八日奉旨	蘇姓京控葉姓巨族糾搶擄殺、衙役受賄庇縱等情。	《外紀檔》，嘉慶二十三年九月十八日奉旨，景祿奏摺。
	道光五年九月十八日奉旨	黃姓以陳姓爭占黃姓墳山、糾眾毀祠殺命、縣令延宕未辦、縣書受賄庇縱等情京控。	《外紀檔》，道光五年九月十八日奉旨。
	道光八年七月二十九日具奏	蘇榜向施苔索欠，彼此口角。蘇姓失火延燒施姓祖祠，施姓索賠不得。施姓竊挖蘇姓地瓜，被蘇姓銃斃。	《軍機處檔‧月折包》061437 號。
	道光十九年十二月十七日奉旨	周姓以蘇姓劫殺擄勒、賄蠹圖脫等情京控。	《外紀檔》，道光十九年十二月十七日奉旨，鐵麟等奏摺。

資料來源：整理自胡偉釜〈清代閩粵鄉族性衝突研究〉一文。

徵 引 書 目

一、族譜

1. 《晉江燕支吳氏家譜》，廈門大學鄭振滿教授提供。

2. 〔明〕林希元修、〔清〕林道坦續修《林希元家譜》，福建師範大學圖書館復印舊抄本，1984年。

3. 〔明〕莊用賓修、莊際昌等續修、〔清〕莊世卿續修《晉邑青陽莊氏族譜》，廈門大學鄭振滿教授提供。

4. 〔清〕吳三辰修《龍山湧口吳氏家譜》，福建省圖書館據抄本復印。

5. 〔清〕吳鏞編《陵海吳氏族譜》，廈門大學鄭振滿教授提供。

6. 〔清〕吳鶴齡、吳廷掞輯《南靖金山璧溪吳氏族譜》，福建省圖書館據光緒抄本復印。

7. 〔清〕周錫齡修《重修清溪周氏族譜》，福建省圖書館據光緒九年抄本復印。

8. 〔清〕林夢賚修《馬平霞店林氏本房族譜》，收入《臺灣文獻彙刊》第2輯第9冊，廈門：廈門大學出版社；北京：九州出版社，2004年。

9. 〔清〕施琅、施世騄等修《潯海施氏族譜（一）》，收入《臺灣文獻彙刊》第2輯第10冊。

10. 〔清〕施德馨纂輯、施世綸等補輯《潯海施氏族譜》，臺北：龍文出版社，1993年，據鹿港施濟川藏康熙二十二年始修、康熙年間遞補刊本影印。

12. 〔清〕柯寅修《霞歧柯氏族譜》，光緒間寫本，廈門大學鄭振滿教授提供。

13. 〔清〕留名輝修《清源留氏族譜》，乾隆三十一年修轉抄。

14. 〔清〕梁焜兆等重纂《詩山鳳坡梁氏宗譜》，臺北：龍文出版社，1993年，據光緒十年重修，溫陵張球世刻本影印。

15. 〔清〕陳有文編輯《穎川陳氏族譜集成》，收入《臺灣文獻彙刊》第3輯第3冊。

16. 方啟德等修《雲陽方氏譜牒》，1992年雲霄藝新文印中心影印本。

17. 王氏修撰《王氏族譜》，福建省圖書館據清修本、民國抄本復印。

18. 林嘉書整理《和地何氏族譜（一）》，收入《臺灣文獻彙刊》第3輯第18冊。

19. 林嘉書整理《施洋蕭氏族譜》，收入《臺灣文獻彙刊》第3輯第6冊。

20. 林嘉書整理《高港曾氏族譜》，收入《臺灣文獻彙刊》第3輯第16冊。

21. 林嘉書整理《漳州吳氏族譜三種》，收入《臺灣文獻彙刊》第3輯第5冊。

22. 林嘉書整理《漳州沈氏族譜二種》，收入《臺灣文獻彙刊》第3輯第15冊。

23. 林嘉書整理《龜洋莊氏族譜（一）》，收入《臺灣文獻彙刊》第3輯第9冊。

24. 林嘉書整理《龜洋莊氏族譜（二）》，收入《臺灣文獻彙刊》第3輯第10冊。

25. 柯禮崇總纂《龍嶼張氏族譜》，臺北：龍文出版社，1993年，據鹿港成龍堂藏民國18年重修稿本影印。

26. 泉州歷史研究會編《泉州回族譜牒資料選編》，1980年油印本。

27. 莊景輝編校《陳埭丁氏回族宗譜》，香港：綠葉教育，1996年。

28. 許嘉謨纂《虞都許氏家譜》，臺北：龍文出版社，1993年，據民國十五年重修、民國十七年刊本影印。

29. 陳禎祥編訂《南歧陳氏族譜》，民國五年陳氏石印本。

30. 粘良圖整理《鼇江范氏家譜》，收入《臺灣文獻彙刊》第3輯第1冊。

31. 漳州方志辦編《白石丁氏古譜》，據抄本影印。

32. 鄭玉海等修《鄭氏宗譜》，收入《臺灣文獻彙刊》第1輯第9冊。

二、地方志

1.〔宋〕梁克家修纂《三山志》，福州：海風出版社，2000年。

2.〔明〕何喬遠編纂《閩書》，福州：福建人民出版社，1994-1995年。

3.〔明〕梁兆陽修、蔡國禎等纂《海澄縣志》，收入《稀見中國地方志彙刊》第33冊，江蘇省金壇縣：中國書店，1992年。

4.〔明〕陽思謙修、徐敏學、吳維新纂《泉州府志》，臺北：學生書局，1987年，據萬曆四十年刊本影印。

5.〔明〕黃仲昭修纂《八閩通志》，福州：福建人民出版社，1996年，以弘治庚戌為底本點校。

6.〔明〕羅青霄等纂《漳州府志》，收入《明代方志選》，臺北：學生書局，1965年。

7.〔清〕方鼎等修、朱升元等纂《晉江縣志》，臺北：成文出版社，1967年，據乾隆三十年刊本影印。

徵引書目

8.〔清〕吳宜燮修、黃惠等纂《龍溪縣志》，臺北：成文出版社，1967年，據乾隆二十七年修、光緒五年補刊本影印。

9.〔清〕李鉉、王柏等修、昌天錦等纂《平和縣志》，臺北：成文出版社，1967年，據康熙五十八年修、光緒十五年重刊本影印。

10.〔清〕沈定均等修《漳州府志》，臺南：朱商羊影印本，1965年。

11.〔清〕周凱修、林焜熿纂、〔民國〕林豪續纂《金門縣志》，金門：金門文獻委員會，1958年。

12.〔清〕周凱修、凌翰等纂《廈門志》，臺北：成文出版社，1967年，據道光十九年刊本影印。

13.〔清〕林焜熿等纂修《金門志》，臺北：中華叢書，1956年。

14.〔清〕姚循等編輯《南靖縣志》，南靖：南靖縣地方志編纂委員會，1992年。

15.〔清〕胡之鋈修、周學曾等纂《晉江縣志》，泉州市：泉州市鯉城區地方志編纂委員會，1987年。

16.〔清〕秦炯纂修康熙《詔安縣志》，國家圖書館藏微卷，1978年美國猶他州鹽湖城族譜學會據美國哈佛大學燕京圖書館藏清康熙三十年刊本攝製。

17.〔清〕郝玉麟等監修、謝道承等編纂《福建通志》，收入《景印文淵閣四庫全書》第527~530冊，臺北：商務印書館，1983-1986年，據臺北故宮博物院藏本影印。

18.〔清〕莊成主修、沈鍾、李疇同纂《安溪縣志》，臺北：安溪同鄉會，1967年，據乾隆二十二年重修本印行。

19.〔清〕陳汝咸修、林登虎纂《漳浦縣志》，臺北：成文出版社，1967年，據康熙三十九年舊志石印本影印、民國十七年翻印。

20.〔清〕陳壽祺等纂《福建通志》，臺北：華文，1968年，據同治十年重刊本影印。

21.〔清〕黃任等纂修《泉州府志》，臺南：賴全源影印本，1964年。

22. 〔清〕萬友正修、黃家鼎輯《馬巷廳志》，臺北：成文出版社，1967年，據乾隆四十一年修、光緒九年重刊，光緒十九年重校補刊本影印。

23. 〔清〕薛凝度修、吳文林纂《雲霄廳志》，臺北：成文出版社，1967年，據嘉慶十一年原刊、民國二十四年鉛字重印本影印。

24. 許榮等修、吳錫璜等纂《同安縣志》，臺北：成文出版社，1967年，據民國十八年鉛印本影印。

25. 戴希朱總纂《南安縣志》，出版地、出版者不詳，1989年。

三、文集、筆記及其他

1. 《尚書》，收入《四部叢刊初編》經部，臺北：商務印書館，1965年。

2. 《禮記》，收入《四部叢刊初編》經部。

3. 〔宋〕朱熹《朱文公家禮》，漢城：出版者不詳，1970年。

4. 〔宋〕朱熹《近思錄集注》，臺北：中華書局，1977年。

5. 〔宋〕朱熹編《二程遺書》，收入《景印文淵閣四庫全書》第698冊。

6. 〔宋〕張載〈經學理窟〉，收入《古今圖書集成》，臺北：鼎文書局，1976年。

7. 〔宋〕程頤撰《二程文集》，收入《百部叢書集成》第26冊，臺北：藝文印書館，1968年。

8. 〔宋〕蘇軾《蘇東坡全集》，臺北：新興書局，1955年。

9. 〔明〕方孝孺《遜志齋集》，寧波：寧波出版社，2000年。

10. 〔明〕王忠孝《惠安王忠孝公全集》，南投：臺灣省文獻委員會，1993年。

11. 〔明〕王慎中《遵巖集》，收入《景印文淵閣四庫全書》，第

1274冊。

12.〔明〕李光縉《景璧集》，揚州：江蘇廣陵古籍刻印社，1996年。

13.〔明〕李贄《李溫陵集》，《續修四庫全書》第1352冊，上海：上海古籍出版社，2002年。

14.〔明〕林希元《林次崖先生文集》，收入《四庫全書存目叢書》集部第75冊，臺南縣：莊嚴文化，1997年。

15.〔明〕林弼《林登州集》，收入《景印文淵閣四庫全書》第1227冊。

16.〔明〕俞大猷《正氣堂集》，收入《四庫未收書輯刊》第5輯第20冊，北京：北京出版社，1997年。

17.〔明〕胡宗憲《籌海圖編》，收入《景印文淵閣四庫全書》第584冊。

18.〔明〕唐順之編《稗編》，收入《景印文淵閣四庫全書》第954冊。

19.〔明〕夏言《桂洲文集》，收入《四庫全書存目叢書》集部第74冊。

20.〔明〕崔涯《筆山文集》，收入《四庫全書存目叢書》集部第94冊。

21.〔明〕張嶽《小山類稿》，福州：福建人民出版社，2000年。

22.〔明〕許孚遠《敬和堂文集》，臺北：漢學研究中心藏日本內閣文庫景照本，萬曆二十二年序刊本。

23.〔明〕許獬《許鍾斗文集》，《四庫全書存目叢書》集部第179冊。

24.〔明〕陳於朝《苧蘿山稿》，臺北：漢學研究中心藏日本尊經閣文庫景照本，萬曆四十三年刊本。

25.〔明〕陳玉輝《適適齋鑒須集》，收入《四庫全書存目叢書》集部第182冊。

26.〔明〕章潢《圖書編》，收入《景印文淵閣四庫全書》，第968~972冊。

27.〔明〕馮琦編《經濟類編》，收入《景印文淵閣四庫全書》第961冊。

28.〔明〕黃汝良《河幹集》，中研院傅斯年圖書館藏，據日本內閣文庫藏明天啟四年序刊本影印。

29.〔明〕楊博《楊襄毅公本兵疏議》，收入《四庫全書存目叢

書》史部詔令奏議類第61冊。

30.〔明〕蔡克廉《可泉先生文集》，中研院傅斯年圖書館微卷，據臺灣中央圖書館藏本影印。

31.〔明〕蔡清《虛齋集》，收入《景印文淵閣四庫全書》第1257冊。

32.〔明〕蔡獻臣《清白堂稿》，收入《四庫未收書輯刊》第6輯第22冊。

33.〔明〕謝傑《虔臺倭纂》，臺北：正中書局，1985年，據萬曆乙未刊本影印。

34.〔明〕譚綸《譚襄敏奏議》，收入《景印文淵閣四庫全書》第429冊。

35.〔晉〕郭璞〈葬書〉，收入《古今圖書集成》第47冊。

36.〔清〕丁日健《治臺必告錄》，臺北：臺灣銀行經濟研究室，1959年。

37.〔清〕王家勤編《王懿德年譜》，收入《臺灣文獻彙刊》第6輯第4冊。

38.〔清〕左宗棠《左宗棠全集》，長沙：嶽麓書社，1989-1992年。

39.〔清〕吳增《泉俗激刺篇》，收入泉州市民政局、泉州志編纂委員會辦公室編《泉州舊風俗資料彙編》，泉州：泉州志編纂委員會辦公室，1985年。

40.〔清〕李光地《榕村全集》，臺北：力行書局，1969年。

41.〔清〕李光地《榕村續語錄》，北京：中華書局，1995年。

42.〔清〕里人何求纂《閩都別記》，福州：福建人民出版社，1997年。

43.〔清〕屈大均《廣東新語》，北京：中華書局，1985年。

44.〔清〕林樹梅《嘯雲山人文鈔》，收入《臺灣文獻彙刊》第4輯第1冊。

45.〔清〕姚瑩《中復堂全集》，收入《近代中國史料叢刊續編》第6輯，臺北：文海出版社，1977年。

46.〔清〕徐珂編撰《清稗類鈔》，北京：中華書局，2003年。

47.〔清〕張師誠《一西自撰年譜》，收入《臺灣文獻彙刊》第6輯第4冊。

48.〔清〕張集馨《道咸宦海見聞錄》，北京：中華書局，1981年。

49.〔清〕曹溶輯《學海類編》，揚州：江蘇廣陵刻印社，1994年。

50.〔清〕陳盛韶《問俗錄》，南投：臺灣省文獻委員會，1997年。

51.〔清〕陳壽祺《左海文集》，嘉慶至同治間刊本。

52.〔清〕陳徽言《南越遊記》，收入《叢書集成續編》史地類第236冊，臺北：新文豐，據《雲南叢書》排印，1989年。

53.〔清〕彭光斗《閩瑣記》，福州鄭麗生抄本，廈門大學圖書館藏。

54.〔清〕程榮春《泉州從政紀略》，收入《臺灣文獻彙刊》第4輯第14冊。

55.〔清〕賀長齡、魏源等編《清經世文編》，北京：中華書局，1992年。

56.〔清〕馮桂芬《校邠廬抗議》，鄭州：中州古籍出版社，1998年。

57.〔清〕黃貽楫輯《李石渠先生治閩政略》，民國二十一年高陽李氏小詒硯齋重刊本。

58.〔清〕楊浚《島居三錄》，收入《臺灣文獻彙刊》第5輯第16冊。

59.〔清〕趙翼《簷曝雜記》，北京：中華書局，1982年。

60.〔清〕德福《閩政領要》，收入《臺灣文獻彙刊》第4輯第15冊。

61.〔清〕蔡世遠《二希堂文集》，收入《景印文淵閣四庫全書》第1325冊。

62.〔清〕蔡新《緝齋文集》，收入《四庫未收書輯刊》第9輯第29冊。

63.〔清〕鄭麗生《閩廣記》，鄭麗生寫本，廈門大學圖書館藏。

64.〔清〕謝金鑾《二勿齋文集》，收入《臺灣文獻彙刊》第4輯

第13冊。

65.〔清〕藍鼎元《鹿洲全集》，廈門：廈門大學出版社，1995年。

66.〔清〕顧炎武《天下郡國利病書》，收入《四庫全書存目叢書》史部地理類第171~172冊。

67.〔漢〕班固《白虎通》，臺北：商務印書館，1966年。

68.佚名編《閩頌彙編（三）》，收入《臺灣文獻彙刊》第2輯第3冊。

69.佚名編《閩頌彙編（四）》，收入《臺灣文獻彙刊》第2輯第4冊。

70.李國祥、楊昶主編《明實錄類纂·福建臺灣卷》，武漢：武漢出版社，1993年。

71.琴川編輯《皇清奏議》，臺北：文海，1967年。

72.黃大受主編《黃爵滋奏疏》，臺北：黃大受，1963年。

四、官修正史、政書、檔案

1.〔元〕脫脫等撰《宋史》，臺北：鼎文書局，1978年，據北京中華書局點校本影印。

2.〔明〕王圻《續文獻通考》，臺北：文海，1979年，據萬曆刊本影印。

3.〔明〕李東陽等敕撰、申時行等奉敕重修《大明會典》，揚州：江蘇廣陵古籍刻印社，1989年。

4.〔明〕徐一夔等修《大明集禮》，收入《景印文淵閣四庫全書》第649~650冊。

5.〔明〕張鹵輯《皇明制書》，收入《續修四庫全書》史部政書類第788冊。

6.〔明〕葉春及《惠安政書》，福州：福建人民出版社，1987年。

7.〔清〕勒德洪奉敕撰《清實錄》，臺北：華聯出版社，1964年。

8. 中國第一歷史檔案館編《乾隆朝上諭檔》，北京：檔案出版社，1991年。

9. 中國第一歷史檔案館編《雍正朝漢文諭旨彙編》，桂林：廣西師範大學出版社，1999年。

10. 田濤、鄭秦點校《大清律例》，北京：法律出版社，1999年。

11. 臺北故宮博物院編《宮中檔咸豐朝奏摺》，臺北：臺北故宮博物院，1990年。

12. 臺北故宮博物院編《宮中檔乾隆朝奏摺》，臺北：臺北故宮博物院，1982年。

13. 臺北故宮博物院編《宮中檔道光朝奏摺》，臺北：臺北故宮博物院，1995年。

14. 臺北故宮博物院編《宮中檔雍正朝奏摺》，臺北：臺北故宮博物院，1977年。

15. 臺北故宮博物院編《宮中檔嘉慶朝奏摺》，臺北：臺北故宮博物院，1993-1995年。

16. 〔清〕昆岡等修、劉啟端等纂《欽定大清會典事例》，上海：上海古籍，1995年。

17. 黃彰健等校勘《明實錄》，南港：中央研究院歷史語言研究所，1962年，據北平圖書館紅格抄本微卷影印。

18. 臺灣銀行經濟研究室編《福建省例》，臺北：臺灣銀行經濟研究室，1964年，據同治間刻本排印。

19. 懷效鋒點校《大明律》，北京：法律出版社，1998年。

五、今人論著

（一）專著

1. 丁綱主編《近世中國經濟生活與宗族教育》，上海：上海教育

出版社，1996年。

2. 亢亮、亢羽編著《風水與城市》，天津：百花文藝出版社，1999年。

3. 亢亮、亢羽編著《風水與建築》，天津：百花文藝出版社，1999年。

4. 孔永松、李小平《客家宗族社會》，福州：福建教育出版社，1997年。

5. 王文徑編〈漳浦歷代碑刻〉，漳浦縣博物館，1994年。

6. 王明珂《華夏邊緣》，臺北：允晨文化，1997年。

7. 王善軍《宋代宗族和宗族制度研究》，石家莊：河北教育出版社，2000年。

6. 王銘銘《村落視野中的文化與權力──閩臺三村五論》，北京：三聯書店，1997年。

7. 王銘銘《社會人類學與中國研究》，北京：三聯書店，1997年。

8. 王銘銘《逝去的繁榮──一座老城的歷史人類學考察》，杭州：浙江人民出版社，1999年。

9. 史鳳儀《中國古代的家族與身分》，北京：社會科學文獻出版社，1999年。

10. 朱勇《清代宗族法研究》，長沙：湖南教育出版社，1987年。

11. 何丙仲編纂《廈門碑誌彙編》，北京：中國廣播電視出版社，2004年。

12. 何淑宜《明代士紳與通俗文化──以喪葬禮俗為例的考察》，臺北：臺灣師範大學歷史研究所，2000年。

13. 何曉昕、羅雋《風水史》，上海：上海文藝出版社，1995年。

14. 李文治、江太新《中國宗法宗族制和族田義莊》，北京：社會科學文獻出版社，2000年。

15. 唐立宗《在「盜區」與「政區」之間──明代閩粵贛湘交界的秩序變動與地方行政演化》，臺北：臺灣大學出版委員會，

2002年。

16. 徐揚傑《宋明家族制度史論》，北京：中華書局，1995年。

17. 張仲禮著、李榮昌譯《中國紳士——關於其在19世紀中國社會中作用的研究》，上海：上海社會科學院出版社，1998年。

18. 莫里斯·弗里德曼著，劉曉春譯《中國東南的宗族組織》，上海：上海人民出版社，2000年。

19. 陳支平《清代賦役制度演變新探》，廈門：廈門大學出版社，1988年。

20. 陳支平《近500年來福建的家族社會與文化》，上海：三聯書店，1991年。

21. 陳支平《福建六大民系》，福州：福建人民出版社，2000年。

22. 陳其南《家族與社會——臺灣與中國社會研究的基礎理念》，臺北：聯經，1995年。

23. 陳埭回族史研究編委會編《陳埭回族史研究》，北京：中國社會科學出版社，1990年。

24. 陳進國《信仰、儀式與鄉土社會：風水的歷史人類學探索》，北京：中國社會科學出版社，2005年。

25. 麻國慶《家與中國社會結構》，北京：文物出版社，1999年。

26. 粘良圖《晉江碑刻選》，廈門：廈門大學出版社，2002年。

27. 傅衣凌《明清社會經濟史論文集》，北京：人民出版社，1982年。

28. 馮爾康《中國古代宗族與祠堂》，臺北：商務印書館，1998年。

29. 馮爾康《顧真齋文叢》，北京：中華書局，2003年。

30. 馮爾康《18世紀以來中國家族的現代轉向》，上海：上海人民出版社，2005年。

31. 馮爾康等著《中國宗族社會》，杭州：浙江人民出版社，1994年。

32. 馮爾康等編著《中國社會史研究概述》，臺北：谷風出版社，1988年。

33. 楊國楨、陳支平《明清時代福建的土堡》，臺北：國學文獻館，1993年。

34. 葉顯恩《明清徽州農村社會與佃僕制》，合肥：安徽人民出版社，1983年。

35. 葛永光《文化多元主義與國家整合——兼論中國認同的形成與挑戰》，臺北：正中書局，1991年。

36. 趙秀玲《中國鄉里制度》，北京：社會科學文獻出版社，1998年。

37. 鄭振滿《明清福建家族組織與社會變遷》，長沙：湖南教育出版社，1992年。

38. 鄭振滿、丁荷生編纂《福建宗教碑銘彙編‧泉州府分冊》，福州：福建人民出版社，2003年。

39. 錢杭《中國宗族制度新探》，香港：中華書局，1994年。

40. 戴炎輝《中國法制史》，臺北：三民書局，1966年。

41. 瀨川昌久著，錢杭譯《族譜：華南漢族的宗族、風水、移居》，上海：上海書店，1999年。

42. 蘇黎明《泉州家族文化》，北京：中國言實出版社，2000年。

43. Ho, Ping-ti. *The Ladder of Success in Imperial China: Aspects of Social Mobility, 1368-1911.* New York and London: Columbia University Press, 1962.

44. Price, Ernest B. *Fukien, A Study of a Province in China.* Shanghai: Presbyterian Mission Press, 1925.

45. Rawski, Evelyn Sakakida. *Agricultural Change and the Peasant Economy of South China.* Cambridge, Mass.: Harvard University Press, 1972.

46. 井上徹《中國の宗族と國家の禮制——宗法主義の視點からの分析》，東京：研文出版，2000年。

47. 木村靖二、上田信編《人と人の地域史》，東京：山川出版

徵引書目

社，1997年。

（二）論文

48. 元廷植〈清中期福建的族正制〉，《清史論叢》2000年號。

49. 支平、崢嶸〈從契約文書看清代以來福建與臺灣的民間關係〉，《臺灣研究集刊》2000年第1期。

50. 王日根〈明清基層社會管理組織系統論綱〉，《清史研究》1997年第2期。

51. 王思治〈宗族制度淺論〉，《清史論叢》1982年第4輯。

52. 王崧興〈論漢人社會的家戶與家族〉，《中央研究院民族學研究所集刊》第59期（1985）。

53. 石奕龍〈風水抑或資源控制──單姓宗族村落形成的主位與客位解釋〉，收入石奕龍、郭志超主編《文化理論與族群研究》，合肥：黃山書社，2004年。

54. 休‧D．R．貝克〈傳統城市裡的大家族〉，收入施堅雅主編，葉光庭等譯《中華帝國晚期的城市》，北京：中華書局，2000年。

55. 吳乃德〈省籍意識、政治支持和國家認同──臺灣族群政治理論的初探〉，收入張茂桂等著《族群關係與國家認同》，臺北：業強出版社，1993年。

26. 吳燕和〈中國宗族之發展與其儀式興衰的條件〉，《中央研究院民族學研究所集刊》第59期（1985年）。

27. 李文治〈明代宗族制的體現形式及其基層政權作用──論封建所有制是宗法宗族制發展變化的最終根源〉，《中國經濟史研究》1988年第1期。

28. 李玉昆〈試論泉州歷史上的械鬥〉，《泉州文史》第10期（1989年）。

29. 李亦園〈中國家族與其儀式：若干觀念的檢討〉，《中央研究院民族學研究所集刊》第59期（1985年）。

30. 周翔鶴〈南靖縣和溪奎洋等地單姓區域形成的探討〉，收入莊

英章、潘英海編《臺灣與福建社會文化研究論文集》，臺北：中央研究院民族學研究所，1994年。

1. 林嘉書〈漳州民間譜牒與民系來源調查〉，收入陳支平、周雪香主編《華南客家族群追尋與文化印象》，合肥：黃山書社，2005年。

32. 林濟〈論近世宗族組織形成的歷史條件與總體歷程〉，《華南師範大學學報》1996年第3期。

33. 林麗月〈閩南士紳與嘉靖年間的海上走私貿易〉，《臺灣師範大學歷史學報》1980年第8期。

34. 林麗月〈評介吳振強有關明代閩南社會之研究〉，《史學評論》1982年第4期。

35. 柯昌基〈論中國封建社會的一種家族組織形式〉，《社會科學研究》1980年第6期。

36. 柯昌基〈宋代的家族公社〉，《南充師院學報》1982年第3期。

37. 柯昌基〈宗法公社管探〉，《中國社會經濟史研究》1985年第2期。

38. 科大衛〈國家與禮儀：宋至清中葉珠江三角洲地方社會的國家認同〉，《中山大學學報》1999年第5期。

39. 科大衛、劉志偉〈宗族與地方社會的國家認同──明清華南地區宗族發展的意識形態基礎〉，《歷史研究》2000年第3期。

40. 科大衛著，陳春聲譯〈中國的資本主義萌芽〉，《中國經濟史研究》2002年第1期。

41. 徐泓〈明代福建的築城運動〉，《暨南大學學報》第3卷第1期（1999年）。

42. 徐揚傑〈宋明以來的封建家族制度述論〉，《中國社會科學》1980年第4期。

43. 徐曉望〈試論明清時期官府和宗族的相互關係〉，《廈門大學

學報》1985年第3期。

44. 徐曉望〈試論清代閩粵鄉族械鬥〉，《學術研究》1989年第5期。

45. 常建華〈清代族正制度考論〉，《社會科學輯刊》1989年第5期。

46. 常建華 〈清代族正問題的若干辨析〉，《清史研究通訊》1990年第1期。

47. 常建華〈試論乾隆朝治理宗族的政策與實踐〉，《學術界》1990年第2期。

49. 常建華〈明代宗族祠廟祭祖禮制及其演變〉，《南開學報》2001年第3期。

50. 張壽安〈十七世紀中國儒學思想與大眾文化間的衝突——以喪葬禮俗為例的探討〉，《漢學研究》第11卷第2期（1993年）。

51. 莊景輝〈陳埭丁氏回族扳丁度為祖的由來及其影響〉，《廈門大學學報》1994年第2期。

52. 許華安〈清代宗族勢力的膨脹及其原因探析〉，《清史研究》1992年第4期。

53. 陳小沖〈宗族勢力與明清閩南農村社會〉，收入莊英章、潘英海編《臺灣與福建社會文化研究論文集（三）》，臺北：中央研究院民族學研究所，1996年。

54. 陳文石〈明嘉靖年間浙福沿海寇亂與私販貿易的關係〉，《中央研究院歷史語言研究所集刊》，第36本上冊（1965年）。

55. 陳其南〈「房」與傳統中國家族制度：兼論西方人類學的中國家族研究〉《漢學研究》第3卷第1期（1985年）。

56. 陳茂泰〈臺灣原住民的族群標幟與政治參與〉，收入張茂桂等著《族群關係與國家認同》。

57. 陳寧寧〈中國家族命名初探〉，收入猶他家譜學會、沙其敏、錢正民編《中國族譜地方志研究》，上海：上海科學技術文獻

出版社，2003年。

58. 馮爾康〈清代宗族制的特點〉，《社會科學戰線》1990年第3期。

59. 葉娟麗〈我國歷史上宗族組織的政權化傾向〉，《學術論壇》2000年第2期。

60. 漢寶德〈風水——中國人的環境觀念架構〉，《臺灣大學建築與城鄉研究學報》第2卷第1期（1983年）。

61. 劉志偉〈祖先譜系的重構及其意義——珠江三角洲一個宗族的個案分析〉，《中國社會經濟研究史》1992年第4期。

62. 劉蘭肖〈清代宗族研究概述〉，《歷史教學》1998年第9期。

63. 蔡尤資、蔡多輝〈都蔡械鬥紀略〉，收入中國人民政治協商會議福建省晉江縣委員會文史資料工作組編《晉江文史資料》第3輯，青陽：晉江縣政協，1983年。

64. 鄭振滿〈宋以後福建的祭祖習俗與宗族組織〉，《廈門大學學報》1987年增刊。

65. 鄭振滿〈明清福建的里甲戶籍與家族組織〉，《中國社會經濟史研究》1989年第2期。

66. 鄭振滿〈清代閩南鄉族械鬥的演變〉，《中國社會經濟史研究》1998年第1期。

67. 鄭德華〈清代廣東宗族問題研究〉，《中國社會經濟史研究》1991年第4期。

68. 羅慶泗〈明清福建沿海的宗族械鬥〉，《福建師範大學學報》2000年第1期。

69. 譚棣華〈略論清代廣東械鬥〉，《清史研究通訊》1985年第3期。

70. Liu, Zhiwei.「Lineage on the Sands: the case of Shawan,」in Faure, David and Siu, Helen F. ed. *Down to Earth: the Territorial Bond in South China*. Stanford, Calif.: Stanford University Press, 1995.

徵引書目

71. Ng, Chin-keong. 「A Study on the Peasant Society of South Fukien, 1506-1644, 」*Nanyang University Journal*, 6 (1972).

72. Ng, Chin-keong. 「Gentry-Merchants and Peasant-Peddlers - The Response of the South Fukienese to the Offshore Trading Opportunities, 1522-1566, 」*Nanyang University Journal*, 7 (1973).

73. 井上徹〈宗族の形成とその構造――明清時代の珠江デルタを対象として〉,《史林》第72卷第5號（1989年）。

74. 井上徹〈中國の近世譜〉,《歷史學研究》第743號（2000年）。

75. 片山剛〈珠江デルタの集落と「村」〉,《待兼山論・史學》第28號（1992年）。

76. 片山剛〈華南地方社會と宗族――清代珠江デルタの地緣社會、血緣社會、図甲制〉,收入森正夫等編,《明清時代史の基本問題》,東京：汲古書院,1997年。

77. 森田明〈明末清初における福建晉江の施氏〉,《社會經濟史學》第52卷第3號（1986年）。

（三）碩、博士學位論文

78. 元廷植《清代福建社會研究――清前、中期閩南社會的變化和宗族活動》,漢城：漢城大學東洋史學科博士論文,1996年。

79. 朱家嶠《漢人宗族意識與宗族表現》,臺北：臺灣大學人類學研究所碩士論文,1999年。

80. 林修合《從遷界到復界：清初晉江的宗族與國家》,臺北：臺灣大學歷史學研究所碩士論文,2005年。

81. 胡偉崟《清代閩粵鄉族性衝突研究》,臺北：臺灣師範大學歷史研究所碩士論文,1996年。

82. 陳進國《事生事死：風水與福建社會文化變遷》,廈門：廈門大學歷史系博士論文,2002年。

後　記

　　1998年秋，懷著一顆彷徨的心開啟了探索浩瀚而複雜的歷史之路。在恐懼不安之際，幸好遇到陳支平老師到暨南大學歷史所擔任客座教授，在老師的帶領下，漸漸接觸到許多宗族史的相關研究。由於這個因緣際會，宗族成為我研究生涯中不可或缺的一部分。能遇到老師是幸運的，也許是上天對我的憐憫吧！在埔里與老師相處的那段歲月，至今回憶起來，內心所浮現的，除了微笑，還是微笑。而後，2003年，曾經趁著當兵的休假期間，回母校暨南大學一趟，有幸認識了馮爾康老師，老師的溫文儒雅和學者風範，一直是我努力學習的目標。

　　研究之路是漫長而辛苦的，也唯有親身體驗過，才能理解個中滋味。在這個過程中，由於我資質駑鈍，一路走來，跟跟蹌蹌，倍嘗艱難，所幸的是，一群良師益友不斷給我指導和鼓勵。在這些良師益友中，最想要感謝的，是我的指導教授——徐泓老師，從老師身上學到的，不僅是史學上的專業知識和技能，更重要的是待人處世的道理和禮儀。由於我在某些方面的欠缺，使老師要花費更大的心力及擔憂，在此，謹向老師獻上最高的敬意和歉意，感謝老師的教誨。

　　2000年夏，我很榮幸獲得「中華發展基金管理委員會」獎助赴大陸地區進行研修，讓我有機會將紙面上的知識和實際結合，使我對

後記

317

閩南的宗族組織有了更深刻的體會，同時也獲得不少寶貴的經驗和資料。在赴大陸收集資料期間，廈門大學歷史系的陳支平教授、鄭振滿教授、莊景輝教授、戴一峰教授、莊國土教授，以及饒偉新學長和黃長春學長，都曾給予我很多的指導和幫忙，讓第一次遠離家門、隻身在外的我，不至於成為迷途羔羊，不知所措，趁此機會，我想表達對他們的謝意。

其次，我要感謝在臺大和暨大的學友們，在每次的討論中，不僅引發我更多的思維和更廣的視界，也給予我許多的鼓勵和加油打氣。少了他們的腦力激蕩，我想我一定會比現在更加孤陋寡聞。

最後，我要感恩於最親愛的家人。如果不是他們容忍我不事生產，並給予經濟和生活上的支持與協助，我也不會有如此安定和舒適的生活，可以專心求取知識，努力向目標邁進。特別是我的母親和兄長，長久以來，我所帶給他們的困擾不計其數，而他們的包容和親情則讓我在寂寞的歲月裡倍感溫暖。千言萬語，都不足以顯現出我對家人的愛。同時，我必須好好謝謝芝青，當我情緒不穩的時候，她依然陪在我身邊，默默承受我的無理，對於她所受的委屈，內心著實過意不去。

本書的出版，主要得力於陳支平老師的幫忙，非常謝謝老師給我這個機會。如果這本書有任何小小的貢獻，都要歸功於陳支平老師和徐泓老師。當然，一定有很多的疏漏，這是因為我的學識不足所造成。

陳啟鐘

2008年8月31日於臺北